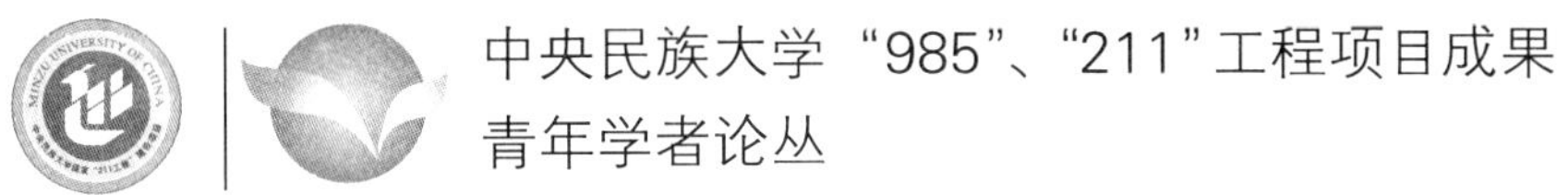

中央民族大学“985”、“211”工程项目成果

青年学者论丛

MINZU DIQU
SHEHUI GUANLI CHUANGXIN

民族地区社会管理创新

王丽平 / 著

中央民族大学出版社
China Minzu University Press

图书在版编目（CIP）数据

民族地区社会管理创新/王丽平著．—北京：中央民族大学出版社，2013.11

ISBN 978－7－5660－0548－9

Ⅰ．①民…　Ⅱ．①王…　Ⅲ．①民族地区—社会管理—研究—中国　Ⅳ．①D633

中国版本图书馆 CIP 数据核字（2013）第 265972 号

民族地区社会管理创新

作　　者　王丽平
责任编辑　杨爱新
封面设计　范　凡
出 版 者　中央民族大学出版社
　　　　　北京市海淀区中关村南大街 27 号　邮编：100081
　　　　　电话：68472815（发行部）　传真：68932751（发行部）
　　　　　　　　68932218（总编室）　　　　68932447（办公室）
发 行 者　全国各地新华书店
印 刷 厂　北京宏伟双华印刷有限公司
开　　本　787×1092（毫米）　1/16　印张：14
字　　数　290 千字
版　　次　2013 年 11 月第 1 版　2013 年 11 月第 1 次印刷
书　　号　ISBN 978－7－5660－0548－9
定　　价　35.00 元

目　　录

第一章　绪　　论

第一节　社会管理创新的基本理论

一、社会管理与社会管理创新

（一）社会管理的概念

“社会管理”一词于20世纪80年代引入中国。苏联学者奥马罗夫在《社会管理》一书中将社会管理定义为“管理主体对社会系统有科学根据的影响，为的是使系统实现它面临的目标和任务。”① 20世纪90年代，中共十四届三中全会强调政府经济管理部门要转变职能，加强社会管理职能。这是“社会管理”第一次出现在党的重要会议上。随后，大量的中国学者以奥马罗夫的概念为基础，根据中国经济和社会的发展特色，从不同的研究领域出发，对社会管理的概念进行了探索和完善。其中几种典型的观点如下：

龚维斌等认为，社会管理是政府、社会组织、公民等不同主体运用法规、政策、服务、协调、自主参与等多种不同手段和方式，对社会系统中的组成部分、社会事务、社会生活、社会关系以及社会行为等进行规范、组织、服务、指导、沟通、干预、控制，以使社会有序运行，和谐发展，公民的社会权益得到保障，个人得到发展。②

郑杭生等从社会学的角度出发，认为广义的社会管理是指对于整个社会的管理，即包括政治子系统、经济子系统、思想文化子系统和社会生活子系统在内的整个社会大系统的管理。狭义的社会管理则侧重于对政治、经济、思想文化各个子系

① 奥马罗夫：《社会管理——某些理论与实践问题》，浙江人民出版社1987年版，第27页。

② 龚维斌、詹敏：《中国社会管理论丛》，国家行政学院出版社2011年版，第12－19页。

统并列的社会子系统的管理。①

前民政部长李学举指出，社会管理主要是政府和社会组织为促进社会系统协调运转，对社会系统的组成部分、社会生活的不同领域以及社会发展的各个环节进行组织、协调、服务、监督和控制的过程。②

以上几种定义的表述虽然不同，但以多数学者的观点划分，将社会管理理解为以政府为主体的社会管理和以社会为主体的社会管理两大类。

1. 以政府为主体的社会管理是政府的一项基本职能。政府的社会管理不同于一般的社会管理。以政府为主体的社会管理，就是政府为了维护社会公正和社会秩序，制定社会政策和法规，规范并协调社会组织、社会行为与社会事务，以化解社会矛盾，调节社会关系，促进社会发展的过程。政府组织具有以强制力为后盾的统治地位和政治权威，凭借自身对社会公共事务管理资源的合法性垄断地位，对社会资源进行权威性的分配，履行对公共事务进行管理的职能，进而支配和影响社会公共利益的实现。

2. 以社会为主体的社会管理更多强调的是社会的自我管理。社会管理的特质决定了社会管理的主体具有多元性，政府并非社会管理的唯一主体。社会管理既是政府对有关社会关系和社会事务进行规范和制约的过程，即政府的社会管理，也是各种社会力量（如自治组织、社会组织和公民）依据一定的规章制度和道德约束，规范和制约自身的行为的过程，即社会自治管理和社会自我协调。

（二）社会管理创新的含义及内容

1. 社会管理创新的含义。社会管理创新是在现有社会管理的基础上，通过运用新的社会管理理念、方法和技术等，对传统的管理观念、制度和体制等进行改造，创新社会管理的制度和体制，使社会管理更符合社会发展的要求。

在管理主体上，社会管理创新要从以政府为主导的自上而下的行政管理模式转向社会多方参与的治理模式，积极鼓励社会组织发挥社会服务作用，培育公民精神，引导公民积极参与社会公共事务。在管理方式上，要从管理转变为服务，由微观管理、直接管理转变为宏观管理、间接管理。在管理手段上，从以行政手段为主转变为运用经济手段为主，经济手段、法律手段和必要的行政手段相结合。

2. 社会管理创新的内容。党的十六届四中全会提出要建立健全“党委领导、政府责任、社会协同、公众参与”的社会管理格局。其中党委领导是根本，政府负责是前提，社会协同是依托，公民参与是基础，这十六字方针为社会管理创新指明了方向。

（1）党委领导的核心地位。明确党委在本部门所处地位和应发挥的作用，是加

① 郑杭生：《中国人民大学中国社会发展研究报告》，中国人民大学出版社 2006 年版。

② 李学举：《加强社会建设和管理，促进社会和谐与发展》，《求实》2005 年第 6 期。

强和改进党委在社会管理中作用的要求。党委能在本部门充分发挥自己应有的作用，不仅是党委建设搞得好的重要标志，也是加强党对国家政权机关的领导的重要标志。

(2) 政府负责。在新形势下，我国公共需求不仅呈现出迅速增长的势头，而且呈现出主体多元化、结构复杂化、需求多样化的特点，城乡居民在教育、医疗、社会保障等方面的公共需求的比重大幅上升，公共需求的结构正逐步由消费型向发展型升级。为此，要加强全方位的政府综合配套改革，建设服务型政府。政府要建立科学的行政问责制，使权力处于公众的监督与控制之下。政府对其履行的义务承担责任，并不得拥有其义务范围外的权力，对履行公共服务职能方面失职的必须追究相关政府机关和公务员的责任。

(3) 社会协同要发挥社会组织的作用。社会组织不仅可以提供政府提供不了的公共产品和公共服务，还可以通过与政府竞争的方式，提高公共服务的质量和效率。此外，社会组织可以利用自己的优势去填补企业不愿意、政府不能够提供公共产品和服务的“真空”地带，满足社会公众的需求。政府应加强对社会组织的培育和引导，既确保其合法权利和多样性，又确保其政治上的规范性。尤其要重点培育一些社会组织如行业协会和商会、基层自治组织和公益慈善机构，防止“官办化”和“行政化”，给予其自我管理和自我服务的独立性，发挥其反映诉求、规范服务、自我管理的作用。

(4) 公众参与。积极促进公众参与，要加强基层自治组织建设，健全基层管理网络。自 2000 年实施《民政部关于在全国推进城市社区建设的意见》以来，我国社区建设有了快速的发展。但是，与我国基层社会管理相比，我国的社区建设仍然存在许多问题。要不断完善社区建设，社区服务要走向社会化、专业化、实体化和多元化，避免社区服务发展过程中出现“行政化”和“市场化”的倾向。

二、社会管理创新的相关理论

(一) 治理理论

1995 年全球治理委员会在一份题为《我们的全球伙伴关系》的报告中，界定治理为：各种公共的或私人的个人和机构管理其共同事务的诸多方式的总和。它是使相互冲突或不同的利益得以调和并且采取联合行动的持续过程。[①]

英国学者格里·斯托克认为，治理所求的终归是创造条件以保证社会秩序和集体行动。治理和统治的差异在于过程。[②] 他对治理提出五个论点：治理指出自政府、

① 俞可平：《治理与善治》，社会科学文献出版社 2000 年版。

② 格里·斯托克：《作为理论的治理：五个论点》，《国际社会科学杂志》(中文版) 1999 年第 1 期。

但又不限于政府的一套社会公共机构和行为者。治理明确指出在为社会和经济问题寻求解答的过程中存在的界线和责任方面的模糊之点。治理明确肯定涉及集体行为的各个社会公共机构之间存在的权力依赖。治理指行为者网络的自主自治。治理认定，办好事情的能力并不在于政府的权力，不在于政府下命令或运用其权威。政府可以动用新的工具和技术来控制和指引；而政府的能力和责任均在于此。

随着经济的发展和公民意识的逐渐觉醒，公民社会逐渐发展起来，原来包揽一切公共事务的政府已不再是国家唯一的权力中心。治理理论就是在这种背景下形成并逐渐发展起来的，它对政府的运行提出了新的要求，政府应还权于市场、还权于社会。

治理的主体是多元的，包括政府、企业、社会组织、公民社会等。治理的目标是实现公民利益最大化和满足公民多样化的需求。评价政府及其官员公共管理和公共服务绩效的不只是权力的效率，而更主要的是看其是否合理有效地运用公共资源满足社会发展和公民需求。

（二）善治理论

善治就是使公共利益最大化的社会管理过程。善治的本质特征就在于它是政府与公民对公共生活的合作管理，是政治国家与市民社会的一种新型关系，是两者的最佳状态。① 俞可平教授认为善治有以下六个基本要素：

1. 合法性。它指的是社会秩序和权威被自觉认可和服从的性质和状态。它与法律规范没有直接的关系，只有那些被一定范围内的人们内心所认可的权威和秩序才具有政治学意义上的合法性。合法性越大，善治的程度越高。善治要求有关管理机构和管理者最大限度地协调各种公民之间以及公民与政府之间的利益矛盾，增加公民的共识和政治认同感是取得和增大合法性的主要途径。

2. 透明性。它指的是政治信息的公开性。每一个公民都有权获得与自己的利益相关的政府政策信息，包括法律条款的设定与修改、政策制定与实施、行政财政以及其他有关政治信息。透明性要求上述这些政治信息能够及时通过各种传媒为公民所知，以便公民有效地参与公共决策过程，对公共管理过程实施有效的监督。透明程度越高，善治的程度也越高。

3. 责任性。它指的是人们应当对自己的行为负责。在公共管理中，指与某一特定职位或机构相关的工作职责与义务。责任性意味着管理人员及管理机构由于其承担的职务而必须履行的职能和义务。没有履行职能和义务或履行不当，就是失职或者说缺乏责任性。公众，尤其是公职人员和管理机构的责任性越大，表明善治的程度越高。善治要求运用法律和道义双重手段，增大个人及机构的责任性。

4. 法治性。法治的基本意义是法律是公共政治管理的最高准则，任何人都必须

① 俞可平：《作为一种新政治分析框架的治理和善治理论》，《新视野》2001 年第 5 期。

依法行事，法律面前，人人平等。法治的直接目标是规范公民的行为，管理社会事务，维持正常的社会生活秩序，但其最终目标在于保护公民的自由、平等及其他基本政治权利。从这个意义上说，法治与人治相对立，它既规范公民的行为，但更制约政府的行为。善治建立在健全的法制、对法律的充分尊重以及法律规范的社会秩序之上。

5. 回应性。回应性是责任性的延伸。它的基本意义是，公共管理人员和管理机构必须对公民的要求作出及时并负责的反应，不得无故拖延或故意忽视。在必要时还应定期地、主动地向公民征询意见、解释政策并回答问题。回应性越大，善治程度越高。

6. 有效性。主要指管理的效率。它有两方面意义：一是管理机构设置合理，管理程序科学以及管理活动灵活；二是最大限度地降低管理成本。善治程度越高，管理的有效性也就越高。

（三）公民社会理论

国家与公民社会的合作是政治发展的方向。公民社会是指由公民和社会组织机构自愿组成的社会，其核心主体是旨在维护和促进自身利益或价值的自发形成的民间社会组织，包括公民的志愿性团体、利益集团、各种协会组织以及非政府组织等，它们又被称为第三部门。公民社会组织发展壮大后在社会管理中的作用也日益重要，它们或是独自承担社会某些管理职能，或是与政府机构合作一道行使某些社会管理职能。由公民社会组织独自进行或与政府共同开展的社会管理过程就是治理。

公民社会组织是社会公共利益的促进者，正如弗雷德里克森所认为的，公共既是一种理念也是一种能力。如果我们把公共等同于政府，我们事实上限制了人民参与公共事务的能力。作为一种理念，公共意味着所有的人们，为了公共的利益，而不是出于个人的或者家庭的目的才走到一起来。作为一种能力，公共意味着为了公共的利益而在一起工作的一种积极的、获取充分信息的能力。在许多情况下，这样的行动都是通过政府而进行的，但并不是所有的行动都是要通过政府的。志愿者协会、非营利组织、公司都是公共的表现形式。公民社会作为拥有共同旨趣、利益需求的公民个体间的联结纽带，把分散的个体组织成为相互依赖的群体，将民间分散的个人利益诉求聚合为共同利益诉求，在自治层面上有效地履行对大量社会公共事务的治理职能，如提供公共产品和服务、影响公共政策的制定与执行等，取得持久的共同利益。公民社会组织已成为公共治理中一支独立而强大的力量，在公共事务的诸多领域发挥着不可替代的作用。

（四）新公共管理理论

20 世纪 90 年代，西方主要发达国家为了克服官僚体制导致的财政危机、信任危机和管理危机，纷纷借鉴企业化政府和政府再造的理念，将私营部门和工商企业管理的方法用于公共部门，取得了显著成效。然而，新公共管理理论因过分追求竞争和结果导向，损害了诸如公平、正义和参与等民主和宪政价值，遭到了不少学者的质疑。其中，美国著名公共行政学家罗伯特·B. 登哈特借鉴民主理论、公民社会理论、新公共行政以及后现代公共行政理论的基本观点，建立了以公民为中心的新公共服务理论。新公共服务理论认为，公共行政官员在管理公共组织和执行公共政策时，应强调服务公民和授权于民的职责，将公民置于第一位，构建具有完整性和回应性的公共机构。主要包括以下几个方面的内容：服务而非掌舵；公共利益是目标而非副产品；战略地思考，民主地行动；服务于公民而非顾客；责任并不单一；重视人而不只是生产率；重视公民权和公共服务。

新公共服务理论认为，为了实现公共利益，必须规定角色和责任，为实现预期目标而确立具体的行动步骤，使所有相关各方共同参与到政策方案的执行过程中。通过公民教育和公民领袖的培养，政府可以激发公民的自豪感和责任感，从而形成强烈的参与意愿。所有相关各方共同努力为参与、合作和达成共识创造机会。政府不只是公共服务的直接供给者，而是多元利益主体协商的中介人和裁判员，为公众创造广泛、自由的对话环境。政府应保证产出的政策符合公正和公平的价值目标，符合公共利益，应致力于与公民建立信任和合作关系，共同制定和执行公共政策。总之，新公共服务的核心理念是公民本位：服务于民、授权于民、广泛合作。

第二节　社会管理创新的意义、原则和任务

一、社会管理创新的意义

（一）推进我国现代化建设的必然要求

《中共中央关于制定国民经济和社会发展第十二个五年规划的建议》明确指出，我国发展仍处于可大有作为的重要战略机遇期，既面临难得的历史机遇，也面对诸多可以预见的风险和挑战。社会管理是我们党和国家主动适应环境变化、有效地化解社会矛盾从而推进社会主义现代化建设事业的重要手段。

由于社会经济发展速度较快、水平差异较大、政府管理体制有待完善等导致利益分配不均，社会利益格局的多元化趋势加重，各种社会问题和矛盾凸显。我国经济社会结构中的贫富差异、地区差异和城乡差异，城市化进程中因土地征用和房屋拆迁导致的利益纠纷，流动人口激增带来的一系列城乡就业和社会保障及农村留守

儿童问题，频频发生的自然灾害、公共卫生事件和群体事件等社会公共安全事件，以及与百姓生活息息相关的住房、教育、医疗、就业等问题都与我国的现代化进程紧密相连。

（二）构建社会主义和谐社会的必然要求

2004 年 9 月 19 日，党的十六届四中全会第一次明确提出，共产党作为执政党，要“坚持最广泛最充分地调动一切积极因素，不断提高构建社会主义和谐社会的能力”。和谐社会的任务以改善民生为重点，但随着社会经济的发展与利益格局的深刻变化，民生问题日益凸显。如何使人民住有所居、病有所医、老有所养，都需要各级政府创新社会管理的方式与内容，以广大人民群众的切身利益为重，探索符合现实条件与人民愿望的良好解决办法。社会管理是为人民的管理与服务，不断实现好、维护好、发展好最广大人民群众的根本利益是根本目的，符合构建社会主义和谐社会的根本要求。

构建和谐社会要充分激发社会活力，既要充分发挥工人、农民、知识分子推动经济社会发展根本力量的作用，又要鼓励和支持其他社会各方面人员为经济社会发展积极贡献力量；既要保护发达地区、优势产业和先富群体的发展活力，又要高度重视和支持欠发达地区、比较困难的行业和群众的发展愿望。这些都需要通过进行社会管理，不断打开新局面，为社会经济发展提供有利的社会条件。也只有通过良好的社会管理，社会才能建立良好的秩序，人民在安居乐业的基础上才能够产生更大的创造力。

（三）培育社会自治能力的必然要求

我国历来有强政府、弱社会的传统，由于政府能力有限，想要以有限的资源与能力管理无限的社会事务反而造成政府行政效率低下，事实证明“全能政府”往往产生与预期相反的效果。要想实现政府职能的转变，就必须培育和发展社会组织，建立政府与社会相互协调与合作的互动关系。“小政府、大社会”符合社会发展过程中客观实际的要求，社会的有序运行和发展进步在更大程度上有赖于社会自治力量。政府向社会分权，是国家还权于社会的过程，各类社会组织可充分发挥自身优势，在承担社会管理职能的同时促进其自身的发展与完善。

由于原有的居民委员会行政色彩较浓，基本是政府在街道的派出机构，难以发挥公民自治的作用。如何发挥公民自我管理、自我教育以及自我服务的作用，是社会建设的重要课题。通过把居民委员会转变为社区委员会，实现由行政组织向社会自治组织的转变，政府把自我管理的权利交给社区，变领导与被领导的关系为指导关系，通过社区自治提高公民参与意识，使社区居民参与到社区的管理中，提高社会自治能力。

（四）提高党的执政能力建设的必然要求

中国共产党的历史经验表明：维护和加强党的领导地位，必须坚持党在指导思想上的与时俱进，用发展的马克思主义指导新的实践；必须坚持推进社会主义的自我完善，增强社会主义的生机和活力；必须坚持抓好发展这个党执政兴国的第一要务，把发展作为解决中国一切问题的关键；必须坚持立党为公，执政为民，始终保持同人民群众的血肉联系；必须坚持科学执政、民主执政、依法执政，不断完善党的领导方式和执政方式；必须坚持以改革的精神加强党的建设，不断增强党的创造力、凝聚力和战斗力。① 党的十六届四中全会提出要建立健全党委领导、政府责任、社会协同、公众参与的社会管理格局，充分体现党在建设中国特色社会主义过程中的领导核心作用，符合提高党的执政能力的要求。

二、社会管理创新的原则

（一）法制原则

社会管理创新必须建立法制观念，严格地依据法律办事。政府对社会管理的权力设定与行使必须依据法律，符合法律，不得与法律相抵触。依法进行社会管理就是要遵从宪法和法律对国家行政组织、社会组织以及社会行为等的规定。政府机关的权力、职能、机构、程序必须由法律规定。法律授予的权力才是正当的公权力，政府权力的取得和存在必须有法律基础。政府行政权力的行使必须在法律赋予的权限之内，并自觉接受国家权力机关和人民群众的监督。行政权力的行使要遵循一定的程序，超越行政主体的职权范围的行为是无效的。社会管理活动中涉及的行政授权与行政委托必须要有法律依据，被授权和被委托组织必须在授权和委托的范围内行使社会管理职能。建立法治政府有助于社会利益、资源的权威配置，社会资源的配置一方面是通过市场机制，另一方面是通过政府宏观调控来实现的。法治政府建设有助于宏观调控功能的发挥。

（二）以人为本原则

坚持以人为本原则。坚持以人为本，就是要以实现人的全面发展为目标，从人民群众的根本利益出发谋发展、促发展，不断满足人民群众日益增长的物质文化需要，切实保障人民群众的经济、政治和文化权益，让发展的成果惠及全体人民。其基本要求是要树立社会利益人本观，做到权为民所用，情为民所系，利为民所谋，把人民的实际需要作为各项工作的落脚点。以人为本的社会管理是人民主权原则在

① 周玉辉：《新时期党的执政能力建设的几点思考》，东北师范大学 2005 年硕士学位论文。

社会管理中的核心体现。公民对政府的认同、支持和拥护是政府合法性的来源和基础，也是各项事业取得成功的保证。以人为本的社会管理意味着政府在社会管理中的角色要从以机关为中心转变到以公民为中心。公共部门和公共管理者要以保障公民的基本权利、促进公民权利的实现为首要任务，倾听人民的声音，为人民的参与、诉愿和救济提供必要的途径。

（三）服务原则

从西方各国的社会管理实践来看，政府与社会间关系的改革主要有这几个方面的取向：向市民社会开放公共物品和服务的生产与供给；顾客导向；政府与私营企业组织合作提供公共服务。公民与政府的关系可以看成是一种委托—代理关系，公民推举某人对其权力进行代理必须以满足公民利益并服务公民为前提。政府在社会管理创新中的本质就是建立服务型政府。服务型政府对政府的效率提出更高的要求，它要求政府降低运作成本，即政府机关及其工作人员从事行政管理活动所得的社会效益高，消耗的人力、物力、财力少。要求政府要对社会有公开的服务承诺，必要时采用向社会购买服务的方式服务社会。当前，社会管理创新的形式之一，即以政府流程再造为基础的组织变革，以及无缝隙政府的改革理念，都是服务原则的体现。所以，在社会管理创新中，为实现政府、社会与公民间的良好关系，要注重更新行政理念，形成服务意识。从法律意义上来看，现代行政法的重心就是服务行政，现代行政法实质上是服务性质的，它的价值取向在于维护社会正义、增进社会福利、实现法治社会。所以，社会管理创新需要通过建立服务型政府展开。

（四）信息公开原则

在全球化和信息化的时代，信息已成为影响社会稳定的重要因素，信息化是社会管理创新的重要生态环境。在社会管理创新活动中，一定要依托信息化社会这一重要背景，树立政府信息公开理念，在信息公开原则指导下打造透明政府，推进社会管理创新工作。透明政府要求政府信息公开，它体现在除法律明文禁止者外，政府的组织形式和行政行为一律透明公开，这包括三层含义：一是政府组织透明，即政府机关的设置体系公开、各个政府机关的职能分工明确、政府机关的办事规则以及政府公务人员的职权范围透明；二是政府管理透明，即政府的具体行政行为过程及其结果公开；三是政府决策透明，即政府决策的方式、步骤及结果应向社会公开。做好社会管理工作，还要对公开政府信息的具体程序进行设计。这样，在社会管理活动中，政府的行为和权力的行使才能公开透明，有利于公民的监督和参与；当出现社会问题时，也有利于及时稳定公众情绪，化解社会矛盾，促进社会稳定。纵观对群体性事件处理较好的地方政府人员，均能做到公开透明与舆论自由，尤其尊重媒体对事实进行呈现与监督的权利。当前的电子政务建设，为公众提供参与的途径，有利于政策决策者与公民达成共识，避免了传统的靠经验进行政策规划导致的决策盲目以及由于公民对政府信息掌握不完全导致的政策执行受阻，提高了政策决策的科学性。

（五）市场化原则

20世纪70、80年代西方国家掀起的公共行政改革浪潮就是以市场化为取向的，不同于以管理取向为主的传统行政学理论，当代社会管理强调引进企业管理技术打破官僚体制。新公共管理运动注重以企业家精神重塑政府，在公共物品和服务的提供上采取市场的方法，并在公共机构以及政府组织中实行激励机制以提高效益。由于市场机制是改善政府绩效的基本手段，可以缩小政府失灵的影响范围并提高政府的工作效率，具有积极的借鉴意义。公共管理，尤其是行政管理在许多方面可以利用市场机制。政府可以通过购买、承包给企业等方式，通过引入市场竞争机制提高公共服务的水平和公共产品的质量。遵循这一原则，一方面要借助政府的力量调控经济，努力克服市场失灵，通过政府干预保障经济活动有序进行；另一方面，由于政府失灵的现象非常普遍，所以，在处理政府与经济的关系上，必须确立政府能力界限，将政府的管理工作限定在政府力所能及的范围内。

三、社会管理创新的任务

（一）协调社会关系，化解社会矛盾

改革开放以来，市场经济制度为经济发展注入活力的同时，也对经济发展方式和体制创新提出了更高的要求，能源、资源和环境等方面的问题制约着经济社会的可持续发展；工业化、城市化进程的推进使大量农村人口向城市转移并从事非农产业，进而导致大规模的社会结构转型。改革使资源和财富的分配发生变化，城乡、区域和不同社会成员之间在收入上的差距不断扩大，不同利益诉求形成了更加细化的利益群体，这一切都伴随着利益格局的深刻调整。而不同群体间利益矛盾的加剧，导致了因利益矛盾而引发的各种摩擦。人们更加注重追求与自身相关的实际利益，这十分不利于集中力量推动社会进步。随着收入差距的扩大，社会阶层进一步分化形成不同的利益群体，社会各阶层的利益冲突和不同利益群体的利益博弈所引发的矛盾冲突已成为社会矛盾的核心内容。

随着政治文明的提高与民主观念的增强，人们的价值取向、生活方式、思想观念等都更加多样化。但由于政策机制的不健全、利益分配的不均，广大民众的不满情绪日益增加，尤其在上学难、看病贵、房价高、弱势群体生活没有保障等突出问题上反应强烈，制约和影响着经济社会的发展。

利益分配不均、民生事业滞后导致就业、养老、公共信息不透明等问题接踵而至，加上由互联网技术带来的传播速度的加快和时效性的提升，人们了解信息的渠

道多样而复杂，对信息真实与否的判断能力不增反降。正当权利遭受侵害时，公众想要通过正常渠道进行维权的成本代价很高且效果难以预测，这也客观上形成了对行政机关的不信任和对法律法规的漠视，转而采取非正常手段寻求解决。在“不闹不解决”的风气的影响和教唆下，冲击国家机关、非法集会游行、对抗执法部门等现象频繁出现，这严重影响到社会的安定和谐与党和政府的权威形象。官民矛盾、民众之间矛盾的由来涉及诸多历史和现实的原因，有其特定的产生背景和经济、政治、思想文化根源，因此，在处理和化解社会矛盾的过程中必须明确基本原则，顺应社会发展的客观要求。

（二）规范社会行为，促进社会公正

我国社会正处于从传统社会向现代社会转变、从计划经济向市场经济转变时期，原有的思想意识和价值观念发生了新的变化，影响着人们的行为与活动方式。在市场经济条件下，民众追求个人正当利益最大化成为平常之事。个人在追求自身利益的同时给社会带来了生机和活力，促进了各项事业的蓬勃发展。但由于缺乏完善的约束机制，在这一过程中出现了个人主义、享乐主义、拜金主义以及社会政治腐败泛滥等社会病态和社会失范现象。社会成员在新的价值取向的引导下，暴富和仇富心理日益显现。特别是改革开放以后，社会呈现多元化思潮，我们在吸收西方发达国家先进科学技术、管理经验和文化的同时，一些腐朽的道德观、价值观和生活方式也相伴而来。信息社会带来的便利传播方式加快了部分变质文化的传播，异型文化的广泛传播也削弱了社会道德规范在引导个人行为方面的功能，道德伦理体系的失效给作用于转型期的社会功能带来负面影响。

社会的发展旨在满足人们多方面的需求和实现人的全面发展，除了平等的经济权益外，同样也需要平等的社会权利。当前社会除了收入分配上的不公平，还有很多其他方面的缺失，这些日渐突出的问题都与人们生活质量的提高息息相关。例如社会保障的覆盖程度与广度，受教育机会和权利的平等，就业机会和过程的平等，接受医疗机会和条件的公平等问题。所以必须以创新社会管理的理念来处理社会变革过程中存在的不协调现象，特别是解决目前情况下由于公平出现问题而引起的种种矛盾。通过社会管理妥善协调社会各方面的利益关系，正确处理人民内部矛盾和其他社会矛盾，切实维护和实现社会公平正义。

社会要稳定、有序地发展，就必须依照一定的社会规范，依靠某些社会群体和组织。凭借不同的社会规范形式约束人们的行为，及时治理各种社会问题，把人们的社会生活限制在某种秩序的范围之内，以保障社会成员生活的安全和自由。为了使社会成员、社会群体在追求自身利益、实现个人愿望的过程中，彼此间的矛盾冲突最小化，就必须通过社会规范的机制对各个社会成员的行为和思想进行引导、规范，以此作为社会成员的行动指南，避免、化解可能产生的或已产生的矛盾冲突，保障社会的秩序化。在社会管理中，不仅要运用制度与法律等强制性手段维持和治

理好社会秩序，还必须以疏导性的道德、习俗等手段维持和治理社会秩序。在尊重个人利益的同时维护公共权益，通过多种渠道引导并规范社会行为，使社会的各方面机制有序运行。

（三）应对社会风险，保持社会稳定

随着我国经济发展过程中不合理的资源消耗与环境污染日趋严重，环境污染与生态恶化带来的生态环境风险不仅造成难以逆转的破坏，而且阻碍着我国社会经济的可持续发展。随着企业、工厂等对人工作业需求量的增加，发生在矿业、危险化学品、交通、机械、建筑施工等行业的生产事故风险也不容忽视。突发性公共卫生事件如重大传染病疫情、群体性疾病、重大食物中毒事件等严重威胁到公众健康，给我国公共卫生安全带来巨大挑战，而且给社会造成巨大的经济损失。这些问题已经成为影响社会稳定、诱发社会危机的重要根源。

我国经济发展正处于从人均 GDP1000 美元向 3000 美元迈进的关键时期。许多国家和地区的发展历史表明，处于这一阶段的社会既有可能进入“黄金发展期”，也有可能陷入“矛盾凸显期”。如果政府思路明确，能够正确引导经济社会协调向前，则顺利实现工业化、现代化不成问题；反之，则会造成社会经济发展脱节、分配格局失衡，进而导致社会矛盾的增加和激化，社会发展停滞甚至出现倒退现象，即“拉美化现象”。社会分配不公、贫富差距扩大和两极化严重等因素将降低广大群众对党的信任和支持，从而削弱党的执政根基、损害党的威信。社会中也必然会出现种种不利于党的执政和领导的现象，会给我国整体社会稳定带来巨大威胁，并在一定程度上关系到民族团结、边疆稳定、东西部关系，可能造成诸多负面影响，也给境内外反动势力可乘之机，更严重的情况下有可能威胁到国家的主权和领土完整。

在探索社会主义市场经济建设的过程中，由于制度的不完善可能导致更多更复杂的社会风险发生。转型中的中国，传统安全威胁和非传统安全威胁相互交织，给我国社会发展带来诸多难题和挑战。由各种利益诉求引发的矛盾成为导致社会不稳定的重要因素，需要各级党委政府积极发挥作用，调整社会政策、改善民生、提高社会管理水平、化解人口资源环境和公平效率方面存在的风险。收入分配呈两极化的现象在短时间内出现并形成，这对于已习惯社会公平的人民群众而言是很难在心理上接受的。

第三节 我国民族地区现状及社会管理中存在的问题

一、我国民族地区现状①

（一）民族地区的经济发展

我国民族地区大多自然资源丰富，但受到区位因素限制，经济发展总体水平还不是很高，个别地区发展速度较快。经过改革开放以来的大力建设，一些民族地区的特色经济逐步形成，如内蒙古呼包鄂地区、广西北部湾经济区、新疆油气产区和宁夏“沿黄经济带”等，有力促进了民族地区的经济发展。但总体上民族地区工业化水平还比较低，产业结构不合理，资源富集地区的资源深加工能力和配套设施建设相对滞后，服务业支撑作用不足，个别地方对自然条件的依赖性很大，而缺乏资源的地区大多经济发展乏力。受耕地资源、自然环境影响，民族地区农业发展水平一般，现代化农业覆盖范围有限，农产品的产业化水平有待提高。畜牧业是民族地区的特色和第一产业的主要形式，诞生了一批在国内和国际上有相当影响力的产业龙头企业，但越来越受到草场恶化、水源枯竭、极端恶劣气候等不利因素影响，需要尽快转变经营模式，克服人为和自然的限制。

民族地区城市化水平逐渐提高，但多数城市的经济结构不合理，表现在：产业结构层次偏低，工业企业规模小、竞争力弱；第三产业发展缓慢，低端的交通运输、餐饮服务、批发零售等行业所占比重较大，而金融、科教文卫等综合性服务不够发达，这不仅影响到第三产业本身的可持续发展，更是制约了工业和其他产业的发展，制约着城市经济结构优化和综合实力的提升。边贸是民族地区的重要经济组成，很多民族地区利用地理、文化优势发展边境贸易，开展边贸互市和民间友好往来，这对于互通有无、调剂余缺起到了重要作用。但目前民族地区的边境贸易多数停留在边民贸易层面，对民族地区经济发展的促进作用远未发挥出来。

（二）民族地区的政治发展

自 1947 年内蒙古自治区建立以来，在党的领导和各族人民的拥护下，我国创造性地选择了民族区域自治制度，不仅在当时能够充分保障少数民族当家做主的权

① 中华人民共和国国家民族事务委员会门户网站 http：//www.seac.gov.cn/col/col107/index.html。

利，推动了民族地区的繁荣发展，更为我国经济发展、社会稳定、民族团结作出了巨大贡献，民族区域自治制度也成为我国的基本政治制度之一。

我国的民族自治地方分为自治区、自治州、自治县三级。在我国 55 个少数民族中，有 40 多个建立了自治地方，实行区域自治的少数民族人口占少数民族总人口的 70% 以上。同时，我国还在相当于乡的少数民族聚居地方建立了 1100 多个民族乡，作为民族自治地方的补充形式。依据宪法和《民族区域自治法》的规定，民族自治地方的自治机关分别是自治区、自治州、自治县的人民代表大会和人民政府，它们在行使同级地方国家机关职权的同时拥有自治权。一是自主管理本民族、本地区的内部事务。二是享有制定自治条例和单行条例的权力。

（三）民族地区的思想文化和科教文卫发展

我国在支援少数民族地区经济社会发展、贯彻落实民族区域自治制度的同时，也十分重视少数民族的思想文化发展。我国以立法的方式保护各少数民族使用和发展本民族语言文字的权利，有 22 个少数民族使用 28 种本民族文字。蒙古、藏、维吾尔、朝鲜、彝等少数民族已有自己的编码字符集、字型、键盘的国家标准，相应文字软件已实现在计算机系统上的运行和激光照排。同时，我国法律充分尊重和保护少数民族宗教信仰自由，藏传佛教在西藏自治区、青海省等地有上千处活动场所，数万住寺僧尼；伊斯兰教在新疆维吾尔自治区、宁夏回族自治区等地有两万多座清真寺，信众广布祖国各地。此外，民族自治地方还有权保持或者改革本民族风俗习惯，自主安排、管理和发展本地教育、科技、文化、卫生、体育等社会事业。党和政府特别重视发展少数民族教育事业，我国坚持从少数民族的特点和民族地区实际情况出发，积极支持和帮助少数民族发展教育事业。赋予和尊重少数民族自治地方自主发展民族教育的权利，重视民族双语教学，加强少数民族师资队伍建设，在人力、物力、财力上给予特殊照顾并开展内地省市对少数民族地区教育的对口支援。在发展少数民族科技事业方面，国家采取各类措施，如培养少数民族科技人员，通过高校有计划地招收少数民族学生；帮助少数民族和民族地区引进先进人才和技术设备，改造传统产业和产品，扶植提高传统科技，提高经济效益等。国家相关政策特别重视对少数民族地区卫生事业的帮扶，包括加强少数民族地区卫生队伍建设，切实做好防病治病和妇幼卫生工作，大力扶持发展民族医药事业等。在繁荣少数民族文化政策方面，国家帮助和扶持少数民族发展文化事业，组建民族文化艺术团体，培养少数民族文艺人才，繁荣民族文艺创作。

二、我国民族地区社会管理存在的问题

（一）政治方面

改革开放以来，一方面，我国经济发展迅速，但法律规章、政治机制、政府效率等不能完全满足现实的要求，由此造成政治文明建设的滞后；另一方面，不少问题也是由民族地区政治文明发展的特殊性造成的。由于历史原因，民族地区一般比较落后，政治发展程度较低，造成现实政治文明建设基础比较薄弱。民族地区特殊的民族关系和宗教因素，使现实的政治文明建设相对于非民族地区具有更大的难度。

民族地区政治发展首先是民族自治地方的政治民主发展，即不同民族在民族自治地方切实享有宪法所规定的权利，并履行其相应的法定义务；各族群众能够合法有序地参与民族地区的政治决策；民族地区政治领导人的产生、问责或更替能够体现各民族人民的意愿。只有切实推进民族地区政治民主的发展，才能推动民族地区政治体系的完善，才会加快民族地区政治发展进程，提升民族地区政治发展水平。实现民族地区政治稳定，不但是民族地区政治发展的重要前提，同时也是民族地区政治发展的重要内容，没有民族地区政治稳定，就不可能实现民族地区经济又快又好的发展，更无法想象民族地区会有什么政治发展。民族地区政治稳定，主要是指民族地区政治生活的秩序性，国家的民族政策和相关法律法规在民族地区具有连续性和相对稳定性，表现为民族地区政治制度既能维持已有的法治秩序，又具有适应政治变化的回应能力。改革开放以来，我国民族地区基本上保持了政治稳定。但是，我们必须清醒地意识到，由于民族地区经济利益关系和政治权利关系的变动，民族地区也隐藏着一些不稳定因素，我们必须着眼当前、立足长远，通过加快民族地区政治发展将这些不稳定因素消灭在萌芽状态，坚决维护民族地区政治稳定。

基层组织管理薄弱，影响了民族地区的政治发展。强大而有权威的政府是确保民族地区政治稳定及社会发展的基本条件，也是充分发挥政治体系功能的根本保障。但是，在社会转型时期，民族地区由于在处理经济和政治关系时出现了一些认识上的偏差，过分强调经济的发展，而忽视组织建设，导致一些地方基层组织软弱涣散，行政管理和社会控制能力低下。在一些偏远的农村、山区、牧区，基层行政、司法组织人心涣散、人员素质较差，无法充分发挥其应有的管理及控制功能，未能积极履行各自职责。这种状况的存在，必然破坏政治体系的权威性及凝聚力，客观上助长了各类社会问题的滋生，影响民族地区的政治发展。

（二）经济方面

少数民族地区社会发育程度较低。生产力发展状况是衡量社会发育程度高低的

显著标志。1949 年以前，民族地区的社会经济发展状况大多比较落后，仅停留在比较原始的农耕及游牧经济时代。民主改革和社会主义改造虽然实现了生产关系的革命性变革，但并没有从根本上改变民族地区生产力落后的状况，绝大多数民族地区未能完成第二、第三次社会分工的历史任务，而直接进入到社会主义初级阶段。因此，在缺少商品经济发展这一历史过程的民族地区，大部分民族成员不能适应市场经济发展的要求，也不懂得按市场经济规律组织社会生产，因而，必然在市场竞争中处于不利地位。由于商品经济的不发达及市场发育严重不足，民族优惠政策被不同程度地弱化。国家给予民族地区的经济倾斜政策因少数民族自我发展能力的不足而达不到预期效果，民族地区与东部沿海地区的经济发展差距愈来愈大，从而影响民族地区的社会稳定与政治发展。

经济基础薄弱，产业结构不合理。民族地区经济基础薄弱，农业在国民经济中所占比重过大，并停留在传统农业阶段，难以形成规模化、产业化经营；工业化水平低，规模和总量小、质量差；包括交通、通信、城乡公共设施等方面的基础设施相对薄弱。民族地区的产业结构极不合理。第一产业比重大，第二产业比重小，第三产业增长缓慢；在第一产业中，种植业比重过大、集约化程度较低，在第二、第三产业中，能源消耗型产业比重过高，提供社会服务的部门发展严重滞后；在经济成分的构成上，国有经济比重大，非国有经济比重小；在各类生产企业中，劳动密集型比重大，资金、技术密集型比重小。从总体上看，民族地区经济基础薄弱、产业结构不合理的状况，势必影响其社会经济增长的规模和效益，从而制约民族地区现代市场经济的发展。

资金供给十分短缺。资金是现代市场经济的血液。由于经济发展水平、生态环境及国家宏观经济政策等多种因素的影响，民族地区的资本存量相对不足，资金供给十分困难。外部资金流入的缺陷和本地区资金积累能力较弱等多种因素叠加，造成了民族地区经济发展急需的资金严重不足，成为民族地区经济发展的制约因素之一。因此，民族地区经济增长乏力，长期处于低水平循环状况。

（三）文化方面

民族文化与现代化之间的文化冲突。由于各民族在生活环境、历史发展、语言文字等方面的差异，形成了各具特色的民族传统文化。多元的民族传统文化体现了各民族特有的思维方式、心理素质和民族精神，它是连接各个民族历史发展的纽带。但是，在建立社会主义市场经济体制的过程中，民族传统文化中基于自然经济的观念和行为模式往往与现代化提倡的竞争观念及理性精神发生冲突，因此，必须克服民族传统文化中不适应市场经济发展要求的落后观念，“取其精华，去其糟粕”，使民族传统文化更好地为民族现代化建设服务。

思想观念落后、保守。思想观念往往主导着人们的行为方式，影响着人们的价值取向。落后、保守的思想观念消磨人们的进取心，使人们安于现状、不思进取。

民族地区的社会成员由于多居住于偏远地区，受现代文化的影响较小，持有许多与现代文化相悖的思想观念。主要有：宗教意识浓厚。宗教对民族地区的影响较大，它渗透到人们社会生活的各个方面，融化于民族意识之中，甚至成为人们生存的主要精神寄托；迷信宿命思想。民族地区的社会成员多信奉神灵、上帝，认为世间一切都由上天安排、命中注定，因而，处处循规蹈矩，不思进取；乡土观念浓厚。少数民族多聚族而居，因地处偏僻，与外界交往不多，长期过着自给自足的生活，对于本民族及本地区有强烈的归属意识，有着程度不同的封闭性，不愿接触新生事物，排斥外来文化的影响。这些思想观念在民族地区的普遍存在，势必影响民族地区社会成员政治社会化的进程，影响其政治参与的激情，使得其政治参与的水平呈现多层次的特点。

第四节 我国民族地区社会管理创新对策

一、创新公共管理理念

随着经济全球化的进一步深入以及适应我国行政职能转变的要求，我国的行政模式正从传统的公共行政转向新公共管理。通过借鉴发达国家在公共管理及政府改革方面的经验，建立服务型政府成为主流趋势。由于受传统行政思维影响，民族地方政府在处理行政事务时习惯于命令的形式，公众处于一种被管理的地位，违背服务型政府“顾客至上、以人为本”的行政理念，严重制约公众参与政治的积极性。社会管理更加注重促进公民参与，符合公众民主、权利和平等意识不断提高的要求。通过建立公民本位与社会本位的理念，使权力处于公民的监督之下，有利于责任型政府的建立。

民族地区社会管理创新要以观念的创新为先导，抛弃不适应当代社会发展要求和时代特征的公共管理观念，主动培育和塑造有利于社会进步和人民生活水平提高的新理念。要强化服务意识，满足公众的要求和愿望，在以公共服务为使命的基础上强调产出价值。民族地区各级政府要利用组织及其成员赋予的权力为公众利益服务，把及时充分地回应民众的需求作为政府存在的目的；塑造一个具有公共服务精神的服务型政府，政府要引入顾客至上的企业服务理念，把为公众服务的意识贯穿于具体行政行为的始终，任何行为都必须以公众的意志和利益为核心，并将公众的满意度作为政府工作的目标和评价标准。民族地区地方政府在从事地方行政管理活动时要树立自主和自治的理念，抛弃以往“等、靠、要”的习惯，积极主动地开拓进取，充分行使自治权，高效管理本区域的政治、经济、文化和社会生活的各方面。民族地区政府还必须树立和坚持“平等、团结和共同繁荣”的民族关系理念，巩固和发展和谐的民族关系，在维护国家统一的前提下促进社会经济发展。民族地区政府还应树立治理和善治理念，重新定位政府角色，重视社会管理力量的多元化。倡导网络管理体系，重视社会的共识、共治和共享，促进政府与非政府组织的合作，转变政府单一的、自上而下的管理理念。

二、创新政府管理职能的行政行为

随着科学技术的发展和经济社会的进步，社会公共事务呈现出多样化和复杂化的趋势。面对急剧变化的行政环境，民族地区政府需要具备更强的适应能力以及灵活处理庞杂的公共问题的创新能力。政府的行政活动在遵循一般行政规律和方式、方法的基础上，更要因时、因地、因事地选择管理手段，充分发挥创造性，才能更好地解决各种社会条件下的公共问题。民族地区政府推进社会管理创新，有利于形成一个高效运转、反应灵敏、规范廉洁的行政体系，有利于提高政府对新的发展条件与环境的适应能力。

民族区域自治作为我国基本的政治制度，是保障和促进各民族平等团结和繁荣发展的制度基础。民族区域自治制度赋予民族地方自治机关较大的自治权，其目的之一就是希望民族自治区域地方政府等自治机关结合本地区客观实际情况、充分发挥聪明才智来实现本地区各项事业良好的管理与发展。民族区域自治制度以法律的形式赋予民族自治地方广泛的自治权，事实上给予了民族自治地方广泛的自主空间和自由空间，使民族自治地方具有优越的创新条件和良好的创新环境。民族地区大多位于我国中西部地区，经济与社会发展水平较为低下。在民族地区推进社会管理创新，在市场机制对资源配置发挥基础性调节作用的同时，要注意充分发挥政府的宏观调控作用，以保障整体国民经济的稳定、健康发展。政府应强化市场监管，整顿和规范市场秩序，严厉打击违反市场秩序的违法行为。在发挥促进经济发展职能的同时，发挥促进社会发展的职能。民族地区政府要按照建设服务型政府的要求，转变政府职能，切实解决民生问题。民族地区的自治机关具有双重的权力：行使宪法赋予它的一般国家机关的职权及宪法和《民族区域自治法》赋予的自治权，这就要求民族地区政府在处理好与中央政府关系的同时，合理行使并充分利用其管理地方性政治事务、经济建设事业、财政以及管理本地区科、教、文、卫等事业的自治权。加快民族地区政府体制创新的步伐，改变政府垄断公共产品供给的局面，将部分公共职能交给社会。在一些非战略性领域可让其他公共机构、社会组织和企业提供部分公共物品与公共服务，政府起指导作用，不直接提供服务，从而减少政府具体的事务性活动，提高政府把握社会发展方向与宏观决策的能力。

三、培育社会组织

民族区域自治地方政府作为推行和实施民族区域自治制度的主体，其创造性地开展工作并不断实现民族地区社会的进步与发展，关系到民族区域自治制度的有效推行、完善与发展。民族自治地方政府作为民族自治地方经济社会发展的主导和推动者，面临着加快当地经济发展、维护民族团结以及适应当今行政环境变化等任务，需要通过社会管理创新来提高民族区域自治能力。民族自治地区通过不断创新公共管理的观念、制度与方式，能够充分行使自治权，最大限度地发挥自治权对民族自治地方经济社会发展的推动作用。通过创新地开展各项工作保证民族区域自治制度完整有效地实施，充分发挥出民族区域自治制度的优势。

建立一种新型的政府与社会关系，改变政府凌驾于社会之上、社会自治能力差的现状，大力发展和培育社会力量，增强社会自治能力。通过让各种社会组织参与并决定公共事务，弥补市场缺陷并改善政府管理，促进政府与社会的良性互动，推动经济发展和社会进步。充分利用信息技术的快速发展，打破政府对公共信息的垄断，为社会团体参与社会管理提供便利条件。由于经济发展相对滞后，文化风俗和宗教信仰的差异以及地理区位等因素的影响，民族地区社会问题具有特殊性。社会组织作为政府之外的第三部门，包括各种基金会、民间慈善机构、福利机构、志愿组织及各种协会等。社会组织的出现给政府以有力帮助，它们致力于各种社会问题和经济问题的解决，对维持社会秩序、改善民族地区公共管理结构、推动社会政治、经济和文化发展具有不可忽视的作用。社会组织在教育、环境、卫生、文化等多个领域开展公益活动，在不同程度上改善当地民众生活。它们还参与社区基本服务、公民权益的保护、公共信息的获取等公共服务，丰富了社区生活的内容，满足了人们的多元需求，成为帮助政府开展活动的有力助手。① 社会组织可在少数民族地区开展活动时发挥积极作用，引导社会力量参与，推动社区发展，改善当地的人文和自然生态环境、改善贫困人口特别是老弱病残妇幼等弱势群体的生活状况，积极推动民族地区的社会发展。

四、重视公民参与

公民参与是民主政治，尤其是社会主义民主政治的根本体现。公民参与不仅体现人民当家做主的政治理念，同时可以充分发挥人的主观能动性。对于社会管理而言，公民的广泛参与可以集中智慧，为社会管理决策提供科学的依据。由于公众遍布于社会各个阶层和领域，相对更了解自己所处层面和领域的情况，他们为社会管

① 李俊清、陈旭清：《社会组织在民族地区社会管理中大有作为》，《学会》2011年第5期。

理决策提供的建议，往往能够代表一个群体的真实情况和要求。在社会管理过程中，真实反映的多方情况越多，就越有利于避免决策的盲目性或因情况不明造成的决策偏差。随着我国社会主义民主政治的进一步发展，公众本身对社会管理的要求也越来越高，公民参与不仅可以使社会管理决策更具有科学性，同时也可更好地为管理决策服务。此外，公民参与有利于充分调动公众的积极性，有利于决策的顺利实施。公民在参与决策的过程中形成并反映人民意志，会使其全身心关心支持社会管理，支持社会管理决策，从而使社会管理决策得以顺利实施。不断深化公民对社会管理理念的理解并扩大社会管理决策的参与范围，既是科学地进行社会管理的客观要求，也是社会发展和社会主义民主政治建设的必然要求。

民族区域自治制度作为保障我国少数民族公民参与政治的一项基本政治制度，使我国各少数民族能在自己的聚居区内建立自治地方，管理自己的内部事务，积极地参与国家与当地政治生活，保证了各民族在政治权利方面的平等。“民族的成员在以不同的方式来争取、实现和维护自己利益的过程中，必然涉及能够对社会价值进行权威性分配的公共权力，并围绕它来开展活动，通过对政治的参与来表达自己的要求，并争取、实现和维护自己的利益；各种类型的民族政治体系的运行也需要民族成员的政治参与，各种民族组织在活动中也要发动民族成员参与政治，从而促进民族成员对政治过程的介入。”① 要加大政务公开的力度，除涉及国家机密之外，其他所有方面的法律、法规和公共政策以及行政主体、行政程序和办事结果等方面的公共信息都应主动公开。通过政务公开使民族地区政府的工作公开透明，使政府的行政活动处于公民的监督之下，满足公民的知情权与监督权，减少暗箱操作、滥用权力以及行政效率低下的问题。民族地方政府要构建政务公开的渠道和机制，自觉接受各民族群众的检查与监督。可通过报刊、网站、广播电视、新闻发布会等形式公开行政信息，在公共机构服务大厅、公共图书馆或根据需要设置信息查阅点，方便公众获取与查阅政府行政信息。同时还要增强政府公共政策决策和行政过程的透明度，特别是重大决策和涉及公共利益的决策要公开，使公共决策更为民主与透明，让公共服务对象参与公共决策，对公共政策的制定及决策过程提出意见和建议。可通过听证制度使公众参与公共政策制定过程，通过在重大政策出台之前或实施之后，就政策动议、政策方案或政策效果听取社会公众的意见，可使公众的意愿得到直接表达，政策制定者也可收集到较为广泛的直接的真实的信息，增强公共政策的民主性与科学性。

① 转引自侯万锋：《民族区域自治制度与少数民族公民有序政治参与》，《内蒙古社会科学》（汉文版）2009 年第 3 期。

案例分析：青海藏区的社会管理创新①

【案例梗概】

青海藏区是我国五大藏区之一，是以藏族为主的众多少数民族聚居的重要地域，也是民族矛盾、社会矛盾较为复杂的地区。解决好这一区域的民族问题、社会问题，提高该地区社会管理创新水平，对于应对各种风险、提高少数民族生产生活水平、开创独具特色的社会主义民族区域管理模式具有重要意义。青海藏区的社会管理创新工作不仅有利于当地多民族的团结统一和社会安定，更为发展当地经济、文化建设提供可靠保证。

【案例正文】

一、基本概况

（一）青海藏区地域上的特殊性

青海藏区由海南、海北、黄南、果洛、玉树、海西六个民族自治州构成，占全省面积的97.1%，占全国藏族聚居区总面积的45.2%。这里山脉纵横、地形复杂，生存条件十分恶劣，但也蕴含着丰富的自然资源，如三江源保护区域，总面积31.6万平方公里，占青海省总面积的32.7%，是我国最为重要的淡水源头和生态系统，对于我国水资源安全有着至关重要的意义。因生态系统脆弱、各类灾害频发以及闭塞的自然环境，导致这一地区经济发展落后，社会建设资源不足，公共基础设施建设、服务能力等严重滞后，不仅无法满足人民群众需求，更难以支持解决该地区各类矛盾问题。加之人与自然在发展生产和保护生态方面的突出矛盾，使得该地区被严重的贫困问题所制约，社会不安定因素持续积累。

（二）青海藏区人口的特殊性

青海藏区人口密度低且居住分散，大部分人口以游牧或畜牧业为生，这为当地政府行使社会管理服务职能带来很大不便，无法做到及时了解群众在生产生活中存在的困难和需要，更是不能保证扶持政策全面、完整落实到位。同时，薄弱的基础

① 仙珠：《青海藏区创新社会管理的特殊性与政策取向研究》，《中国行政管理学会211年年会暨“加强行政管理研究，推动政府体制改革”研讨会论文集》2011年版。

教育、职业教育在提高人口素质方面作用有限，不能满足该地区发展对于劳动力的需求，进一步导致经济落后、发展速度偏慢。青海藏区还有贫困人口 34 万（2011 年），占藏区牧民总人口的 42%，贫困问题集中于三江源地区的 16 个县，其中 7 个为国家级重点扶贫县，7 个为省级扶贫县。相应而来的看病难、上学难、就业难以及社会保障等问题，加剧了该地区社会矛盾，严重影响社会治安与稳定。

藏区群众在价值理念、风俗习惯、语言等方面的差异，给该地区城乡建设管理提出了全新问题。农牧民在由农牧区进入城镇、由游牧生活改为定居生活、由从事第一产业改为第二、第三产业、由传统观念向现代思维转变的过程中，普遍存在不适应、不习惯的情况，难以在短时间内适应城镇社区生活，这也是困扰城镇社会管理创新的现实问题之一。随着更多农牧民开始进入城镇，以及由工农业建设、旅游业所吸引的外地人口的到来，该地区在流动人口服务管理上的压力逐渐突显，成为社会管理创新过程中的又一重要课题。

（三）青海藏区经济的特殊性

因特殊的自然地理环境和历史原因，该地区经济发展远远落后于全国平均水平，畜牧业是主要的经济形式，而工业化尚处于初级阶段，农牧民收入水平较低且增长缓慢，城乡居民收入差距较大。青海藏区的财政支出有 80% 以上要靠上级财政的转移支付，而玉树、果洛两州地方财政自给率不到 50%。此外，当地交通、教育十分不发达，运输能力与当地对资源输入输出的需求量之间矛盾很大；因教育时长、质量受限，当地劳动力的知识水平和技能水平比较低，大多只能从事基础性工作，这就导致农牧民群众收入长期得不到有效提高。

在整体经济水平不高的情况下，地区内部情况差异也比较大。环青海湖地区和柴达木盆地由于受到西宁和格尔木的辐射，以及本身较好的农牧业、旅游业基础，经济社会发展在青海藏区中居于相对较高地位。而青海南部玉树和果洛两州因海拔高、气候恶劣，社会发展长期处于“经济—生态”双贫困的恶性循环中。经济上的差距进一步诱发社会公正失衡、社会成员心态失衡等严重威胁社会稳定与秩序的负面因素，给当地社会管理带来极大挑战。

（四）青海藏区文化上的特殊性

青海藏区具备多元的民族文化，经过历史上各时期各民族的融合发展，藏文化、蒙古文化、伊斯兰文化、汉文化等元素在这里相互碰撞、学习、重构，极大丰富了该地区的文化形态。在多元文化的影响和作用下，当地人民群众在语言文字、心理特征、风俗习惯、艺术审美等方面逐渐形成独特风格，客观上推动了民族间的交流和理解，为构建该地区和谐安定的民族关系、强化民族认同作出了重要贡献。多种民族、多元文化的背后是多元的宗教，青海本身是一个宗教关系汇集的地方，是全国第二大藏传佛教传播区，藏传佛教在该地区的影响极为深远。根据调查数据，青海（2011 年）还有 1300 多座清真寺，阿訇 2300 多人，同样也是伊斯兰教活跃的地区。各种宗教对于信众在个人行为规范、社会秩序构建等方面发挥着积极作用，对信教群众世界观、价值观、人生观的构筑起到决定性作用。做好该地区宗教工作，坚持贯彻党和国家的宗教方针政策，积极引导广大信教群众参与社会事务，将对社会管理创新工作起到重要作用。

（五）青海藏区政治的特殊性

政治方面的特殊性首先表现在各民族自治州的区域民族自治制度，这是我国根据少数民族聚居特点，以及民族群众在经济、政治、文化等方面的需求而建立的基本政治制度。民族自治也是我国要长期坚持和发展的国策内容，对于我国繁荣发展、民族团结、边疆地区稳定有着十分重要的战略作用。政治方面特殊性的另一表现是青海藏区少数民族部落在长期历史发展过程中形成的特别的约定俗成、部落习惯法等，这些习惯性规定内容全面，对少数民族群众影响深远，甚至可作为现行国家法律法规的有效补充。如青海南部地区，一些少数民族群众和地方政府在调解民事纠纷时，仍然会请当地宗教人士或“部落头人”出面，利用他们在群众中的威望和对本地区习俗习惯的熟悉，以及对少数民族群众需求和心理状态的了解，并根据国家法律政策和地方性法规制度来解释问题、化解矛盾，并督促当事人执行调解决定。习惯法的存在，为青海藏区构建安定的社会秩序、保护少数民族正当权益、保护当地生态环境等提供了极大便利。

二、发展建议

（一）从战略视角确定社会管理创新的指导思想和发展规划

青海藏区建设社会管理体制和基础设施的基础仍然比较薄弱，一些具体的管理服务职能没有得到很好的发挥。这就要求当地党委、政府必须从战略视角思考、从全局高度规划社会管理创新工作，提出有指导性、可操作性强的建议，更加注重经济发展和民生建设，更加注重对社会管理服务的支持与完善。在战略规划和建议的指导下，各职能部门应根据本地区特殊的社会环境、文化历史条件制定出台一系列执行政策，并落实权责关系，成立合作机制，从而突出政府在社会管理创新中的重要作用。

社会管理创新一定要突出重点内容和任务，除了要关注流动人口管理服务、特殊人群帮教、治安重点地区管控、网络虚拟社会管理、社会组织管理、困难人群帮扶等基本内容外，还要根据藏区民族、宗教、文化、习俗等方面的特点确定重点任务，如农牧地区的社会管理、自治组织的管理、城镇化的推动、宗教事务的管理服务等。在确定重点内容和任务的同时，要能够及时跟进人力、财力、物力等资源，为社会管理创新工作提供物质和制度、政策方面的保障。

（二）强化政府服务职能，鼓励社会各方力量参与社会管理创新

基于青海藏区经济落后、公共服务严重缺乏的现状，当地政府要以发展经济为中心，以群众利益诉求为出发点，加大对民生社会事业的投入和保障力度。特别要关注在劳动力培育、社会保障优抚、教育、医疗、就业、基础设施建设等方面的政策扶持和资源投入，着力改善民生。要特别维护好社会秩序，强化治安维稳力量，建立健全预防、调解群众矛盾问题的体系和制度，不让小矛盾演变成大的群体性事件，从源头做好工作。要积极转变政府管理观念，增强服务意识，建设服务型政府，要跟踪督导各项责任制度的执行情况和惠民政策的落实情况。树立以人为本、服务人民的管理理念，准确定位人民需求和利益所在，做到不缺位、不越位、不错位。

在坚持政府主导社会管理创新的同时，要积极培育和支持社会各类组织参与到管理服务中，要引导广大藏区农牧民进行自我管理，以农牧区自治组织为依托，发动群众力量开展社会管理创新。在坚持依法管理的同时，有效利用适当的民族习俗、习惯、道德规范、价值观念、是非标准等，对少数民族群众间的问题矛盾进行化解，形成对法律法规、行政制度的有效补充。通过开展政企合作、党群合作，吸引外部市场力量、教育力量、投资力量对藏区进行有偿投入或义务帮扶，配合当地政府改善民生水平、缓解财政压力、提高人口素质。

（三）推进城乡社区建设，创新社会管理模式

社会管理创新的主旨之一是强调基层管理，特别是基层社区化管理的作用。对于矛盾、问题的解决，最好的方式就是从源头进行预防和化解，强化基层调解力量。社会治安的根本在于日常秩序的维护，因此要把治安力量下放到基层社区中，积极组织社区群众开展日常巡防，提高居民群众自我防范和保护意识。要在完善社区居民组织、领导机构、服务体系的基础上大力推动社区居民自治，这是提高居民参与程度、社区事务决策透明程度的有力保证。借助居民议事会、听证会等模式，赋予社区群众更大的决定权力和决定范围，有效减少和避免因人为操作带来的不公正、不公平，保护群众正当权益。流动人口管理是社会管理过程中的重、难点，可以通过“以房管人、以业管人”的模式，以社区为平台，提高对流动人口的服务质量和管理力度，在保证优质服务的前提下，有效满足流动人口公共服务的需求，解决因之带来的问题。

（四）推动寺院社会化管理，健全寺院管理长效机制

如果寺院长期处于社会管理体制之外，易成为社会不稳定因素的策源地，在少数民族聚居地区更是如此。必须将寺院管理纳入到社会管理体制中，由政府指导，

进行规范化改革，以提高寺院管理水平与解决问题的能力。青海从 2006 年开始推广平安寺院活动，以提升寺院自我管理水平、规范自我管理内容、完善自我管理制度等为重点，积极配合社会主义和谐社会的构建。从 2008 年开始，青海在全国率先实施寺院社会化管理，从生活实际上解决住寺僧人的用水、用电、住房、出行等方面的困难；从制度层面提出寺院要完善管理规章制度，落实国家宗教政策。青海省各州、县、乡政府已经把藏传佛教寺院、清真寺等作为特殊的基层社会单位，纳入属地化的社会管理范畴，全面实现对寺院的日常管理、治安管理、社会监督和统战工作。

第二章　党组织与社会管理创新

在社会管理创新中，党组织应当通过思想、组织、作风等内部建设增强自身能力，为社会管理创新提供支持与帮助。党员应带头参与社会管理创新工作，并以各自所在党组织为创新根据地，充分表达意见建议，大胆实施方案设想。党组织作为社会管理创新的桥头堡，不仅要通过鼓励党员干部来开展创新实践、出台政策意见，更要在真正的社会管理工作中起到创新带头作用，为社会管理创新积累经验。

第一节　社会管理创新对党组织建设提出的新要求

社会管理创新工作离不开党组织的支持，特别是来自包括思想、组织、作风等内部建设的支持。以党建促提高，以党建带动社会管理创新工作的开展进步。

一、以思想建设指导社会管理创新

党的思想建设着重于指导思想、理论、路线、方针政策等方面，是党建的根本，是引导广大党员干部和人民群众沿着正确路线进行社会主义建设的根本保证。思想建设为社会管理创新提供理论依据，指明了实践重点，为社会管理创新提供了智力支持。

（一）改革开放时期的思想建设

自十一届三中全会后，党和国家重新确立了正确的思想路线，工作重心开始向经济建设领域转移并开始实行改革开放政策。这标志着我国社会主义建设进入了一个崭新的时代，在经历新中国成立后近三十年的探索和曲折过程后，党和国家重新回到了正确的工作轨道上来。与此同时，在邓小平理论的指导下，我国逐步确立了社会主义市场经济体制，允许除公有制外的多种经济成分、经济形式存在并鼓励、引导、监督其发展，为非公经济的发展提供必要支持和帮助。

进入21世纪，围绕“建设什么样的党，怎样建设党”这一课题以及一系列事关民族命运、国家前途的理论及实践问题，以江泽民同志为核心的党的第三代领导集体带领广大党员及人民群众继续进行探索和总结，并逐渐形成“三个代表”重要思想。“始终代表中国先进生产力的发展要求，始终代表中国先进文化的前进方向，始终代表中国最广大人民的根本利益”，这一思想集中反映了当代世界和中国的发展变化对党和国家工作的新要求，是加强和改进党建、推进我国社会主义自我完善和发展的强大理论武器。

（二）新时期的思想建设

“十六大”以来，党中央坚持以邓小平理论和“三个代表”重要思想为指导，根据新的发展要求，集中全党智慧，提出了以人为本、全面协调可持续发展的科学发展观。科学发展观的提出既是我国社会主义建设继续向前推进的要求，也是应对我国矛盾问题集中出现的重要战略决策。经过三十多年的改革开放，我国经济社会在快速发展的同时也带来了如环境污染、资源过度消耗、贫富矛盾突出、城乡差距拉大等问题，这些问题极大阻碍着我国未来发展和改革的继续推动，并形成不稳定因素，随时可能威胁社会的长治久安。科学发展观的提出是及时的，也是很有针对性的。表明党和国家在今后的改革建设中将更注重民生问题，注重公平问题，使全体人民共享经济政治发展成果。

总之，我们在推动社会管理创新工作中要以邓小平理论、“三个代表”重要思想为指导，以践行科学发展观为重点。首先，要树立以人为本的工作理念。我们要转变办事理念、办事方式，以人民公仆、服务者的姿态面对社会管理对象，注重将人本理念融入自身工作中。其次，要主动了解、及时发现当前社会管理工作中存在的漏洞。要变被动疏堵为主动巡查，转变工作思路，在方针政策上要突出强调党员干部的能动作用。再次，要警惕社会管理中的异常状况，监测可能危及社会稳定的负面因素。预防胜于事后补救，在不良事态可能出现的苗头期及时发现并拿出应急方案，可以有效控制事态演变，将损失降至最小。最后，要创新社会管理方式方法，注重社会管理创新政策的制定和完善。

二、以组织建设带动社会管理创新

在社会管理创新中，党的组织建设要解决三个问题：选拔什么样的党员及干部，建设什么样的党组织，如何落实党内民主制度。

（一）党员的发展与党员干部的选拔培养

历史的教训告诉我们，在发展新党员时要格外注意其入党动机和信念信心，对于已经入党多年的党员同志要做好教育培养工作，及时关注党员队伍的思想动态。做好党员工作是组织建设的基础，是我党实现方针大政、完成社会主义现代化建设的最根本保证。

党员干部是从党员中选拔的优秀分子、可靠分子，是带领广大党员完成各项工作任务的领导力量，是联系群众的桥梁纽带，更是党组织的中坚力量。干部的选拔工作要更谨慎、更严格。干部素质的高低直接决定群众对我党的评价，决定我党工作成绩的高低。一些党员干部在工作中懒惰懈怠，不思进取，极大迟滞了相关工作的进度，降低了工作成果和质量。更有些人无视党纪国法，置人民利益与社会道义于不顾，出现如贪污、受贿、生活腐化等行为，不仅损害了公共利益，也会引起社会公愤，影响到党的形象和威信。干部队伍建设是组织建设的重中之重，在一定程度上决定着组织建设的成败。每位党员干部都要以高度责任感要求自己保持进取之心，不断学习进步，完成所负使命。

（二）党组织的建设

党的各级组织特别是基层组织是团结广大党员及党员干部、联系人民群众、发挥党的核心战斗力的堡垒，建设好各级党组织是决定组织建设成败的关键。党组织的建设是整个党建的一个缩影，包括思想、组织人事、制度、作风等方面。在思想方面，基层党组织要贯彻落实好中央以及上级党组织的思想、方针政策，干部要负责向组织成员传达解读相关信息，确保党员对思想立场、政策方向的准确理解。在组织人事方面，党组织要以严格标准结合实际表现情况评价每位入党申请人，对其入党动机、思想汇报、行为实践等方面进行综合考察。入党介绍人要认真、客观、经常性地了解介绍对象的思想工作动态并如实向组织反映。对干部的选拔要建立在广泛的党内民主基础上，以思想态度、工作积极性为重要参考，以工作能力、工作成绩为核心依据，并重视听取其他党员群众的评价。对干部的选拔务必要坚持德才兼备、以德为先的原则。组织内的制度建设是保证每项任务落实到人并顺利完成的重要条件，良好、通畅的制度建设和运行可以极大提高组织战斗力和全员的工作能力。制度建设包括思想宣传、组织活动、工作流程规范、作风要求、奖惩机制等方面，要注重可行性、长效性，确保各项制度的执行力与效果。作风建设要求党员及干部时刻告诫自己要牢记党的宗旨和人民的重托，对工作负责，对社会主义事业负责。要远离腐朽思想，杜绝侥幸心理，从思想深处警示自己清白做人做事。

（三）落实党内民主制度

党内民主是党的生命线，民主建设是组织建设的核心和保证。党内民主是否得到充分发扬，将直接影响到党的事业和声誉。党的民主是增强党的活力、巩固党的执政地位的重要保证。民主建设要注意以下三方面：首先，要认真落实党内民主集中制，确保各项决策都能真实反映广大党员的真实要求；其次，鼓励党员干部表达意见建议，形成宽松而活跃的党内发言与交流机制，为科学决策提供最充分的信息资料；再次，要以党内民主带动人民民主，为人民民主起到表率作用。民主作风的形成既是思想觉悟提高的过程，也是及时出台并确保落实相关制度安排的过程。在党内民主思想的指导与鼓励下，在民主制度的保证下，党员才能充分表达自己的意愿诉求，干部才能搜集到最广泛的信息意见，所作决策才可能实现效用和科学性的最大化。

三、以作风建设支持社会管理创新

加强党员作风建设有利于社会管理创新的开展实施，有利于党员及领导干部认清当前形势，端正工作态度，及时发现并纠正问题，减少实际工作中的阻力，拉近同人民群众的关系，为社会管理创新的顺利进行创造良好环境。

（一）牢记为人民服务的宗旨

人民群众是党的根基，是全部事业的核心。来自群众、依靠群众、为了群众，党的历史经验告诉我们，必须以高度责任心和使命感对待支持我们的人民大众，充分考虑和尊重人民的诉求与选择，听取人民的意见建议并及时做出改正。广大党员和干部应摆正自身位置，时刻提醒自己是一名人民公仆，要以积极主动的态度完成人民交代的工作任务，想人民之所想，为民解忧，做到百姓满意、群众放心。

（二）理论联系实际

理论联系实际要求我们一切从实际出发，结合既有的科学理论形成客观、准确、全面的判断和决策。中国共产党带领广大人民群众取得革命胜利、实现民族独立，成功完成社会主义改造并建立社会主义制度，这都是将马克思主义基本原理同中国具体国情相结合的结果。而在革命斗争以及社会主义建设中遭受挫折，导致自身及人民群众受到巨大损失的原因也正是因为没有很好地坚持实事求是的思想路线与理论联系实际的优良作风，主观主义、经验主义、教条主义等偏离客观实际的做法被错误地用来指导党的实际工作。

（三）密切联系群众

这一作风要求我们从群众中来、到群众中去，了解和反映人民群众的愿望需求。中国共产党代表着中国最广大人民的根本利益，在取得革命胜利和社会主义建设成就的过程中无不是从人民的利益出发。土地改革、社会主义改造、改革开放，这些政策的诞生都分别符合过去和现在生产力的发展水平与方向，同人民的需求密切相关。而这些政策正是通过深入人民群众进行实际调查了解，结合国情做出的决策。农村家庭联产承包责任制最初以“大包干”的形式出现，且并不为当时社会与政策制度所接受承认。参与的农户甚至签下“生死状”以坚定在“包产到户”这一道路上走下去的决心和勇气，可见此事在当时可能带来的震动和影响。然而党中央对这一新生事物并未采取批判的态度，而是认真调研讨论，不拘泥于已有的理论经验限制，而是根据当时社会生产力的发展情况进行判断，并最终认可了这一生产形式，将以家庭联产承包为主的责任制作为一项基本制度长期稳定下来，农村经济体制改革也由此迈出第一步。不得不说这一体制是我国农民的一大创举，而党中央坚持从群众中来，到群众中去的作风路线更是帮助这一体制发挥了巨大作用，改变了我国农业生产长期落后的局面，极大地解放和发展了农村生产力。

（四）批评与自我批评

一个伟大政党的成长总是会经历诸多坎坷与磨砺，正确的思想路线和工作方式方法需要不断进行修正调整。在这一过程中，来自外部的意见建议和内部的自我省察、自我评价是必不可少的。作为国家的核心政治力量，中国共产党肩负着领导国家各项工作、带领广大人民进行社会主义建设、实现祖国繁荣民族复兴等历史重任，工作内容之多、工作难度之大是有目共睹的，这也会造成党员及干部在处理实际问题中会出现偏差甚至是原则错误，在客观上给党的事业和群众利益带来损失。为了避免这样的错误发生，也为了督促自身工作不断进步，党员及干部同志必须虚心接受来自群众的批评，主动征询意见建议并予以采纳。同时，要定期或不定期地开展自我批评教育，学会自省自查，将已完成的工作内容同自身所负职责、群众要求、先进典型进行对比，也要注意学习新知识，注意同身边人交流，找出需要改进和完善的地方。

（五）加强党风廉政建设

贪污腐败是影响一个执政党生存和发展的最大威胁，历朝历代政权最终走向没落的原因无不是和当权阶层的腐化生活与无限制地侵害国家利益、人民利益有关。毛泽东同志在新中国成立前夕就向全党同志发出过警告，告诫大家不要被腐化的生活思想所侵蚀，并且在“三反”、“五反”运动中严厉处分了违法干部，抵制贪污腐败行为的决心是十分坚定的。改革开放后，在党风廉政建设中更是注重对相应行为的预防和打击，通过制定一系列法律法规，开展反腐倡廉教育来提醒党员干部要常怀律己之心，要以反面事例来警醒自己。进入新时期，党中央及地方各级党组织对党员干部违法乱纪行为的处理力度有增无减，一批职位较高、影响较大的领导干部因自身贪腐问题纷纷落马，表明党中央打击贪污腐败行为绝不会姑息手软，也体现了全党同志和人民群众解决打击贪腐问题的重视和支持。温家宝总理在 2012 年党风廉政工作会议上曾指出：执政党的最大危险就是腐败。这个问题解决不好，政权的性质就可能改变，就会“人亡政息”。可见，党员干部的廉洁自律关系到执政党的威信和群众基础是否牢固，关系到发展改革事业的成效，关系到民族和国家的未来，是一定要常抓不懈，丝毫不能放松的。只有提高党员干部的作风水平和道德素质，党的思想建设和组织建设才能得到可靠保障，进而起到支持社会管理创新向前发展的作用。

第二节　以基层党组织作为社会管理创新的根据地

各级党组织是团结带领党员干部在社会主义建设中发挥巨大作用的战斗堡垒，更是在社会管理创新中发挥核心作用的单位。广大党员干部充分发挥模范带头作用，以党组织为理论实践创新基地，依托社会发展中的实际情况和既有理论对社会管理工作进行创新。

一、充分发挥党员在社会管理创新中的带头作用

广大党员及领导干部在社会管理创新中要充分发挥带头作用，积极主动地了解当前社会管理工作中存在的问题，认清社会管理工作未来的发展趋势，研究部署下一步工作计划。

（一）党员在社会管理创新中的带头作用

社会管理工作涉及方方面面，需要来自不同群体、不同阶层的党员来反馈情况，表达身边群众的意见和需求。在调查社会管理现状和了解群众需求方面具备天然的广泛性和便利性，应本着为人民服务、对组织负责的态度参与到社会管理创新的信息搜集过程中，发挥自身能动性和创造性，对相关信息进行分析归纳，将其中具有现实意义的内容作为建议提供给所在党组织，便于决策的科学化，提高决策的可行性。

党员在实际工作中应注意以下几点：首先，要树立社会管理创新意识。党员在日常学习交流过程中要特别注意有关社会管理方面的知识内容，要培养自己主动参与社会管理创新工作的热情。通过不断地自我教育来强化社会管理工作在头脑意识中的地位，时刻要求自己关注社会管理工作的具体领域和相应内容。

其次，要认真学习社会管理创新知识。社会管理创新是一个较新的研究命题，因此广大党员要积极学习积累这方面的知识，及时跟进中央政策，消化理论研究成果。研究社会管理创新的重点还在于了解管理实践情况，认清当前存在于社会管理工作中的难点和矛盾点。

再次，要实地了解所在地区社会管理状况，积累原始信息资料。这是对每一位普通党员参与社会管理创新工作的最核心要求，应本着从实践中来、到实践中去的求索态度，留心观察事物变化和群众关心的问题，及时向组织汇报情况。

最后，积极参与组织交流，为社会管理创新建言献策。集中全党智慧，通过内

外部交流讨论形成多种应对方案，也可以在此基础上总结研究成果。内部讨论交流应做到不回避问题、直面当前矛盾，这样才可能找到社会管理创新工作的真正突破口，对于内部交流意见应采取开放包容的态度，不刻意限制交流内容和范围，全面而细致地对社会管理创新工作现状进行梳理。对外交流在大量征求基层群众意见建议的基础上，也应同社会管理创新领域的专家学者、社会管理所涉及部门的工作人员、民主党派成员等其他人民团体交换意见，汇总多方观点形成科学判断。

（二）领导干部在社会管理创新中的指挥作用

领导干部是党组织开展社会管理创新活动的关键力量与先锋力量，不仅要完成动员党员群众参与社会管理创新的任务，更是要带头组织协调相关工作，确保责任落实到位。具体来看，领导干部应完成以下工作：

首先，要认清社会管理创新工作的重要性和工作方向。领导干部作为带领广大党员开展社会管理创新工作的组织者和引导者，要先于党员吃透社会管理领域的作用机理，理清该领域的理论及实践的组成脉络，并根据中央整体部署、上级政策安排和个人体会来综合判断这一工作的着力点与突破点，进而确定正确的工作方向、选择适当的工作方法。

其次，要做好对组织内党员的动员工作。发动全党同志为社会管理创新工作提供信息、建言献策对于搞好这一领域的研究和落实相关政策措施无疑具有重大意义，而激发党员参与热情的关键在于领导干部的宣传和鼓励。要站在全局的高度，以较为长远的眼光来向党员解读社会管理创新工作对于维护社会稳定、加强社会管理、保障人民利益、巩固党的执政地位等方面的意义和重要性；要针对不同社会背景、不同社会阶层的党员采用特定的宣教方法来帮助其提高认识；要以身作则，树立表率，用自己的热情和高度的使命感、责任感去影响并团结广大党员为提高社会管理水平、创新社会管理手段而积极奋斗。

再次，要做好内部创新、外部联络的工作。内部创新工作主要要求领导干部在带领党员提高认识、强化理论素养、参与社会实践的同时，归纳整理相关信息资料，最终形成针对开展和提高社会管理创新工作的建议意见，为这一工作的贯彻落实贡献力量。外部联络工作主要是通过联系与社会管理创新工作相关的各方群众、团体、研究者、政府管理部门等，寻找外部资源对内部创新工作的支持，疏通工作关系，为社会管理创新工作提供最为便利的学习、研究、体验、实践、监督等环境。

二、基层党组织在社会管理创新中的作用

影响社会秩序、对社会管理工作造成最大障碍的因素来自于近年来发生频率呈上升趋势的社会群体性事件，引发此类事件的主要原因有两点：社会矛盾的复杂

化，以及社会思潮的多样化。改革开放三十多年来，我党在邓小平理论、“三个代表”重要思想以及科学发展观的指导下，带领全国人民开创了中国特色社会主义建设的新局面，为实现国家富强和民族振兴规划蓝图、付诸实践。经过多年的努力奋斗，中国人民在取得巨大成就的同时也面临着各种新变化、新问题，更为复杂的社会矛盾也随之出现。

（一）我国面临的自然环境问题

由于人口和经济增长压力以及保护意识的落后，我国自然环境和资源受到极大破坏，城镇环境也逐渐恶化并逐渐向农村地区侵蚀，耕地资源减少、水污染加剧，极大威胁着国内粮食生产安全和子孙后代的生存发展。随着城市化水平的不断提高，城市生活成本、生活压力也不断增大，特别是大中城市面临着较为突出的住房、教育、交通、医疗、生活保障等问题。同时，农村地区由于长期缺乏集约化管理、青壮年劳动力外流、耕地被占以及优质资源向城市地区倾斜等原因，也开始出现如空巢老人、留守儿童、教育医疗资源流失等现象，而城乡地区这一系列问题会进一步诱发社会矛盾，损伤社会治理结构、治理基础，诱发如官民对峙、征地强拆、集体上访等群体性事件，社会维稳压力与日俱增。长此以往，我国社会矛盾会不断尖锐，民众心态浮躁且缺乏安全感，十分不利于社会的长治久安。

（二）我国面临的经济政治文化问题

我国经济发展在建立起社会主义市场经济制度、完善相关法律法规和治理监督办法、实现连续多年高速增长的同时也存在诸多不容忽视的问题。如经济建设领域的资源浪费、重复投资，对资源进行掠夺性开采以至于出现多种社会及自然环境问题。经济结构、产业比重尚需调整，第三产业比重过低，工业生产中高污染、高能耗产品比重较高，高技术、高附加值行业的规模有限。长期依赖投资和出口拉动经济，造成内需不足，由消费带动的经济增长有限。在收入分配领域，我国目前仍存在较多不平等现象，两极分化现象越来越严重。

在大力进行经济建设和经济体制改革的同时，我国政治体制改革也稳步推进。政治体制改革及政务建设在取得一定成就的同时也面临着诸多问题。虽然建立了较为健全的预防和监督机制，但党内及政府各部门仍然缺乏对“绝对权力”的有效制约，由此导致的腐败行为给国家、人民以及党和政府领导干部队伍自身带来极其严重的损失。

在思想文化领域，在社会经济发展同时出现的如拜金主义、享乐主义、极端个人主义等不良追求造成民众整体道德修养水平下滑，缺乏清晰的价值追求作为指导。同时，受各种环境、社会以及西方思潮的影响，部分人甚至在意识形态上有所动摇，对党的执政领导地位、社会主义制度提出质疑。整体社会风气也比较浮躁，人们缺乏较高的精神追求。

上述问题引起社会矛盾日益复杂化、社会思潮多样化，对正常的社会秩序造成极大威胁，是社会管理的重要内容，更是社会管理创新工作所要解决的核心问题。

（三）各级党组织对社会管理创新的实践

中共中央根据我国社会形势发展情况做出开展社会管理创新工作的决策是非常必要和及时的，是对我国当前国情和社会主要矛盾的准确判断和应对，对我国未来社会发展会起到深远影响。关于中央指导的内容会在后续章节中详细阐述。各级党政组织在相关政策的指导下积极开展社会管理创新工作，认真领会中央精神，将社会管理创新融入日常工作体系，领导党员和人民群众为提升社会管理水平努力奋斗，真正将和谐社会的理念落到实处，让人民群众体会到由社会管理创新工作带来的实惠和身边环境的积极改变。

根据党组织层级的不同，地方各级党组织所负责任内容和范围也有很大区别。各个省、直辖市、自治区的党委党组织要在认真贯彻领会中央精神的基础上，开展对行政区划内不同地、市、区、县、州、自治县、自治州社会管理工作的调研，通过实地调查了解找到面向全省、直辖市、自治区的社会管理创新工作重点，进而统一工作思路、集中部署相关战略。地市级党委党组织在社会管理创新工作中的内容要更为具体，总体上要根据上级工作思路来开展针对性的创新工作。根据城乡区域面对的不同状况和社会经济发展情况来综合考量社会管理工作在日常管理、协调经济发展与社会关系、协调城乡收入分配等方面可以采纳的创新点与创新意见。以维护本地区社会秩序长久稳定为首要目标，强化对可能干扰社会稳定的不良因素的日常监控，一旦有情况立即采取应急措施以控制影响、逐步解决问题矛盾。县、乡及以下级别党委党组织则承担社会管理创新工作的最后组织落实工作，基层党组织的覆盖面最广，所联系的党员和人民群众也最多，是社会管理工作的主要面向者，也是承担主要工作内容的群体。以基层党组织为平台和纽带，党员及领导干部带头参与社会管理创新工作，为这一工作提供信息、建议、执行、反馈等方面的支持，确保相关社会管理创新政策的落实效果，稳定社会日常局面，构建和谐社会中多种积极关系。

三、党中央对社会管理创新的指导作用

党中央及中央领导人在各类重要会议上多次对社会管理创新工作做出部署，并给出指导意见，为我国全面、稳步、扎实地开展并做好社会管理创新工作提供了最根本的准则与目标。

（一）中央会议对社会管理创新工作的部署

2004 年党的十六届四中全会提出“加强社会建设和管理，推进社会管理体制

创新”，2007 年党的“十七大”报告中提出“建立健全党委领导、政府负责、社会协同、公众参与的社会管理格局”。以此为标志，社会管理、社会管理创新成为党和国家的重要工作内容。社会管理的基本任务包括：协调社会关系、规范社会行为、解决社会问题、化解社会矛盾、促进社会公正、应对社会风险、保持社会稳定等方面。做好社会管理工作，促进社会和谐，是全面建设小康社会、坚持和发展中国特色社会主义的基本条件。鉴于社会管理的重要性和创新社会管理工作的任务要求，中共中央对相关政策出台给予了高度重视，中央领导同志也多次对相关领域的工作内容和工作要求做出指导。认真学习和贯彻落实中央政策、指示、精神对于把握社会管理创新方向、重点，搞好社会管理创新工作具有十分重要的意义。

（二）胡锦涛同志对社会管理创新工作的指导

在 2011 年 2 月举行的省部级主要领导干部社会管理及其创新专题研讨班开班仪式上，党和国家领导人分别作重要讲话，对广大党员和领导干部在学习社会管理创新知识、方法，落实社会管理创新政策等做出重要批示与指导。这次开班仪式上的系列讲话可以看做是中央对社会管理创新工作的全面部署安排和建议指导，也是中央对于社会管理创新工作政策的集中阐述。

就当前要重点抓好的工作，胡锦涛提出八点意见。第一，进一步加强和完善社会管理格局。第二，进一步加强和完善党和政府主导的维护群众权益机制。第三，进一步加强和完善流动人口和特殊人群管理和服务，建立覆盖全国人口的国家人口基础信息库，建立健全实有人口动态管理机制，完善特殊人群管理和服务政策。第四，进一步加强和完善基层社会管理和服务体系，把人力、财力、物力更多投到基层，努力夯实基层组织、壮大基层力量、整合基层资源、强化基础工作，强化城乡社区自治和服务功能，健全新型社区管理和服务机制。第五，进一步加强和完善公共安全体系，健全食品药品监管机制，建立健全安全生产监管体制，完善社会治安防控体系，完善应急管理体制。第六，进一步加强和完善非公有制经济组织、社会组织管理，明确非公有制经济组织管理和服务员工的社会责任，推动社会组织健康有序发展。第七，进一步加强和完善信息网络管理，提高对虚拟社会的管理水平，健全网上舆论引导机制。第八，进一步加强和完善思想道德建设，持之以恒加强社会主义精神文明建设，加强社会主义核心价值体系建设，增强全社会的法制意识，深入开展精神文明创建活动，增强社会威信。

（三）习近平同志对社会管理创新工作的指导

习近平同志在谈到社会管理创新时强调，党和国家事业的发展进步，离不开人民的创造力量；党的全部执政活动，离不开强有力的群众工作。社会管理主要是对人的服务和管理，说到底是做群众工作。一切社会管理部门都是为群众服务的部门，一切社会管理工作都是为群众谋利益的工作，一切社会管理过程都是做群众工作的过程。群众工作是社会管理的基础性、经常性、根本性工作。随着改革开放的深入和社会主义市场经济的发展，群众工作对象更加多样化，群众工作内容更加丰富，群众工作环境越来越复杂，群众工作组织网络需要进一步健全。这就要求我们把做好新形势下群众工作摆在更加突出的位置，不断增强群众工作的针对性和有效性。

习近平强调，党的基层组织和基层干部是加强和创新社会管理、做好群众工作最基本、最直接、最有效的力量，是我们党执政为民最为重要的组织基础。各级党委要切实加强基层组织建设，推动基层组织把知民情、解民忧、化民怨、暖民心作为经常性工作，按照情况掌握在基层、问题解决在基层、矛盾化解在基层、工作推动在基层、感情融合在基层的要求做好群众工作。做好群众工作是领导干部的重要职责，是否重视做群众工作，是否善于做群众工作，是衡量领导干部政治上是否合格、工作上是否称职、领导能力强不强的一个基本标准。

（四）号召各界群众参与社会管理创新工作

中央领导层不仅对广大党员、各级党组织、各级政府在社会管理创新工作中的内容、方向、思路、方法做出指导，同时也对参与我国社会主义建设各条战线上的人民群众提出了相应希望。

王兆国同志强调，工青妇工作是党的群众工作的重要组成部分，工青妇组织在做群众工作方面具有不可替代的作用。加强和创新社会管理，做好新形势下党的群众工作，要紧紧依靠工会、共青团、妇联等群众组织，充分发挥它们的特点和优势，赋予它们更多的资源和手段，支持它们积极参与社会管理，为开创社会建设新局面作出更大贡献。

杜青林同志强调，统一战线要紧紧围绕凝心聚力的根本任务，充分发扬协商引导的优良传统，努力探索服务社会管理的组织方式、工作方式，不断提高服务社会管理的科学化水平。统一战线作为党领导和执政的重要方式，与社会管理有着紧密的内在联系，本质上都是群众工作，目标上都是增进团结和谐，任务上都是协调利益关系，在加强和创新社会管理工作中担负着义不容辞的责任。加强和创新社会管理，重点在基层、难点在基层，力量和源泉也在基层。要通过基层民主党派组织、统战团体、行业商会、新的社会阶层人士联谊会等，更好地发挥提供服务、反映诉求、规范行为的作用。要依托各地行之有效的社区工作网络，拓展统战工作覆盖面，注重培育非公有制经济、公益慈善等社会组织，切实增强服务社会管理的实效性。

第三节　民族地区党组织的建设与发展

民族地区党组织的建设与发展历来受到党中央的高度重视，提高民族地区党组织的凝聚力与战斗力不仅对当地经济文化建设有至关重要的作用，更是推动社会管理创新工作在民族地区不断发展完善的有力保障。

一、民族地区党组织建设中的问题

民族地区党组织建设主要面临以下问题①：物质基础薄弱，社会文化环境复杂，自身能力有限。

（一）薄弱的物质基础

经过新中国成立以来60多年和改革开放30多年的不懈建设，民族地区经济文化发展虽然取得了较大进步，但受制于自然、历史、人文等原因，许多地方在物质资源方面依然困难重重。民族边疆地区大多交通不便，以至于当地群众同外界的交流非常困难，且无法进行物质上的交换。信息和物资上的匮乏不仅严重影响到少数民族群众的日常生活，更难以满足当地在经济、社会事业发展方面的要求，基层财政收入不足以支持各级党组织领导人民群众开展建设工作。封闭的环境加上历史发展过程中形成的落后的社会经济形态，造成当地文化意识的落后。没有足够财力来支持文化教育、农业科技、医疗卫生等民生事业的发展，只会让“经济落后——观念落后——经济落后”的恶性循环持续下去。

综上所述，封闭的环境、特殊的历史原因、落后的文化观念导致边疆民族地区在物质基础十分薄弱，不足以支持自身经济、社会的发展，更是无法保障党组织对自身活动的基本投入。

（二）复杂的社会文化环境

民族地区呈现“大杂居，小聚居”的特点，少数民族各自有着独特的社会风俗、文化特点、宗教信仰。这就决定了民族地区的党组织在建设发展过程中要面对非常特殊且复杂的社会文化环境。许多少数民族党员、农牧民党员以及群众由于收入少、文化程度低，首要问题是“治穷治愚”，而非如何建设好党的基层组织。协

① 刘永哲、高兴国、曹殊：《不断提高民族地区党的基层组织建设的科学化水平——新时期以来甘肃地方党建的新探索之四》，《甘肃理论学刊》，2011年第3期。

调同本民族宗教信仰的关系对于少数民族党员干部而言是比较困难的，一些基层党员干部在关注宗教的民族性、群众性、复杂性的同时，往往容易忽视自身作为共产党员所应坚持的世界观、价值观和应当遵守的政治原则。宗教问题的复杂性也导致许多党员干部不会管、不敢管、不愿管，这不仅无法改善局面，更是会影响到党员干部在少数民族群众心中的威信，十分不利于党的组织建设。在领导少数民族群众脱贫致富方面，受制于某些民族传统和自身文化水平以及复杂的社会状况，一些党员干部存在思路不宽、方法不多、能力不足的问题，更有甚者对少数民族群众的利益诉求和所反映问题采取回避的态度，这样不仅得不到群众的认可和支持，更是无法为党组织的建设发展提供实践经验和理论、政策依据。

（三）自身能力有限[①]

民族地区党组织的建设与发展在受制于当地特殊经济、社会、文化因素的同时，最直接的问题还是自身能力有限，不能很好满足新时期目标对于党组织的要求。

由于地处农村牧区，普遍面临经济落后、思想水平低、环境闭塞等问题，民族地区一些基层党组织很难发挥战斗堡垒的作用，党组织的号召力、影响力有很大局限，表现为组织松散、活动时间少、人员流动性大。思维上的限制、交流上的缺失，妨碍着党员先进意识和组织纪律观念的提高和转变。大量有文化、有能力的党员、领导干部不再集中注意力于组织工作和生活，将大量精力投入到如外出务工、个体经营等方面。这就导致党建工作集中难、活动难，党员教育管理难等问题，致使部分党组织出现“空壳化”现象，甚至发展到组织涣散，失去号召力的地步，无法传达党的方针政策，党组织的建设与发展更是无从谈起。

民族地区基层党员及领导干部普遍年龄偏高、文化素质低、工作方法落后，缺少同外界的接触以及对先进科学知识的足够认识理解，造成基层干部领导能力弱、市场意识淡薄、致富能力低且积极性不高等问题。许多党员缺乏一技之长，没有带头致富的本领，商品经济观念和竞争意识十分淡薄，参与政治和社会管理的能力比较差。长此以往，部分党员对党的感情开始淡化，逐渐失去了作为党员和领导干部所应具备的荣誉感和责任感，无心参与到党组织的建设和发展中来，使得党的基层堡垒作用无法得到发挥，党组织的凝聚力、创造力和战斗力受到大大局限。

---

① 刘力：《加强边疆民族地区基层党组织建设的思考》，《内蒙古农业大学学报》（社会科学版）2011 年第 4 期。

二、民族地区党组织建设的原则①

民族地区党组织是本地区进行社会管理创新工作的领导者，也是其所依靠的核心力量。建设和发展民族地区党组织特别是基层党组织，必须遵循有利于社会管理创新工作开展的原则。

（一）明确党组织在社会管理创新工作中的定位

中央在确定社会管理创新工作格局时，明确将“党委领导”放在首位，可见党组织在社会管理创新工作中应当扮演领导者的角色，需要从全局高度把握社会管理创新工作，通过制定相关方针政策、营造舆论宣传氛围、发动广大党员干部和群众等方式，把社会管理创新工作推向全社会。

民族地区党组织是党中央关于民族地区社会管理创新方针、政策的直接落实者。社会管理工作是一项系统性工程，它的创新必然要求参与各方以构建和谐社会、推动社会可持续发展、提高民生水平为根本目标；必然要求参与各方密切协调配合，要具备大局观和发展观，突破利益壁垒；必然要求参与各方以党的大政方针、指导思想为自身行动的准则依据，紧紧围绕在党组织周围，听党指挥、服从安排，将所追求的目标效果同党的社会管理创新规划内容、人民对于社会管理创新的期望结合起来，以最大的热情和努力实践好社会管理创新工作。

党是我国各项社会事业的领导核心，是凝聚社会力量的组织核心，是社会管理工作的创新核心。民族地区党组织必须牢记自身使命，明确工作定位，掌握好分寸，做到既能够提出让广大干部群众信服的社会管理创新理论、政策，又不会越俎代庖，同行政管理组织、群众自治组织发生权责上的冲突；既要激发全社会的管理创新热情和能力，又要把握好方向和道路。

（二）明确党组织在社会管理创新工作中的任务重点

根据自身定位，党在社会管理创新工作中要重点抓好方针制定、组织人事安排、宣传统战等工作。民族地区党组织还要特别关注提高人民生活水平、维护社会稳定、协调矛盾纠纷等工作重点、难点。

方针政策的制定要依据全党和中央关于社会管理创新工作的统一部署，以满足民族地区实际需求、解决实际问题为原则。政策标准应符合三点要求：较好的全面性、较高的协调性、较强的可操作性。政策内容应全面反映广大人民群众对于高水平社会管理服务的愿望，贴近群众生活，实现群众利益诉求。组织工作主要解决三

---

① 内蒙古自治区党委组织部课题组：《边疆民族地区创新社会管理与加强基层党组织建设问题研究》，《纪念中国共产党成立90周年党建研讨会论文选编》（下册）2011年。

个问题：人才的培养和选拔、人才与岗位的匹配、组织合力的发挥。德才兼备历来是发展党员、选拔干部的标准，民族地区社会管理创新工作更是需要高素质人才的支持，党组织在党员、干部的发现和培养过程中务必要严格执行相关标准，认真考察培养对象。

党组织在岗位分配过程中，要遵循人事匹配的原则，以岗位要求寻找合适人才，不可因私或降低标准而疏忽人才与岗位的适应性。优秀人才的加入、人才与岗位的契合，才能使组织合力充分发挥，实现组织效用的最大化。宣传统战工作对于民族地区社会管理创新是至关重要的，让广大群众特别是少数民族群众及时了解中央和地方的政策方针，有助于全社会形成思想上的统一，推动社会管理向前发展。民族地区特殊的历史、文化、宗教背景要求党组织加大统战工作力度，团结广大少数民族群众，以提高社会管理服务水平为目标，以民族统一战线为平台，鼓励少数民族群众参与社会管理创新，共图和谐社会发展大计。

（三）明确党组织在社会管理创新中的方法要求

要坚持民主集中制，提高政策制定的科学性。基层党组织的政策直面人民群众，对其生产生活有最显著的作用和影响。在政策出台的准备和落实过程中，务必要听取多方意见建议，权衡群众得失与社会影响，务求政策合法、合情、合理。要坚持群众路线，加大调研力度。社会管理创新各项政策内容不是凭空而来，也不是单纯的理论产物，必须与民族地区社会实际相结合，必须同少数民族群众的意愿相符合。开展社会管理创新工作必须要依靠群众，走群众路线，变被动为主动，深入探访基层百姓，认真解决百姓所反映的问题。要掌握科学方法，注意工作方式。推行社会管理创新是为民谋福的大工程，这就要求党员干部以人民为服务中心，树立服务意识、养成良好的服务态度、采取柔和的工作作风。行政手段不再是唯一的管理形式，应注重采用协商的方式，问政于民，问政于科学的理论和实践经验。

三、民族地区党组织建设面临的特殊社会条件①

民族地区有其特殊的历史影响和现实状况，在党的组织建设过程中必须准确把握本地区特殊性，因地制宜、因时制宜，提高社会管理创新政策的准确性和针对性。

（一）主要矛盾和特殊矛盾

我国现阶段主要矛盾仍然是社会生产无法满足人民日益增长的物质文化需求，这一点在民族地区尤为突出。推动社会管理创新、解决社会问题的根本途径始终是

① 刘期彬：《边疆民族地区基层党组织建设要正确把握三大关系》，《实事求是》2012年第1期。

发展社会生产力，在生产力进步的基础上推动民生事业发展。民族地区的主要矛盾决定本地区党组织在建设过程中，要始终围绕发展民族地区经济这一中心任务，以巩固党在民族地区的执政基础，赢得少数民族群众对党的信任和支持。

民族地区的特殊矛盾表现为民族分裂势力、宗教极端势力、极端民族主义势力等反动力量对边疆地区社会稳定和我国领土主权的破坏，以及引发国内国际冲突的潜在危险性。民族地区党组织要具备高度的责任感和警惕性，密切关注反动势力的发展动向，做好民族团结工作，做好宣传教育工作，做好矛盾调解工作，让广大民族地区群众认清形势、认清事实，调动各民族群众维护社会秩序、保卫国家安全的积极性，实现社会长治久安。

（二）先进文化与宗教文化

先进文化是党在思想建设方面追求的目标之一，是提高党员干部文化水平、提高党组织创新能力的智力保障。要以马克思主义理论、中国特色社会主义理论为我国先进文化建设的指南和动力来源，强调以改革创新为核心的时代精神，巩固党组织带领人民群众为社会主义现代化奋斗的思想基础。

民族地区受宗教文化影响深远，许多少数民族群众以宗教教义为自己的世界观、人生观、价值观，以宗教的标准评判个人行为。这就要求民族地区党组织在思想建设过程中，要特别重视来自宗教文化的影响，通过挖掘、借鉴、传承优秀的宗教文化内容来团结教育广大少数民族和信教群众。要正确处理好先进文化与宗教文化之间的关系，从文化融合、互补的角度妥善利用宗教文化，发挥宗教对于维护民族团结和社会稳定的积极作用。

（三）整体要求与民族地区需求

民族地区党组织建设要完成党中央关于思想、组织、作风、廉政、制度等方面的要求。要提高党建的科学化水平，牢牢把握党性、宗旨、指导思想的统一。在面对民族地区社会情况的特殊性时，更要严格党的纪律，不可降低党建的标准和要求，更不能破坏党纪国法。少数民族特殊的社会风貌和文化传统造就了民族地区对于经济、社会发展的特殊需求，相应的，党组织建设也必须考虑这些需求内容，即把党建总体需求与民族地区实际需求有机结合，找准切入点，实现党组织通过自身建设来促进民族地区团结和社会发展的目标。

四、民族地区党组织发展建议[①]

民族地区特殊的社会条件既对当地党组织建设提出了全新挑战，也丰富了党建内容。民族地区党组织应从以下三个方面着手努力，在搞好党建基本工作的同时，针对民族地区社会文化、经济政治发展特点提出更有针对性的工作内容，在提高党组织建设水平的同时，在一定程度上解决民族地区人民群众在生产生活方面的需求和问题。

（一）加强服务意识，增强群众自我管理能力

加强党组织建设的根本目标在于提高为人民服务的能力，提高在社会管理工作中的效率和创造性。这就要求民族地区党员干部要牢记为人民服务的根本宗旨，时刻保持对社会管理创新的工作热情。党员干部要经常下到基层进行调研考察，要直接面对社会管理第一线的问题和群众需要，同基层群众保持密切联系。在制定出台政策前，必须充分考虑人民群众特别是少数民族群众的利益要求，不得采取伤害老百姓的工作方式，要对因政策造成的人民利益损失给予积极补偿，对各项工作的落实务必以实际情况为准，做到不唯书、不唯上。在推动社会管理创新的过程中，要坚持“党委领导”的大原则，充分调动基层群众参与社会管理创新的积极性，引导和鼓励群众成立自我管理组织，并且帮助这类组织培养矛盾调解、社区物业、安全防范等方面的自我管理能力。根据情况推行社区民主管理模式，定期召开由居民自发选举产生成员的议事会、评审会，对社区建设、民生建设等事宜进行公开审议和决策，具体可包括如低保名额、保障房分配等事关群众切身利益并且敏感度较高的工作内容。加强民族地区党组织的服务工作意识，增强群众自我管理能力，这是民族地区党组织建设的最直接目标，更是检验建设效果的客观标准。

（二）增强发展经济的能力

发展是党执政兴国的第一要务，也是解决民族地区各类困难与社会问题的关键所在。发展的基础在于经济建设，只有提高经济水平才能为政治、文化、社会等方面的建设工作提供坚实基础与物质保障。民族地区特殊的历史、自然条件导致该地区经济发展水平远远落后于内地及沿海地区，一些少数民族群众甚至缺乏最基本的生产生活条件。经济上的落后严重拖累民族地区的文化与社会发展，对当地群众的教育、医疗、生产改进、生活保障等方面造成严重制约，大大不利于社会管理创新工作的展开与普及。民族地区党组织在自身建设过程中要注重理论素养、工作水平

① 刘先春、孙明杰：《新形势下民族地区基层党组织建设面临的现实挑战和对策研究》，《江西农业大学学报（社会科学版）》2011 年第 6 期。

的提高，更要增强把握经济规律、推动民族地区经济发展的能力。落实经济发展工作要求民族地区党组织做到因地制宜、因时制宜、因人群制宜，既要在经济建设中避免不切实际的冒进，又要避免畏首畏尾、停滞不前的消极态度。发展民族地区经济对于社会管理创新工作而言，既是机遇又是挑战。这就要求在社会管理创新中依靠经济建设成果，以经济手段为提高管理水平、民生水平的重要途径；同时，面对经济发展过程中形成的各类问题矛盾，要及时予以调整和化解，提高党组织应对风险考验的能力。

（三）增强维护稳定和应对复杂局面的能力

民族地区是各种文化、宗教、习俗交汇的地方，也是国内外各种反动破坏势力频繁活动的地区。我国边疆民族地区面临着巨大的反恐、反毒、治安维稳压力，增强维护稳定和应对复杂局面的能力是民族地区党组织在自身建设中必须合格的科目。妥善处理民族地区各类风险的基础在于切实贯彻党的民族政策，团结广大民族群众，帮助少数民族群众解决各类矛盾问题。要积极引导各民族群众的民族意识和民族情绪，以爱国主义精神、建设和发展社会主义的热情来带动民族团结，保证各族人民共享改革发展成果，形成平等、团结、互助、和谐的社会主义民族关系。要坚决防范和打击民族分裂势力、恐怖主义势力、极端宗教势力，党组织要号召各民族群众同境内外反动势力划清界限，积极维护本地区社会稳定，创建社会管理新局面。要充分尊重少数民族的风俗习惯和宗教信仰，保护各民族文化，保障宗教信众的基本权利。要积极建设沟通平台，推动各民族之间进行充分交流以达到互相理解包容的目的，并在此基础上实现各民族共同繁荣发展。

第四节 民族地区社会管理创新实践

加强和创新社会管理，是党中央正确把握我国社会发展的阶段性特征，适应国内外形势的新变化做出的重大战略部署。

一、内蒙古地区着力改善民生

内蒙古作为边疆民族地区，在加强和创新社会管理上肩负重大责任。发挥基层党组织在创新社会管理中的作用，是内蒙古推进科学发展、实现富民强区必须认真研究的重大课题。

（一）明确任务和方法

边疆民族地区基层党组织面对的矛盾十分尖锐，承担的任务也十分繁重。要想在创新社会管理上有所作为，必须进一步找准坐标，明确任务和方法。

首先，要清晰定位基层党组织在社会管理中的角色。内蒙古在经济建设快速发展的同时，人民生活水平并未完全与经济增长同步。因此，自治区党委提出以“富民强区、富民优先”为长期战略，要求各级党组织重视富民指标，切实提高居民可支配收入、离退休人员养老金、城乡生活保障金等，并把这一工作思路作为社会管理工作的基本原则。同时，党员及领导干部要以群众路线为工作指导方针，从群众实际出发，贴近基层、贴近问题，使改善民生成为党员干部的自觉追求和衡量工作成绩的重要标准。

其次，要明确基层党组织社会管理工作的重点任务。一是加强公共服务管理，以解决人民群众生产生活中的问题为主要内容，注重对社会矛盾的预防和调解，注重对民生领域的资源投入。二是加强对社会秩序的维护，严密监视可能破坏社会稳定的负面因素，提高社会治安水平。三是强化社会管理体系，巩固基层组织和力量，推行扁平化管理、网格化管理，引导社会力量参与到社会管理中，激发群众的参与热情。

再次，要明确基层党组织社会管理工作的方法要求。一是提高公众参与程度，确保决策过程合法、公开、公正。在处理事关民生大计和敏感性较高的问题时，要广泛听取意见，进行公示，对质疑声音必须做出正面回应。二是增强服务观念，党员干部要经常下到基层，深入群众中询问需求、发现问题。要落实信访督察制度，认真对待群众所反映的各类问题。三是转变服务理念，运用科学的方式方法。逐步改变以管制为主的管理手段，代之以协商方式的服务手段。党员干部要学会通过对话沟通、提高服务意识来化解社会问题。

（二）加强和改进党的基层组织建设

面对新形势对社会管理创新的迫切需求，内蒙古提出要大力加强和改进党的基层组织建设，切实提高社会管理创新的科学化水平。

第一，转变乡镇职能，以基层党组织为社会管理创新工作的前沿。自治区党委针对乡镇在社会管理中的实际问题，提出要下大力气增强基层工作力量，推进乡镇政府转变职能作风。积极引导农牧地区各苏木乡镇以发展本地区经济为工作中心，带领广大农牧民群众走上脱贫致富道路；以服务农牧民为依托，及时化解基层矛盾并提供更高水平的社会服务。内蒙古地区各苏木乡镇根据自治区党委要求，大规模开展“双服务”创建试点，以转变职能为重点，推进服务型苏木乡镇党委、政府的创建活动，把工作重心转移到提高民生水平和社会服务质量，确保社会和谐稳定上来。在喀喇沁旗的试点创建工作中（2011 年），该旗各乡镇党政服务大厅和村民接待站已接待群众2.5万余人次，办理各类事项3564件次，处理纠纷432起，群众对各项工作的满意度在90%以上。在开展“双服务”试点的同时，推动乡镇考评机制的改进，以民生指标促使全区各盟市、旗县为乡镇在社会职能方面的转变提供物质、制度、人员上的支持和保障。

第二，抓好党的基层队伍建设，提高基层党组织社会管理创新的能力。基层队伍建设的重点在于党务工作者和党组织带头人，这是党组织落实社会管理创新任务的中坚力量。一是提高基层党员干部的风险防控能力。鄂尔多斯市建立起“红、黄、绿”三级管理体系，以“绿色”等级归类群众欢迎、条件成熟、风险低的项目并加快推进；以“黄色”等级归类群众有质疑、条件不稳定、存在风险的项目并重新修改审定相关意见方案，再重新启动。以“红色”等级归类群众抵制、条件缺乏、风险高的项目并暂缓推进。二是增强矛盾调解能力，这是基层组织在社会管理创新中最紧迫的任务。三是提高应急处理能力，锻炼在紧急情况下的反应和舆论引导本领。

第三，健全工作机制，为基层党组织社会管理创新提供根本保障。自治区在健全党组织领导责任机制方面要求各盟市委、旗县委做到经常听取下级党委关于基层党建工作的汇报，党委书记要接受全委会的审议并进行专项测评。内蒙古东乌旗实行旗、乡、村三级党委书记共抓基层党建工作的“双向”述职制度。阿鲁科尔沁旗试点村务契约化管理模式，使群众自主管理村务的意愿得到实现并从民主角度进行检验。出台《完善嘎查村级组织运转经费保障机制的意见》，将经费标准（2011年）由每年3.78亿元提高到7.89亿元，嘎查村“两委”正职和其他成员年均报酬从4825元、3391元增加到6984元、5587元以上。

基层党组织在社会管理创新中大有可为，是推动这项工作的中坚力量。提高基层党组织建设的科学化水平是一项艰巨的、系统性的工程，将为内蒙古地区改善民生质量、提高社会服务水平提供坚强保证。

二、青海省在民族地区加强和创新社会管理的探索①

青海省地处祖国西部，是多民族、多宗教地区。做好青海省的社会管理工作，对于探索民族地区加强和创新社会管理的模式具有重要意义。

（一）提高矛盾化解能力与管理服务能力

青海省以群众利益、群众满意度为评价社会管理效果的标准，以群众工作为管理基础，将其摆在突出地位。这就要求广大党员干部增进同基层群众的感情，加强同群众的紧密联系，坚持为人民服务的根本宗旨，切实保障群众利益，满足群众意

① 张卫：《积极探索民族地区社会管理的科学模式》，《人民日报》2011年8月1日。

愿，激发群众参与社会事务的积极性。坚持在平等协商、互相尊重的原则下，保证群众的主人翁地位，支持不同群众的生活习惯和宗教信仰，协调社会关系，化解社会矛盾。

（二）完善工作体制，关心群众利益

青海省从党委、人大、政府、政协等单位到工青妇等人民团体，都坚持完善群众工作体制，建立健全相应的领导机制、管理机制、考评机制，形成多部门齐抓共管的合力。不断健全科学有效的协调、服务机制，共同保护群众利益，提高群众维权意识和水平。着重落实对各项制度执行情况的检查，确保群众利益诉求得到满足，群众问题得到解决，群众申诉得到受理。青海省强调，干部的政绩在于人民的利益，要继续把改善民生作为最大的政治任务，坚持“小财政办大民生”，打造“十大民生工程”，推进社会服务均等化。

（三）抓好民族工作

民族工作是青海省社会管理的重要内容。民族工作具有历史和全局高度的重要意义，要围绕各民族团结奋斗、共同繁荣发展的主题，以创建民族团结进步示范区为载体，以取得民族工作新成效为目标，开创青海省民族地区社会管理新局面。这一工作思路要求广大党员干部坚持中国特色社会主义的祖国观、民族观，树立共同的价值追求、民族意识、国家意识。青海省深入领会中央精神，以发展民族地区为目标，紧紧抓住西部大开发战略和支持青海灾后重建等机遇，大力推动民族地区基础设施建设，加大对自然生态、民族文化的保护力度，做大做强特色产业。高度重视民族地区教育、科技、文化、卫生等社会事业的发展，以民生工作为重点，为少数民族群众办好事、办实事。

（四）维护民族团结与社会稳定

青海省各民族群众坚决拥护党领导下的人民民主政权和社会主义建设事业，反对一切分裂祖国、破坏民族团结的言行，坚决防范和打击境内外敌对势力利用民族问题进行的各种分裂破坏活动，坚决维护民族团结、社会稳定和祖国统一。采取教育、疏导、化解的方法，及时妥善处理民族地区群众内部矛盾纠纷，坚决防止把一般社会矛盾混同于民族矛盾、把民族群众个体间的纠纷混同于民族纠纷、把经济利益纠纷混同于民族政治分歧，不断巩固发展“平等、团结、互助、和谐”的社会主义新型民族关系，实现民族地区社会秩序的稳定与长治久安。

（五）重视宗教工作

在多宗教共存的社会环境下，要积极引导宗教同社会主义社会相适应，为社会管理创新、社会和谐稳定打牢基础，贡献力量。青海省制定了《青海省宗教事务条

例》，一些州也出台了《藏传佛教事务条例》，同现行国家法律法规、地方规章制度一起构成了本地区宗教事务管理工作的法律依据和政策体系。青海省积极推动藏传佛教寺院社会管理、民主管理等规范化试点工作，通过内部民主制度带动寺院发展。进一步深化对寺院和僧尼的公共服务，推动基础设施建设、低保、合作医疗等制度在寺院范围的覆盖，以此来引导宗教管理同社会管理相适应。通过全方位的思想引导，增强广大僧尼和信教群众作为国家公民、社会主义事业建设者的归属感、荣誉感、责任感，普及党和国家的宗教工作方针，宣传关于宗教信仰自由、依法进行宗教传播活动等政策内容。鼓励宗教界人士发扬爱国传统，通过弘扬宗教教义、道德的积极作用，为实现社会管理创新、构建社会主义和谐社会作出贡献，把维护团结、推动发展、服务社会变为宗教界的自觉追求。

案例分析：云南少数民族地区的社会管理创新①

【案例梗概】

楚雄、大理、丽江三地位于云南省西北部，是众多少数民族特别是纳西族、白族、彝族聚居的地方。这一地域不仅自然风光秀美，更是蕴藏着丰富的民族民俗资源，社会呈多民族共同融合发展的形态。虽然三地在经济文化发展方面情况不同，但在社会管理创新方面有一些共同特点和值得推广的经验做法。三地的社会管理创新工作为维护我国西南边疆社会稳定作出了积极探索与贡献。

【案例正文】

一、基本概况

（一）健全组织体系，形成社会综治维稳和平安建设工作网络

楚雄市是中央和云南省两级政法委、综治委确定的“社会管理创新综合试点城市”，市委市政府成立了专门领导社会管理创新的工作小组和机构，负责全面规划本市社会管理创新工作。乡镇和城市社区分别成立了综治维稳机构，作为有效整合治安、司法、综治等部门资源的平台。在全市 15 个乡镇建立有综治维稳中心，配备专职负责人领导具体工作。丽江市以排查社会治安难点为社会管理创新工作的着

① 赵立地、程萍、田凯：《加强社会管理创新，维护边疆少数民族地区稳定与发展——云南楚雄、大理、丽江三地社会管理创新调研》，《行政管理改革》，2011 年第 5 期。

力点，成立了由各单位参加的领导小组。大理白族自治州确定弥渡县作为社会管理创新试点县，成立由县委书记和县长担任组长的领导小组。

（二）强化责任意识，将社会管理重点项目纳入“十二五”规划

楚雄市社会管理创新领导小组深入市属各部门进行调研，确定工作重点难点，并围绕工作要求制定《关于推进社会管理创新深化平安楚雄建设的实施意见》、《楚雄市社会管理创新综合试点工作实施方案》和《楚雄市社会管理创新综合试点重点项目工作方案》，明确工作目标、总体部署和工作重点，将改善民生、构建社会矛盾纠纷防控化解体系、加强流动人口和重点人群的服务管理、健全排查治安重点难点机制、加强基层组织建设和“两新组织”服务管理、加强虚拟社区管理等重点项目纳入楚雄市“十二五”规划。丽江市政法委研究出台《关于切实加强全市社会治安重点地区排查整治工作的实施意见》和《丽江市社会治安重点地区排查整治工作实施方案》，明确各部门责任并确保落实到位。

（三）围绕工作重点开展各层面的社会管理创新

楚雄、大理、丽江三地以平安建设为工作重点，突出解决社会治安综合管理方面的突出问题，稳步推进社会管理创新工作。

一是以化解矛盾为着力点，全面推进工作。大理州弥渡县全面推进综治维稳体系、矛盾纠纷调解网络体系、政法综治维稳工作体制体系、政法综治维稳保障体系、先进平安创建宣传体系、政法综治维稳督导考核体系、先进平安创建规范化运作体系等七个网络体系工程建设。自各体系建设一年来（2010 年），全县共成功调解各类矛盾纠纷、民事案件 3800 多起，侦破各类刑事案件 300 多起，审结各类诉讼案件近 600 件，继续保持发案少、秩序好的社会局面。

二是以防范疏导为方向，从源头上解决问题。楚雄市积极开展社会稳定风险评估、维护稳定预警。针对东南新城所涉 2.6 万人拆迁安置的实际问题，楚雄市动员干部群众深入社区、居民家中走访调查，召开座谈会 100 余场次，论证会议 40 余场次，对即将出台的政策进行民意征集、专家咨询、听证、合法性审查，开展了社会稳定风险评估，从源头上预防和化解社会矛盾。楚雄市畅通信访渠道，完善党政领导干部大接访、大下访等长效机制。规定每月 10 日在市信访局由处级领导接待来访群众，每月 20 日、30 日组织干部下访，做好群众工作，及时化解矛盾。

三是以治安稳定为重点，因地制宜抓好管理。丽江市集中精力在社会治安问题上开展社会管理创新，突出抓好校园和流动人口管理这两个重点：一方面把加强学校安保工作作为重中之重，成立以市长为组长的校园安全领导小组，制定突发事件紧急预案 775 个，组织应急演练 408 次，开展校园内部安全检查 635 次，整改安全隐患 542 处，初步构建了人防、技防、物防相结合的防控体系。另一方面，丽江市重视对流动人口的服务管理，每 500 名流动人口配备一名协管员并安排相应经费，

切实解决流动人口管理中的人力和财力问题，积极探索“以证管人、以房管人、以业管人”的流动人口服务管理新模式。

（四）积极探索，拓展社会管理创新视野

一是组织创新。丽江市积极推动医患纠纷、劳动人事争议、环境保护、交通事故、物业管理等矛盾相对集中且多发领域的专业调解机构建设。市卫生局、公安局、司法局、医学会联合成立了丽江市医疗纠纷调解委员会，设首席调解员 3 名，聘请全市 63 个乡镇司法所长以及相关专家、律师、检察官、公证员为兼职调解员，建立调解名册，供当事人选择，并于 2010 年下半年启动了调解试点建设，在重点医院设立调解室，设 1—2 名专职调解员，以及时化解医患纠纷。

二是方法创新。楚雄市在虚拟社会管理方面积极探索，在倾听民意上积极创新，创办了市长信箱，打造政民互动网上通道，广泛听取群众意见，及时解决群众反映的问题，设立网上信访、民声民意、留言板、便民热线、网上调查、意见征集等互动内容。截至 2010 年 12 月 5 日，“市长信箱”共计收到群众有效来信 473 件（其中：市长直接回复 97 件，市长批示后转交部门办理 376 件），已办理完结 406 件，占总量的 86%。

三是内容创新。大理州弥渡县注重从社会管理内容上进行探索，提出从十个方面进行社会管理创新：着力改善民生，全面建设服务型政府；着力源头预防，实行维稳风险评估；着力化解矛盾，努力完善大调解格局；着力整合资源，健全大防控体系；着力预防控制，破解安全监管难题；着力规范执法，提高执法公信力；着力保障权益，加强流动人口服务管理；着力排查管控，强化特殊群体管理；着力引导服务，促进非公有制经济组织和新社会组织健康发展；着力理顺关系，创新虚拟社会管理方式。

二、经验总结

（一）落实“党委领导、政府负责、社会协同、公众参与”的社会管理格局，建立健全政府问责和责任追究制

楚雄、丽江、大理三地坚持正确的政治方向，把社会管理创新置于党委领导下，强调将基层党组织建设作为首要工作任务。以推动社会管理创新工作为目标，重视思想教育工作，深入贯彻落实科学发展观，开展各类创先争优主题活动。三地坚持在社会管理创新的重点工作中严格落实责任制度，建立健全政府问责和责任追究制，严查岗位责任人在管理工作中的越位、缺位、不作为、乱作为。

楚雄、丽江、大理三地特别重视公众在社会管理创新中的参与作用。通过各类

网络、电视、平面新闻媒体对社会管理创新工作的意义、目的、方法进行宣传，建立社会动员机制，调动群众自我管理、自我服务的积极性。楚雄市把“市长信箱”作为同群众加强联系、畅通民意表达的重要通道，实现群众自我管理服务与政府组织管理服务之间的良性互动，为开展社会管理创新工作奠定了广泛的群众基础。

（二）把解决民生问题作为社会管理创新的主要内容

民生问题是人民群众最大的利益所在，更是党和政府工作的重点，是社会管理创新的重中之重。楚雄、大理、丽江三地在社会管理中均把民生问题放在突出位置，丽江紧抓流动人口管理，通过创造良好的社会秩序吸引外地游客，为当地建设国际旅游城市、创造旅游产业财富提供支持；大理注重生态经济，大力保护洱海及周边自然环境，并通过引进生态环保型企业、发展旅游产业与生态农业等措施，为因环境保护而牺牲利益的人民群众提供就业、生产方面的帮助，从而实现社会秩序和经济的稳定与发展。楚雄在青山嘴水库移民搬迁安置和新城建设过程中，重点解决失地农民的安置和生活保障问题，为其解除后顾之忧；提高山区乡镇教师待遇，保持当地教师队伍的稳定；投资兴建市人民医院和中医院，解决群众看病难、看病贵的问题。

（三）坚持依法办事

楚雄、丽江、大理三地在社会管理创新中严格按照依法办事、依法决策、依法行政的原则，在调解社会矛盾、处理利益纠纷过程中注重采用协商、沟通的方式，降低阻力，及时化解问题。楚雄在农村地区社会管理创新中积极发挥村规民约的作用，规范村民行为、化解民间纠纷，以建设民主法治示范村、民族团结示范村为主题，推进法治县（市）的创建；开展普法教育，引导公民理性表达诉求愿望、维护自身合法权益，预防和减少极端群体事件的发生。丽江针对古城区道路狭窄、游客众多的特点，出台《丽江市古城区电动车管理办法》，规范电动车的上牌登记制度、道路通行规则等。大理为保护白族传统民居，出台《大理市苍洱田园风光保护及白族建筑风格整治实施方案》、《大理市苍洱田园风光保护及白族民居建筑保护方法（试行）》等规范性文件，为相应的社会管理工作提供依据。

三、发展建议

（一）提高党员领导干部素质，加强党组织建设

社会管理创新是全党及中央针对解决当前社会发展中存在的问题的战略部署，是在全国范围内开展的重要工作内容。普通党员和领导干部作为践行社会管理创新工作的排头兵、领头人，必须不断提高自身理论素养，积累实践经验，总结方式方

法。边疆民族地区的社会情况尤其复杂，基于不同文化、宗教信仰、经济基础的矛盾问题与社会关系，给这里的社会管理工作提出了严峻挑战。如果不能很好地处理和协调本地区矛盾问题，不仅会影响到民生工作的成效，更是会影响到地区稳定、民族团结，甚至给国家边疆地区的安全工作带来麻烦。民族地区广大党员和领导干部在牢记自身使命的同时，必须实事求是地结合本地区实际情况制定社会管理创新策略，注意一般性做法与本地特殊应对方法的结合，注重学习民族知识、民族政策，注意尊重民族文化、风俗、信仰，以团结广大少数民族群众为工作切入点，积极落实国家和地方对少数民族的优惠政策，保证各民族利益得到充分实现。

民族地区各级党组织是广大党员群众和领导干部发挥战斗力的坚强堡垒，是当地社会管理创新工作的领导力量。党组织在提高自身服务意识、抓好作风建设、强化廉政工作的同时，必须直面当地群众特别是少数民族群众的困难和愿望，以改善民生、发展社会经济为根本目的，以保护少数民族独特文化为助力，以实现民族团结、共同繁荣为工作准则，全面提高社会管理水平、服务质量，为广大民族群众创造能够安居乐业的生活环境与发展基础。

（二）进一步明确和拓宽社会管理内容

要从我国现阶段经济、政治、文化、社会、生态等方面总体布局社会管理创新体系，建立起政府管理与群众自治间的互动机制，形成全面覆盖、高效运作的社会管理工作网络体系。要突出和强化政府的社会服务功能，建立健全各类预警体系和应急救援、动员、调度机制，密切监控可能造成社会不安定的负面因素，提高政府部门和群众组织处置突发事件的能力。要大力推动社会慈善事业、福利事业、救助和优抚事业发展，为所有居民提供生产生活保障，推动社会管理体系同社会主义经济、政治、文化、社会、生态相适应。

（三）有效结合政府管理和社会自治

政府在完成自身管理服务职责的同时，要有效整合各类社会力量，加强基层群众自治组织的建设，发挥这些组织在社会治理和服务中的作用，积极推进和谐社区、村镇的建设，促进社会服务网络化的成形，确立政府主导、各方共同参与的民生发展新机制。

（四）实现社会管理创新方法的多样化

仅仅依靠政府行政力量推行社会管理创新是远远不够的。社会管理方式与方法的创新一定要实现由单一行政手段到法律、政策、经济、行政、教育等综合手段的转变，由强制命令向启发指导的转变。

第三章　民族地区社会组织管理创新

第一节　社会组织的概念和特征

一、社会组织的定义和类型

（一）社会组织的定义

随着改革开放的深入，中国开始涌现大量的社会组织，社会组织成为参与社会管理和社会建设的重要力量，社会组织在中国已经成为一种普遍的现象。目前学界对社会组织的定义一般是根据党和政府对社会组织的界定而确定的。

最广义上的社会组织几乎囊括了人类社会的一切组织，它是指人们为了实现特定的共同目标而建立起来的共同活动的群体，也被称为次级社会群体，即人类社会中的所有组织都可统称为社会组织。

一般意义上的社会组织是与政治、经济领域的组织区别开来的，即人类社会中的各种组织一般被分为三类：政治组织、营利组织和社会组织。

在我国，对社会组织的叫法不一而足：第三部门、非政府组织、非营利组织、民间组织等，不同的叫法代表着不同的组织分类和定义的方式。一般采用狭义的社会组织含义，即党的“十七大”报告里面所提到的社会组织的概念。

党的“十七大”报告指出，要重视社会组织的建设和管理，把社会组织放到全面推进社会主义经济建设、政治建设、文化建设、社会建设“四位一体”的高度进行全面而系统的论述。

党的“十七大”报告中所说的社会组织是指政党、政府和营利性企业之外的各种民间的社会组织，主要包括了社会团体、基金会、非企业单位、部分中介组织以及社区活动团队等存在于社会领域的组织形式。

在党和政府的文件中，它是一个区别于党政机关、人民团体、事业单位、公司企业、基层群众自治组织的独立部门。它属于一般意义上的社会组织的一部分，是一个非常有中国特色的概念。

（二）社会组织的类型

社会组织的构成相当复杂，其范围和领域也相当广泛，规模和形式多种多样，根据不同的分类标准，社会组织相应的可以分为不同的类型。例如按照社会组织的资金来源可分为官办组织、民办组织、合作组织；按照社会组织活动的城乡地域特点可划分为社区组织和农村组织；按照社会组织的活动方式和范围可分为网络组织、支持组织和草根组织；按照社会组织的性质和宗旨可分为公益组织、互益组织；按照社会组织的活动领域可分为扶贫组织、妇女组织、人权组织、环保组织、医疗卫生组织等等。

根据党的“十七大”报告中社会组织的定义，中国的社会组织一般按照其依法登记的形式分为三大类型：社会团体、基金会和民办非企业单位。

1. 社会团体是指“由公民自愿组成，为实现会员共同意愿，按照其章程开展活动的非营利性社会组织”。

2. 基金会是指“利用自然人、法人或者其他组织捐赠的财产，以从事社会公益事业为目的，依法成立的非营利性法人，属于社会组织”。

3. 民办非企业单位则是指“由企业事业单位、社会团体和其他社会力量以及公民个人利用非国有资产举办的，从事非营利社会活动的社会组织”①。

这三大类别下再细分出相应的类型。例如社会团体根据组织性质划分为学术型、行业型、专业型和联合型四种类型。基金会根据组织资金来源分为公募型和非公募型两种，民办非企业单位则根据组织的活动领域划分为科技、教育、文化、卫生、体育、民政、劳动、法律服务业、社会中介服务业、其他这十种类型。

民政部为了便于社会组织的规范和统一管理，根据我国社会组织发展的特点，并参考借鉴了联合国的国际非营利组织统计分类体系之后，在2006年提出了新的社会组织分类体系。这个分类体系大体上采纳了联合国的国际非营利组织统计分类体系的分类方法，使社会组织的分类与国际接轨，并将其应用到社会组织的年度检查工作中，更方便了中国社会组织统计数据与国际上的比较。

新的社会组织分类体系按照它们各自的活动领域，将以往按照登记注册形式划分为社会团体、基金会和民办非企业单位三大类型的社会组织，细分为14个类别，它们分别是：科技与研究；生态环境；教育；卫生；社会服务；文化；体育；法律；工商业服务；宗教；农业及农村发展；职业及从业人员；国际及涉外组织以及其他。

---

① 谭永生、宋湛、侯志强、陈大红：《社会组织对经济和社会发展贡献的统计（指标）研究》，《2008年中国社会组织理论研究文集》，中国社会出版社2009年版，第79—80页。

二、我国社会组织的特征

我国的社会组织除了具有国外一般社会组织所具有的特征外，也具有自身不同于世界上其他国家和地区的社会组织的一些独有的特征。这些特征是在中国经济和社会的特殊发展历程和背景下形成的。

（一）多样性

我国社会组织的多样性源于其所处环境的复杂性。其多样性表现在三个方面：

第一，社会组织在我国包含的类型非常多。它不同于外国的单一性质的非营利组织或非政府组织，它包含了各种社团、基金会和一些民办非企业，甚至包括了一些社会中介组织以及官办组织与事业单位，这些在国外是很少见的。这些社会组织无论在性质上还是在结构上也比一般的非营利组织复杂得多。

第二，我国社会组织的多样性还表现在其规模、影响力和质量上。我国的社会组织众多，规模大小不一，专业水平不一，而且根据其服务对象不同以及活动方式、规模大小的不同，其影响力也不一样，有全国性的组织，也有很多地方性的组织，有官办组织，也有草根组织。

第三，社会组织的资金来源和建立者或是主要管理者的多样性。社会组织的资金来源有官方的也有民间的，有企业的也有个人的，有集体的也有私人的，有国内的也有国外的。而其建立者或主要管理者也来自很多不同的领域，拥有不同的背景。

（二）双重性

我国的社会组织在一开始几乎都是按照行政指令而设置的，所以带着很浓厚的官方色彩和政治色彩。但是，随着其自身的发展，它的民间性也表现得越来越明显。特别是很多草根组织的出现，更体现了这种非政府的性质。毋庸置疑，这种独特的半官方半民间的性质，是中国社会组织所独有的。在社会组织的管理上，它们也表现出很大程度上的双重性。社会组织在中国的登记注册和管理上是由登记管理机关和业务主管单位两个不同的政府部门分别进行审批和管理的。

（三）发展速度快，数量多

中国本身地域广阔、人口众多，因此，在此基础上成立的社会组织必然数量庞大。尤其是各个地方的社会组织，在改革开放后如雨后春笋般地冒出来。

单单从社会团体来看就可看出中国社会组织发展的速度有多快，从 1976 年到 2009 年，社会团体由“文化大革命”前的 6100 多个发展到了 23.9 万个。

社会组织数量增长速度快，一方面是因为中国人口多，社会组织需求量大，社会组织基数大，另一方面也是因为中国的经济和社会发展速度较快。这种发展速度在世界上也是非常罕见的。这也成为我国社会组织的特性之一。

（四）发展不平衡

我国社会组织之间相差很大。其发展不平衡有很多的原因。首先是由中国各个地方发展的不平衡，尤其是中西部发展的不平衡造成的。由于中国各地的发展水平很不一致，每个地方的经济、人口、社会发展情况存在巨大差异，导致中国社会组织的发展也非常的不平衡。其次是由各个组织获取资源渠道不同所造成的。再次是由各个组织的性质造成的，比如说是官办还是民办，或者是海外组织设立的，这些直接关系到社会组织的资源、规模以及影响力。

还有很多其他因素也造成社会组织发展的不平衡。比如社会组织的管理者、社会组织的针对群体、社会组织的成员素质等等。

第二节　社会组织的功能、发展历程与现状

一、社会组织的功能

随着社会组织在中国的发展，社会组织在我国的整个社会和经济发展中所发挥的功能与作用也越来越重大。社会组织在我国的具体功能主要体现在以下几个方面：

（一）政治功能

1. 促进公民社会的发展

社会组织作为一种独立于政府之外的民间组织，其成员和服务群体可以通过该组织参与到社会管理中去，因此，社会组织无疑在提升公民对治理社会的参与度上发挥着极大的作用。

（1）在出现各种重大灾害时，社会组织帮助人们进行自我救助和管理，发挥出政府无法替代的作用。首先，社会组织由于规模小，管理灵活，决策迅速，因而机动性较政府要高。在应对突发性事件的时候，社会组织的反应则更为迅速，可以弥补政府在这方面的局限性。其次，由于其非政府性，社会组织除了行动方面可以弥补政府的迟缓外，还可以对政府所提供的紧急公共服务进行独立于政府之外的监督。最后，社会组织还可以招募志愿者和募集资金，补足政府在财力、人力、物力和管理组织等各方面的不足。比如在汶川大地震后，中国红十字会所发挥的作用极

大地弥补了政府功能的不足。

（2）社会组织代表和反映民意，是公民参与政治的重要渠道。一方面，社会组织来自民间，因而具有亲民性，这使其在获得公民信任方面具有更大的优势。它可以利用这种亲民性组织人们联合起来向政府提出自己的要求和需要。另一方面，社会组织还可以向政府提供反映了公众需求的政策建议，影响公共政策的制定。

（3）社会组织作为政府与公众之间沟通的桥梁，促进了公民与政府的互动。社会组织既能最近地接触到社会各层次的人群，也能与政府保持紧密的联系。因此，它可以把社会基层的声音及时传递给政府，同时也把政府的各项政策、处理意见、意图、考虑与宗旨传达到群众当中。

2. 促进政治民主化

（1）社会组织所代表的群体利益多元，其在政治参与过程中，促使政治板块和社会板块的多元化，使得整个政治呈现出更多元、更民主的趋势。

（2）由于社会组织本身具有民主化的特点，使得社会组织在参与政治的过程中，其本身的特点会给政治界注入更民主的风气、管理方式与制度，促使整个政治向更民主的方向发展。

（3）社会组织对政治的参与，加强了对政府的第三方监督，使政府更重视兼顾社会各界的利益和意愿，更注重相关信息的公开和政策制定的民主公平，也更加注重在行政过程中的民主性。

3. 保护公民权利和维护社会秩序

（1）由于社会组织独立于政府之外，其所代表的利益是某一群体的利益而非政府的官方利益，社会组织在公民的权利受到损害的时候，可以代表公民维护其自身的权利。首先，有些时候公民被侵权政府不方便出面进行维护，这时候社会组织就可以承担起保护公民权利、替被侵权人主持公道的角色。其次，公民权利被侵害有时是一个群体整体受到侵害，这时候如果由某一个代表其利益的社会组织出面进行处理，则会简单有序得多，也可以化繁为简，不必造成整个群体的混乱。最后，如果侵害公民权利的是比较强势的单位或者企业甚至是政府部门，社会组织作为独立组织可以给公民提供强大的精神上和力量上的支援，为公民提供各方面的资源，充分保护公民的合法权益不受侵害。

（2）社会组织可以缓解矛盾，增加公民诉求表达渠道，增强公民自律，减少社会混乱，维持社会秩序。

首先，社会组织自身的纪律，可以约束其成员，而所有社会组织的成员占到了整个社会成员的很大一部分，因此，社会组织的存在使很大一部分社会成员遵纪守法，减少了社会上的不稳定因素。

其次，社会组织提供了公民参与社会管理、参政议政的渠道，增加了公民诉求表达的渠道，加强了政府与民众的沟通，缓解和减少各种社会矛盾，使很多事情通过正常的合法的渠道得以解决，减少了暴力和动乱事件，维护了整个社会的正常秩序。

最后，社会组织的公益性质，使社会组织必然会去帮助社会弱势群体，对于缩小贫富差距、增加社会公平起到了很大的作用，降低了弱势群体由于得不到资源而使用不合法手段的概率，使整个社会向更加公平、健康的方向发展，增加了社会的稳定性。

（二）经济功能

1. 经济信息的沟通

社会组织在政府与市场之间起中介作用。尤其是很多的行业协会、商会等社会组织在经济方面所发挥的作用越来越引起人们重视。

（1）这些社会组织会将本组织所关注行业的信息作一个汇总和统计，然后将这些汇总后的信息公布给相关企业、个人和政府有关部门，使他们对本地的行业概况和发展情况有一个总体的了解。

（2）社会组织可以运用它本身与外地社会组织之间的联系进行社会组织之间信息的沟通，甚至可以亲自到外地去考察同行情况、参加与行业相关的会议、交换资料、从当地政府和公开刊物上获取相关资料。社会组织获得的这些行业信息都可以向成员和服务对象通报，使其获得无法依靠自身力量得到的信息。

（3）企业和个人通过加入社会组织，可以获得上一级社会组织的信息，这样层层向上沟通联系，可以获得外省甚至全国的情况和信息。

（4）社会组织还能在一定程度上影响政府经济政策的制定，在企业和政府之间起沟通与协调的作用。

2. 协助生产

在市场经济时代，仅仅依靠经济组织的盲目竞争带来了“市场失灵”和“政府失灵”。这时候需要由独立于政府和市场之外的组织来协调和组织经济生产，减少“市场失灵”和“政府失灵”带来的危害。这种组织协调生产的任务越来越多地由社会组织担负起来。

（1）社会组织可以使其经济成员之间加强沟通、互相帮助，无形中促进了行业内先进生产技术和管理方式的传播。这样互通有无可以避免生产者之间由于信息掌握不全而造成的恶性竞争，促进企业间生产产品产量、品种的合理调整，互相之间形成更和谐有序的竞争模式。

（2）社会组织可以向企业提供先进技术，尤其是一些学术组织和科研组织，其研究出来的先进的生产和管理技术可以通过社会组织向其成员和服务群体进行宣传和推广，还可以对外提供咨询，很大程度上消除了商品生产者由于技术滞后所带来的生产失误。

（3）社会组织还能提供生产服务，例如各种技术培训、现场观摩、企业诊断、融通资金、提供材料和生产合作等服务。

3. 协调市场活动

（1）社会组织协调市场活动首先表现在进行商品销售的协调统一上。各地的各种行业协会在这方面的作用尤其明显。行业协会将市场中的生产者和经销者联系起来，使生产者和经销者形成稳定的关系，互相确定权利和义务，使得市场上的生产活动和销售活动相对都较为稳定。

（2）社会组织对市场活动的调节行为还体现为，社会组织内的约束使生产和销售之间受到市场价格的影响变小，从而缓解供不应求时生产资源的短缺或供过于求时生产量与销售量之间的脱节。

（3）社会组织的介入使生产者有了固定销售渠道，销售者成为专业大户的可能性提高，从而培养起行业内的支柱生产者和销售者，使生产与销售相结合，生产者与销售者联合起来共同面对市场，为行业的稳定发展起到了非常巨大的协调作用。

（4）社会组织还在市场价格的调解上发挥重要作用。社会组织可以利用其自身优势，协调组织内成员的商品价格，避免他们之间的价格竞争，抑制市场的不良价格趋势，使商品价格起伏范围更合理，从而避免市场价格调节作用引起的“市场失灵”。

（三）社会发展功能

1. 在社会公益事业上的重要作用

社会组织作为非营利组织，大部分具有公益性质，很多政府不方便出面进行的公益事业，由社会组织实施则会事半功倍。比如在扶贫方面，有些地方由于地处偏远地区，政府无法顾及，社会组织由于与社会基层的紧密联系和拥有灵活完善的管理监督机制，可以保证其针对的是最贫困的人口，并且使挪用、贪污扶贫款项的概率降到很低。

2. 环保方面的作用

社会组织可以帮助政府制定和实施保护环境的规划、政策和方案，可以帮助政府建立并实施环保的监督与评估机制，尤其是一些环保型的社会组织，在进行环保志愿行动、召集人力物力进行保护环境活动方面有着政府无法替代的优势。社会组织在民间的深入广泛的宣传和倡导，民间对其的信任和紧密联系，使其能够在广大人民群众的环保文化、理念、生活方式等各个方面都产生深远的影响。

3. 文化方面的作用

社会组织在文化方面发挥着政府和企业单位都无法替代的作用。

（1）社会组织可以增加人们生活方式的多样化，比如，可以组织以文会友、社交联谊、结社竞赛、旅游健身等活动，使人们获得归属感与成就感，还可以进行社交活动，激发文化兴趣，衍生出不同的生活方式和态度，使人民获得精神文化上的满足。

（2）一些社会组织，尤其注重文化教育和文化遗产的保护与继承，它们开展各种形式的培训班，或者募集资金和志愿者等资源来保护文化遗产和传承文明，使一些民俗文化得以延续下去，使一些优秀的文化不至于失传。同时，一些社会组织积极开展文化教育活动，传播先进文化，弘扬优秀美德，以文化人，德文并重，使社会形成更加健康美好的文化氛围。

（3）社会组织使人们形成精神追求，并给予精神安慰。社会组织可以凝聚理念相同的人，减少社会边缘化人群，给人民带来精神上的慰藉。

二、我国社会组织的发展历程和现状

（一）我国社会组织的发展历程

社会组织在中国的出现还是比较早的。纵观中国现代史，可以将社会组织的发展历程分为三个阶段。

1. 第一阶段是在 1949 年新中国成立以前，这个阶段的社会组织包括了各种行业协会、互助慈善组织、学术组织、文艺组织，甚至还包括了一些政治性组织、会党以及其他一些秘密结社的组织。这个阶段的社会组织基本还在萌芽阶段，担负的功能较少，大多是自上而下型的组织，且很多组织带着政治色彩，异常活跃。

2. 第二阶段则从 1949 年新中国成立后到 1978 年改革开放前。这个阶段的社会组织经历了新中国成立初期执政党对社会组织的重新选择、划分和重组，在“文化大革命”前有了一个缓慢的发展，比如全国性的社会团体在 1965 年由新中国成立前的 44 个增加到了近 100 个。到了 1966 年之后，由于受到“文化大革命”的冲击，社会组织在十年的“文化大革命”时期经历了一个停滞阶段。

3. 第三阶段则是 1978 年十一届三中全会后至今。这个时期改革开放政策的推行不但推动中国政治、经济、社会、文化等各方面的快速发展，也为社会组织带来了快速发展的春天。

改革开放 30 年来，我国的社会组织的发展历程可以说是非常引人注目的。它从无到有，然后逐渐发展壮大，无论规模和数量上都经历了一个快速成长阶段，之后社会组织的数量增加速度有所减缓，各种社会组织转而往更高质量的社团方向发展，社会参与度、政治参与度等都逐步提高，无论是管理方式还是内部营运，无论是资金来源还是服务对象，在各方面都逐步国际化、专业化，社会组织的形式也经历了从单一到多样的变化历程。

各种社会组织的发展历程都大同小异，大多数是在改革开放之初首先按照行政指令设立全国性的组织，带着浓厚行政色彩，在 20 世纪 80 年代中后期有所发展，1997 年之后，随着政府机构改革和职能转变，社会组织相应承担更多的职能、获得更大的权力、发挥更大的作用，逐渐由体制内向体制外发展，越来越独立和自治，社会组织在数量和规模上的发展速度逐渐减缓，而相应的在政府指导下进行改革，组织内部管理和政府对社会组织的管理都发展到一个新的水平。

（二）我国社会组织的发展现状

1. 我国社会组织增速逐渐降低

我国的社会组织增速从2001年开始逐年降低，在2009年的统计资料中可看出；“从绝对数量来看，2009年度我国民间组织总数达到43.1万个，比上一年度增加近两万个，但增速却持续走低，比上年增长率又下降了2.81个百分点。”① 这一方面是因为社会组织总体基数不断增大，导致在增长率上较难提高，另一方面也反映出社会组织在现实中曲折发展的际遇。

2. 社会团体增速最慢，其分布与人口分布密切相关

改革开放以来，在社会组织的三大类型中，社会团体一直增速较快。但是近年来，社会团体也从增速较快的趋势转变为低速增长态势。“2009年年底，我国社会团体共有23.9万个，比上年增长3.9%。从整体上看，社会团体继续呈低速增长态势，成为民间组织三种类型中增速最慢的一种。”②

从分布上来看，社会团体并非与经济发展水平完全相关，而是呈现出和人口分布高度相关的特点。例如，人口数量前十名的省份，除了安徽省和河北省外，社会团体的数量排名也几乎都在前十名内。而人口数量排名后七位的省或直辖市，除了宁夏外，也几乎都是社会团体数量排在后七位的。

3. 民办非企业单位增速也小幅降低，其中社会服务类民办非企业单位增幅较大

民办非企业单位虽然每年总数仍在增加，但是其增速和总体增速一样，连续十年逐年小幅度递减。在2009年，其登记注册的数量达到了19万个，增长率首次超过了社会团体。其中教育类民办非企业单位几乎占了总数的一半，其次占比较大的是社会服务类、卫生事业类和科研类。

社会服务类的民办非企业单位，在整体增长速度下降的情况下呈现出了快速增加的趋势，成为所有民办非企业单位中增速最快的一种，所占份额也进一步扩大。这一现象说明了社会服务的需求增长迅速，民办非企业单位可以以此为契机进一步发展。

4. 基金会的增加速度仅有较小幅度降低

改革开放后基金会的增长速度在社会组织中一直是不容小觑的。但是其连续多年高速发展的势头也有所放缓，在2009年首次出现了增长率下降的现象。

“截至2009年年底，全国共有基金会1843个，比上年增长了15.4%，比民间

① 黄晓勇：《中国民间组织报告（2010—2011）》，社会科学文献出版社2011年版，第2页。

② 黄晓勇：《中国民间组织报告（2010—2011）》，社会科学文献出版社2011年版，第3页。

组织整体增长速度高了 11.3 个百分点，在民间组织增速持续递减的形势下，依然保持了较高的增长水平。”① 这一方面反映了社会对于社会组织的资金投入的增长，另一方面也反映了社会组织对于资金投入进行合理调配和转化的需求。

5. 社会组织中社会服务类有所发展，但是地区间发展仍不平衡

社会组织虽然在增速上有所减缓，但是其总数仍然有所增加，2009 年社会组织比上年增加了两万个，其增加的绝对数量较多，只不过由于总体基数较大而使增幅不明显。其中社会团体虽然成为增速最低的一类社会组织，但是其中农业及农村发展类和社会服务类依然保持了高速的增长。民办非企业单位的社会服务类同样增幅较大。而基金会的增幅虽有所减缓，但是非公募基金会的增长速度远远超过了公募基金会的增长速度。这说明社会资金对于基金会的投入加大，也可看出社会力量参与到了基金会的发展当中。这些充分说明了社会对于社会组织的需求增加和公众慈善意识的增强，社会服务的需求成为社会组织发展的新动力。

社会组织发展的地区不平衡性仍然十分明显。沿海发达地区的社会组织发展程度远远高于内陆和西部地区。在社会组织的数量、质量、管理等方面，沿海地区的社会组织都因其得天独厚的经济、地理、人口等条件而优于内陆和西部地区。

第三节　社会组织的政府管理体制

我国社会组织的政府管理是指我国行政组织在行政体制改革过程中，针对社会组织设计出的一系列法律、规章、制度、政策和机制等，以保证我国现有的社会团体、基金会、民办非企业单位等社会组织功能与作用的发挥。

一、改革开放以来社会组织的政府管理体制

按照社会组织在我国的发展历程，我国社会组织的政府管理体制经历了新中国成立前的萌芽阶段、新中国成立初期的“分级登记”、“文化大革命”时期的停滞阶段、改革开放初期的多头管理阶段和 1989 年颁布《社会团体登记管理条例》后的双重管理阶段。改革开放是一个最重要的中国政府管理和社会组织发展的分水岭。

1978 年党的十一届三中全会以后，社会的政治经济全面复苏和发展。社会组织随之迅速恢复和发展，社会组织的政府管理体制也很快恢复。社会上大量学术团体和行业组织不断涌现，标志着社会组织快速发展时期的到来。直到 20 世纪 80 年代

① 黄晓勇：《中国民间组织报告（2010—2011）》，社会科学文献出版社 2011 年版，第 11 页。

中期，对社会组织的管理依然还是按照20世纪50年代颁布的两个条例进行的。但是这两个纲领性的文件显然已经不能适应社会组织快速发展的形势了。“多头管理”导致了社会组织发展的无序和混乱。在此局面下，1984年，中共中央和国务院下发了《关于严格控制成立全国性组织的通知》，国家开始对社会组织的管理进行政策性调整。1989年，国家颁布了新的《社团登记管理条例》，该条例改变了之前各部门分散审批管理的混乱情况。我国在1988年和1989年还颁布了《基金会管理办法》和《外国商会管理暂行规定》，以规范基金会和外国商会的组织活动。这两个文件与《社会团体登记管理条例》一起，初步形成了我国较完善的社会组织管理的法律体系。

1989年到1998年，社会组织的政府管理体制逐渐发展完善。随着政治环境和经济环境的发展，社会组织的数量日益庞大。中共十四届四中全会上确立了转变政府职能等改革目标，使政府权力向非政府组织转移和下放，为社会组织的发展提供了极大的契机。“官办”或者有官方背景的社会组织大量涌现，也出现了很多草根民间组织。但是由于管理体制不够完善，社会组织的状况有些混乱，出现了各种问题。比如，有些“官办”的社会组织有可能被一些政府部门控制。对社会组织的监管不力，很多社会组织甚至过多涉入政治活动中或组织一些不利于社会稳定和谐的活动。

政府发现此情况后，在1996年发布了《关于加强社会团体和民办非企业单位管理工作的通知》，要求修订完善1989年颁布的《社会团体登记管理条例》，设立登记管理机关和业务主管单位双重负责的管理体制。1997年，中共“十五大”报告中指出，要将培育发展社会中介组织作为推动经济政治体制改革的一项重要措施来抓。这使各级社会组织的登记管理部门在更加重视社会组织的发展管理工作的同时，也形成了更加完善的社会组织登记管理、日常管理和监督管理方面的行政管理制度。社会组织的行政管理政策法规体系以3个社团法规条例、50多个政策规章和地方性配套法规为主要内容初步成形。1998年6月，国务院批准成立了民政部民间组织管理局，并且明确规定民间组织管理局对于各级社会团体和民办非企业单位有着成立指导、登记管理、监督管理以及相关法规的拟定、监督和实施等职责，使政府对社会组织的管理更加集中有效。1998年10月，《民办非企业单位登记管理条例》和新修订的《社会团体登记管理条例》的发布标志着政府对社会组织双重管理体制的形成。

1998年至今，社会组织的政府管理体制有了新的发展突破，政策方面也不断进行新的调整。

1. 我国经济体制和政治体制改革的深入，尤其是政府职能的转变，给社会组织的发展提供了良好的环境和契机，政府社会组织管理体制初步成型，社会组织进一步良性发展。

2. 面对社会组织日新月异的发展状况，社会组织的政府管理体制也在不断进行改革和突破。2004 年，国务院颁发了《基金会管理条例》。社会组织的政府管理体制进一步完善。

3. 在中共“十六大”报告和中共“十七大”报告中，继续重视社会组织的发展和管理工作。十六届三中全会、四中全会、五中全会和六中全会对社会组织的作用、培育发展、管理监督等方面的问题都作出了明确的指示。“十七大”报告指出，要“发挥社会组织在扩大群众参与、反映群众诉求方面的积极作用，增强社会自治功能”。

4. 2007 年 11 月，民政部召开了“全国社会组织建设与管理工作经验交流会”，会上阐述了如何进行社会组织的建设与管理，并提出了加强社会组织建设与管理工作的具体措施。

这些报告、指示和措施被用来具体地指导民政部及其下属机构的社会组织建设和管理工作，各管理部门能够据此对社会组织的建设和管理工作进行及时调整。

二、社会组织政府管理体制的积极意义和基本制度

（一）社会组织政府管理体制的积极意义

社会组织政府管理体制是随着社会组织的发展应运而生的。由于改革开放，社会从原先高度一体化改革为多种分配方式的市场经济体制。经济和政治的改革诱发了社会组织的诞生。在这种背景下诞生的社会组织，其本身发育是不够成熟的，没有形成成熟的自我管理与监督规范和合理的利益整合原则，这导致了社会组织发展的混乱。政府在此种情况下，不得不介入管理，将社会组织的管理纳入到行政体制中，采取强制的行政手段来规范社会组织的发展。因而逐渐形成了社会组织政府管理的双重管理体制。

双重管理体制具有促进社会组织改革和发展的积极意义。

首先，双重体制有利于政府职能转变和职权转移。双重管理体制将社会组织纳入到行政管理体制内，使政府能够顺利地将其部分权力和利益下放到社会组织内，降低了其行政体制内的阻力和难度，使政府的权利和利益关系调整更加顺利。这种管理体制下形成的社会组织的“半官办”性质，使政府能够放心将其不该管或者管不好的职权下放给社会组织。社会组织获得权力后，通过逐渐独立和社会化，慢慢脱离行政管理体制，从而使原本属于政府的职能成功地转移到社会。

其次，双重管理体制有利于形成合理的社会组织结构。双重管理体制规定了社会组织的登记审批和双重负责管理的方式。它可以通过对社会组织的登记审批和业务主管单位的限制，达到限制社会组织的种类、活动范围、业务范围等等目的，形成更加符合社会发展和体制改革目标的社会组织结构。通过审批、登记和登记管理单位与业务主管单位的日常与定期监督和管理，避免了社会组织之间的职能、业务

等的重复，减少甚至杜绝了社会资源的浪费。

再次，双重管理体制有利于社会组织与管理部门和单位之间形成良好的关系。这种管理体制使登记管理部门和业务主管单位对口管理，社会组织与业务主管单位的人员之间联系更加紧密。这样做，一方面有利于登记管理单位和业务主管单位对社会组织的日常联系、监督与管理，另一方面也有利于社会组织向其登记单位和管理单位提出建议和意见，参与到有关的决策中来，甚至为社会组织参与有关政策的研究与制定开辟了渠道。

最后，双重管理体制有利于协调全局，协调局部利益与全局利益的矛盾。双重管理体制使政府与社会组织之间形成密切的关系。而双重的管理也使政府更加容易及时发现社会组织的内部矛盾以及社会组织的局部利益与全局利益之间的矛盾。可以通过对社会组织进行指导和引导等管理手段以及采取其他一些行政管理措施，及时化解矛盾，保障全局的利益，使社会组织更健康合理地发展。

（二）社会组织政府管理体制的基本制度

1989 年，国家颁布了新的《社团登记管理条例》，该条例规定了社会团体成立的条件、登记审批的程序、开展活动的原则、管理机关的职责等内容，明确了民政部门作为社会团体登记管理的部门，改变了之前各部门分散审批管理的混乱情况。

民政部以《社会团体登记管理条例》为依据，逐渐理顺社会团体登记管理机关、业务主管部门和社会团体之间的关系，“双重负责、分级管理”的双重分层管理和统一管理的社会组织管理体制初步确立成型。

1998 年 10 月，政府发布了《民办非企业单位登记管理条例》和新修订的《社会团体登记管理条例》。这两个条例的发布标志着政府对社会组织的双重管理体制形成。

这两个条例明确区分了社会团体和民办非企业单位的性质内涵、组织特征和法律地位，规定对社会团体和民办非企业单位实行登记管理的机关与业务主管单位的双重负责和分级管理的管理体制。

这两个条例还明确了负责登记管理的机关与负责业务主管的单位各自的职责范围，以保证它们分工明确，各行其是，分级管理，完善了社会团体和民办非企业单位的登记条件和程序，规范了社会团体和民办非企业单位的权利和义务。

2004 年，国务院将基金会从社会团体中分离出来进行独立登记和管理，并颁发了《基金会管理条例》。政府有关部门进一步加强了对社会组织的管理和监督，以促进我国的社会组织能够健康稳妥地发展。至此，政府对社会组织的管理体制进一步完善。

根据 1998 年颁布的《社会团体登记管理条例》和《民办非企业单位登记管理条例》，以及 2004 年颁布的《基金会管理条例》，可以将政府对社会组织的“双重管理体制”概括为以下几方面基本管理制度：

1. “归口登记”

“归口登记”是指除了法律法规明确规定免于登记的社会组织之外，所有的社会组织都必须到民政部门进行统一登记，在其他国家机关或政府部门等进行登记的将不被视为有效合法的社会组织。

对社会组织进行统一归口登记的原因主要是：“过去一段时间，由于各部门都有权成立民间组织，曾一度出现过滥、总体失控现象，民间组织的法人资格赋予工作十分混乱。为了避免这种现象的发生，中央提出民间组织归口由民政部门登记。”①

这样登记，主要的好处是规范了社会组织的管理格局，加强了对社会组织“入口”的管理，形成规范的社会组织准入制度。

2. “双重负责”

政府对社会组织的管理实行的是“双重负责”的制度。所谓的“双重负责”就是指负责社会组织登记管理的机关（即民政部门）和社会组织的业务主管单位进行分工合作，共同负责和实施对社会组织的管理监督。

在相关法规条例中对这两个负责社会组织管理监督的部门的各自职责都有明确的规定。

社会组织登记管理机关的主要职责是：负责社会组织成立、变更、注销的登记和备案；对社会团体和民办非企业单位实施年度检查；对社会团体和民办非企业单位违反条例的问题进行监督检查，对社会团体和民办非企业单位违反条例的问题给予行政处罚。

社会组织的业务主管单位的职责主要是：负责社会团体和民办非企业单位筹备申请、成立登记、变更登记、注销登记前的审查；监督、指导社会团体和民办非企业单位遵守宪法、法律、法规和国家政策，依据其章程开展活动；负责社会团体和民办非企业单位年度检查初审；协助登记管理机关和其他有关部门查处社会团体和民办非企业单位的违法行为；会同有关指导社会团体和民办非企业单位的清算事宜。

3. “分级管理”

政府对社会组织的“分级管理”主要是指按照社会组织活动的范围和级别，由对应级别的管理部门和主管单位进行分级登记、分级监督和管理。

全国性的社会组织由国务院的登记管理机关（即民政部）和相应的主管单位负责管理监督，地方性的社会组织则由各地方按照社会组织活动的行政辖区范围和级别来由相应行政级别的地方登记管理机关及相应级别的业务主管单位负责管理和监督。

---

① 国务院法制办政法司、民政部民间组织管理局：《社会团体登记管理条例、民办非企业单位登记管理暂行条例释义》，中国社会科学出版社 1999 年版。

当然，社会组织的政府管理制度不仅仅包括以上几项基本制度，也不仅仅指1998年颁布的《社会团体登记管理条例》和《民办非企业单位登记管理条例》，以及2004年颁布的《基金会管理条例》这三个条例，它还包括很多各级、各地党和政府的政策、办法、措施、规定、法律、法规等对社会组织的管理，其中一些对社会组织的管理有着直接的甚至是更大的影响。

第四节　民族地区社会组织的政府管理存在的问题及对策

一、民族地区社会组织政府管理存在的问题

中国少数民族地区的社会组织正在迅速发展。而各少数民族地区的政府对社会组织的管理同样采取了"双重管理体制"。这种体制存在着诸多问题，并且随着社会组织和当地经济与社会的发展而日益凸显，成为当地社会发展亟须解决的问题。

（一）"归口登记"带来的社会组织合法性问题

"归口登记"的管理体制规定了社会组织要取得合法地位、成为合法的法人组织，必须达到一定的登记条件、符合相关的登记规定才能申请登记。比如，要有一定的组织规模、资金、固定从业人员和固定办公场所，还要经过主管单位的同意。这些条件限制了很大一批社会组织进行登记注册。

1. 少数民族地区很多规模小和业务范围小的社会组织无法达到登记条件，只能放弃登记，成为"非法"组织。很多草根社会组织来自民间，其组织规模和资金等条件尚不成熟，也无法注册登记成为合法组织。据王名（2007）等学者的研究统计，没有依法登记注册而在进行活动的社会组织的数量大约是已登记注册的社会组织的十倍多。

2. 另外，在少数民族地区有些社会组织由于跨行业或跨产业等原因导致主管单位不明确，因此，没有主管单位的同意，也无法登记注册成为合法的社会组织。甚至一些社会组织因为这个原因，转到工商部门登记注册成为商业组织。很多社会组织除了因为自身业务范围和活动内容宽泛无法找到对应的业务主管单位以外，还有很多社会组织因为业务主管单位不愿意接收而没有主管单位。

这样的情况说明，按照目前的条例规定对社会组织采取归口登记从而取得合法地位的做法是欠妥的。这样的登记注册条件会导致很多社会组织达不到合法性要

求，却因符合现实需求而“非法”存在着，并且因为其“非法”而被排除在官方管理范围之外，这无疑对社会安定不利，也对社会组织的合理健康发展不利。

（二）“双重负责”带来的社会组织管理职责不清问题

“双重负责”指的是社会组织的登记注册部门与主管单位的双重管理、双重负责的管理体制。有关的条例和法规对这两个管理部门和单位对社会组织的管理职责作出了规定。但是这些规定存在着几点不足：

1. 这两者的管理职责存在重叠和空白或模糊

登记管理机关和业务主管单位在社会组织的管理职责设置上缺乏科学性，从社会组织的筹备审批、登记审查、变更登记，到日常活动管理、年度检查等各个环节，都存在着重复审批和重复审查的问题。重复审查的目的本来是为了双重把关，进行相互监督制衡，防止部门作弊滥批。但是这种设计不但造成了行政资源的浪费，降低了效率，而且由于对双方职责未明确规定，也容易发生相互推诿的情况，对申请的社会组织造成很大难题。

2. 两者的管理职责过于原则性，可操作性不强

对于它们的管理职责，条例中一般都只是作出了原则性的规定，至于具体的操作流程、规则、内容等并未作出具体的规定，这样的笼统规定，使得管理者在面对具体问题、具体情况的时候，只能根据实际情况，在不违反条例中这些原则性规定的前提下，作出具体的操作，这些操作因为管理者、环境、问题的不同而千差万别，操作弹性过大，缺乏统一的和规范性的管理。在很多时候，登记管理机关和主管单位都拥有很大的自由裁量权。在这种情况下，登记管理机关和主管单位对社会组织的管理首要目标不是社会组织的发展，而是要降低政治风险，规避责任，获取部门利益或单位利益。这样，官办的社会组织势必比那些草根组织占有更明显的优势。

（三）“分级管理”带来的社会组织分级发展问题

少数民族地区政府对社会组织的管理是按照社会组织活动范围的行政区域级别进行分级管理的，这样做本来是为了便于社会组织的就近管理，可是这样的管理同样也会造成一定的问题。

1. 分级管理把社会组织严格按照行政级别划分为不同的等级，客观上造成了社会组织的分级别发展。不同的等级所能获得的资源量自然不同，限制了社会组织向更高层次发展，而且也容易造成社会组织之间形成等级观念，比如全国性的组织就有可能因为管理级别更高而利用一些少数民族地区的地方性组织听从其指挥去开展活动，使管理级别低的社会组织相对来说缺乏自主性。

2. 社会组织要变更管理级别也比较困难。不同的社会组织有时候可能因为组织之间业务往来或合作而出现了跨地方跨级别的业务，这时候单纯按照级别对社会组

织进行划分管理是不够的。变动社会组织的管理级别也是一件比较复杂的事情，并不能马上变更。因此，很多社会组织如果“越级”活动了，本来的级别管理者会对其不满，造成很多问题。

3. 造成了社会组织竞争力不同。由于管理级别不一样，有可能会造成社会组织“官方背景”级别的不同，使得一些管理级别低的社会组织相比管理级别高的社会组织缺乏竞争力，也更难获得资源，长此以往会造成不同管理级别的社会组织之间竞争力差别越来越大，不利于社会组织的和谐发展。

（四）社会组织缺乏独立性和难以非官方化

1. 少数民族地区政府对社会组织的过多行政干预，原因是很多的。一是由于社会组织的“官办”背景。社会组织在我国新中国成立之初的发展，就是由政府推动下的“官办”组织转化而来，因而，无论是组织自身的管理体制，还是社会组织的政府管理体制，都沿袭了行政管理体制的模式。而行政管理体制中就是要运用行政手段和方式来进行管理和干预的，因此，政府对社会组织也沿袭了行政干预的传统进行管理。

二是由于政府自身沿袭的传统管理手段和方式的问题。我国现在的行政管理的方式是由计划经济体制下的行政管理体制改革形成，还带着一些计划经济体制下的行政手段和方式，还带着一切都使用行政计划和行政命令的方式来进行管理的痕迹。因此，对于社会组织的管理不可避免地进行过多的行政干预。

另外，社会组织一直被政府当作是其下属来进行管理，因此，在传统观念中，作为政府部门的下属单位和组织，当然要被政府进行行政干预和管理。

2. 少数民族地区政府对社会组织的行政干预过多表现在很多方面。比如社会团体从登记注册、日常活动、遵守法律政策、思想政治工作、党组建设、人事管理、财务管理、涉外活动、重大社会活动管理等从内到外各方面，都会被主管单位监督和管理。而社会组织的主管单位，一般都是政府部门或其下属单位，因此政府无疑在间接地干预和控制着社会组织，不利于社会组织的独立性和非官方化。

（五）法律体系不健全，社会组织管理无法可依

少数民族地区政府对社会组织的管理主要依据三部法律，分别是国务院 1998 年颁布的《社会团体登记管理条例》和《民办非企业单位登记管理条例》，以及 2004 年颁布的《基金会管理条例》，还有一些地方性法规、规章和规范性文件。

由于缺乏针对社会组织的专门性法律，没有纲领性的社会组织基本法作为指导，很多时候“无法可依”，对社会组织的管理存在很多问题。很多社会组织的相关法律难以有效衔接。

加上民族地区现行的社会组织法律法规立法层次不高，其中内容过于原则性，使其不能适用于实际管理工作，无法有效调节社会组织的登记管理机关、业务主管

单位与其他相关部门之间的管理和活动，法律法规的可操作性不强，执法困难。

我国少数民族地区地域辽阔，民族众多，各地经济发展水平不一致，导致各地法规的立法、执法水平不一，也增加了社会组织管理的难度。

（六）管理部门缺乏能力和动力，社会组织缺乏管理

1. 登记管理机关由于是民政部门的下设单位，没有权力指挥或命令其他的职能部门。其本身的部门权力小、工作人员少、专业人员和技术缺乏、经费紧张等原因，导致其在考核、评估、检查相对来说数量庞大、类型众多的社会组织时，能力明显不足。另外，很多地方将对社会组织的管理排除在地方政府绩效评估体系之外，或是在绩效评估体系中无足轻重。在这种情况下，登记管理机关能给地方政府带来的利益少，也难以为自身争取更大利益，因此缺乏动力管理社会组织。

2. 业务主管单位方面的能力和动力同样不足。很多政府职能转移没有明确的转移时间期限或时间安排，并且很多时候是将政府的职能直接转移到了相关的业务主管单位，甚至将原职能部门直接设置为业务主管单位。在这种情况下，业务主管单位为了自身的利益，不太可能将权力让渡给社会组织，更加不可能积极培育非下属单位的社会组织来增加权力流失的可能性。

对本部门本单位没有任何好处的社会组织，成为它们的业务主管单位不但没有利益可得，还要担负起对其审查、监督、指导等责任，增加很多工作量。很明显现在的很多业务主管单位还不具备管理众多社会组织的能力。

（七）社会认知不足和监督体系不完善

1. 少数民族地区社会对社会组织的认知不足，主观上是由于社会公众和媒体等社会监督力量不够重视、对社会组织的作用和目的等认知度不高，客观上则是由于社会组织的宣传和信息公开等制度不够完善，导致无法被社会认知和监督。

2. 少数民族地区社会监督体系的不完善体现在很多方面。比如媒体监督渠道的不完善不畅通，公众监督缺乏动机和渠道，社会监督的程序和方法不完善等等。

二、完善民族地区社会组织政府管理的对策

（一）改革“归口登记”制度

国际上解决社会组织的合法性问题，一般是采取以税收优惠等经济手段使社会组织由被动登记管理变为主动进行登记注册，不进行登记注册的社会组织也同样承认其合法性，但是不能享受到税收和其他一些优惠政策。

例如在美国和加拿大，公民自行结社形成社会组织是公民的一项自由权利，但是这些组织要获得税收优惠，就必须通过一系列复杂的申请和查验程序，经过批准

后才具有相应的资格，可以进行登记，登记完成后才能享受到税收优惠。

大多数国家都明确规定了非营利组织的法人地位，这样做既便于国家对其进行管理和掌握整体情况，根据社会的需要界定出非营利组织的活动领域和应发挥的社会作用，同时也方便国家针对不同非营利法人组织制定出对应的合适的法律法规或相关管理政策措施。

在我国少数民族地区，有很多社会组织因为达不到登记注册条件，却有实际存在的需要，因此成为“非法”组织在开展活动。这无疑给现实管理工作造成了很大难题。要取缔这些组织，必定损害很大一部分群众，尤其是底层民众的利益。但是让其继续存在，又因为其不能进行登记注册而不好管理。我国宪法中明确规定了公民有结社自由，加上现在政府正在加快体制改革、加大政府职能转移的力度，因此，少数民族地区政府应该在实际工作中增加对社会组织的信任度和认可，承认未达到登记注册条件的社会组织的合法性，给它们一些优惠政策，按照社会组织的规模等级，制定出不同的登记注册条件和程序，将所有的社会组织都纳入到自己的管理范围之内，完善和规范“归口登记”制度。

（二）规范和细化“双重负责”制

少数民族地区应将登记管理部门和业务主管单位的职责真正地细化和规范起来，不但要规定它们的工作范围、工作内容、工作程序等，使其具有现实的可操作性，更要规定它们的管理责任和管理社会组织的权限，给社会组织一个负责任的登记管理部门和业务主管单位以及自主管理的空间。

当然，也可以学习英国慈善委员会的管理方式，将非营利组织划分为四个规模层次进行监管：第一层次是年收入在1000英镑以下的小慈善组织，慈善委员会不对其进行注册登记，也不用进行年度财务审查或监管，但是如果接到群众或其他组织及个人对该组织的举报，慈善委员会则可以对该组织进行调查了解；第二层次是年收入在1000英镑到10000英镑的慈善组织，这样规模的慈善组织应当要注册登记，并且要每年提交年度报告，接受慈善委员会的财务监管，但是并不要求年度报告中列出财务明细；第三层次是年收入在10000英镑到一千万英镑的慈善组织，这一层次的慈善组织不但应该进行注册登记，每年提交年度报告，并且要在年度报告中列出本组织的一年财务和活动明细，接受更严格的财务监督；第四层次是年收入在一千万英镑以上的慈善组织，这些组织除了应该注册登记、提供详细的年度检查报告之外，还要接受慈善委员会平时的考察、了解和访问，随时受到委员会的监管。

少数民族地区可以仿照这种管理方法，对一些规模较小的社会组织进行简化管理，将重点放在对大中型社会组织的管理上，对社会组织的管理工作做到抓重点，抓关键，有的放矢，减轻管理部门和单位工作量的同时，也可以免除小型社会组织因找不到业务主管单位而无法登记和发展的问题。这样对社会组织进行分层次分主次的管理，在一定程度上可缓解管理部门和单位人手、资源少而服务对象多、工作量大的问题，无疑更有利于管理单位和部门的管理工作顺利进行，同时也给了社会组织适度的独立自主的发展空间。

（三）建立全国联网的管理系统

分级管理所带来的问题主要是由当地政府对社会组织进行管理和控制所造成的。因此，少数民族地区政府应放手社会组织去自行管理和发展，减少社会组织对当地政府的依赖，并且开放全国的社会组织资源互通，建立起社会组织的全国联网系统进行信息的互通和全国统一的系统管理。

另外，可以变分级管理为分类管理，这样可以有针对性地制定相应的政策和进行日常监督管理。例如许多国家将非营利组织分类进行管理。一般的分类方法是将非营利组织分为公益性组织和互益性组织两大类，并相应规定两种不同的税收优惠政策和实施不同的日常监管方法。可以明确规定公益性组织比互益性组织获得更多的税收优惠，同时对公益性组织的日常监管比互益性组织严格。也可以仿照美国，在税法中对社会组织的相关税收优惠和捐助者税收减免方面作出具体细化的规定，以保障社会组织的资金来源，同时提高社会捐助社会组织的积极性。

（四）培养社会组织的独立性和民间性

少数民族地区政府首先要改革对社会组织的管理方式和管理手段，采取更多的非行政方式（比如经济手段、法律手段等）对社会组织进行规范，端正政府的心态，以为社会组织提供更多更好的服务，以促进社会组织发展为目的，真正建立起服务型政府，给社会组织以更多的信任和认可，相信社会组织能建立起自我发展完善、自我管理、自我约束的自律机制，只要社会组织不违反原则性的规定、政策和法律，就放开手脚让社会组织自由发展，真正将政府管理社会的职能归还社会，培育出更多具有独立性和民间性的社会组织。

另外，更多地依靠税收优惠等经济手段对社会组织进行管理。对社会组织的财政援助和税收优惠等资金资助和财务管理方面作出明确、细化、规范化的规定。按照其组织的公益性或非公益性等类别和活动领域进行不同的资助鼓励和实行不同的税收政策。同时利用审计监督等财政监督形式对社会组织实行严格的财政监管，对于该给予税收优惠的组织按照规定给予优惠，该减免税收的捐赠等资产减免税金。另外，对社会组织的财务监管还要注意监督其收支情况，防止其滥用组织公益资源，禁止社会组织使用组织内捐款或其他资金进行高风险的投资活动和营利活动。还要做出明确规定，社会组织对组织的资金没有分配权，禁止将过多资金或报酬给予个人。

（五）健全政策法律体系

少数民族地区政府应尽快健全社会组织的法律体系和政策体系，尽快颁布全省性的原则性的社会组织基本法规，然后给予各行政级别一定的权限，使各地结合全国性的社会组织法律原则和本地实际情况建立起更详细具体、操作性强的地方的社会组织法规体系和政策体系，使各地的社会组织管理部门和单位都可以有法可依、有政策可依。这样就使得从省一级往下的行政辖区建立起自上而下的完整的、可行的、科学合理的法规体系和政策体系，将抽象的法律条文变成具体的可操作的地方法规和政策，规范了地方各级和各地的管理工作，使各级管理部门和单位的管理工作都有章可循、有法可依。也可以效仿国外，将社会组织的各个方面都法制化。例如美国，联邦税法 501C3 条款明确规定，在宗教、慈善、教育、科学、公共安全实验、文学、促进业余体育竞争或防止虐待儿童或动物七个方面，从事非营利性、非政治性活动的组织可以申请成为慈善组织，获得税收优惠。除此之外并没有专门的一部法律来统一规定非营利组织的活动，但是由于美国法律体系本身非常详细和完备，非营利组织的各个方面都有法可依，因此各种非营利组织的法律框架实际上完全融入国家整体的法律框架当中。

（六）将社会组织的发展和管理工作纳入到政绩考核体系

应将社会组织的发展和管理工作看作社会自我管理和政府职能转变的重要表现，把它列入政府的政绩考核体系当中去。不但要列入平时和年度的少数民族地区政府政绩评估体系，而且要加大其在体系中的分数比重，增加其在整个政绩考核中的重要性。

同时给予社会组织管理部门和单位更多、更大或更独立的权力，使其在管理工作中能获得更多的资源与支持。当然，更多权力的获得必须伴随着更大责任义务的承担。由此给社会组织的管理部门以更大的动力去进行和改善管理工作。同时在政府职能转变过程中，尽量将政府原有的职能直接转移给发展成熟完善的社会组织，而不是给业务主管单位，避免业务主管单位为了自身利益而阻碍社会组织的发展。

（七）建立和完善社会监管体系

建立起完善的社会监督体系，从监督主体、监督方式、监督渠道、举报程序、对监督者的法律和其他方面的鼓励与保护措施等等，都要一一建立完善，建立起来之后还要进行针对全社会的宣传，使大家都知道如何进行监督，并调动起大家的监督积极性。

充分利用网络、电视媒体、报纸等现代媒体、媒介的作用，对社会组织和社会监管体系进行宣传。建立起社会组织的联网系统，建立社会组织的信息公开体系，使社会组织的财务、活动等各方面都能向全社会公开，使社会成为监督社会组织的主要力量。

案例分析：呼和浩特市奶业协会管理创新

【案例梗概】

呼和浩特市（以下简称“呼市”）自古就是畜牧业发达之地。因此，奶制品一直是当地的重要产品，奶制品业也成了该市经济发展的重要产业。1987 年，呼和浩特市政府筹办了呼和浩特市奶业协会。政府对奶业协会的管理方式和手段不断进行完善和改进，创建了奶业协会独特的管理体制，使奶业协会具有高度的独立性和社会性，在当地的奶业发展和政府对奶业的管理中发挥了巨大的作用。

【案例正文】

中国少数民族地区的社会组织同样发展迅速。在内蒙古的呼和浩特市，有这么一个协会，其在呼和浩特市的经济社会发展中发挥了很大的作用。呼和浩特市政府对该协会的管理也让我们看到了一些社会组织管理创新的希望。

一、基本概况

奶业在呼市自古就是一个重要的产业，支撑着当地的经济发展。2004 年，奶业的收入已占到全市农民人均纯收入的 39%，奶业成为带动全市经济社会发展的主要动力之一。

1987 年，呼和浩特市政府为了发展奶业，在当地的农牧局内部筹办了奶业协会（以下简称“奶协”）。

政府成立奶协的目的是建立起政府与奶协成员之间的桥梁与纽带，代表和反映奶业生产者的愿望与要求，维护会员的合法权益，宣传贯彻执行党和政府关于发展畜牧业和奶业的方针、政策和法规；协助政府部门搞好行业的生产和管理。

奶协的注册资金 3 万元，业务主管单位是呼和浩特市农牧业局，呼和浩特市民政局是其社会团体登记管理机关，在性质上属于社团经济法人。

奶协协会的会员有呼和浩特市的奶牛场、乳品加工企业、基层企事业单位和奶牛饲养专业户、业务领导管理部门，科研、教学等有关单位领导、企业家、专家、技术人员等。

二、管理创新

呼市政府对奶协在各方面给予了很大的信任、支持和自主管理、发展的空间。

（一）在管理上，政府给予奶协比较独立自主的管理权限

奶协拥有自己的权利机构和管理机构。其权利机构和管理机构的设计几乎是按照地方人民代表大会的体制进行设计，其完整程度和民主程度很高。

1. 奶业协会的最高权力机关是会员代表大会

须有2/3以上的会员代表出席方能召开，其决议须经到会会员代表半数以上表决通过方能生效，每届代表大会任期4年。会员代表大会的执行机构是理事会。理事会负责在会员代表大会闭会期间领导整个奶业协会开展日常工作，直接对会员代表大会负责。理事会的负责人是理事长，理事长为奶业协会的法定代表人，并且规定其不得兼任其他团体的法定代表人。

2. 奶业协会的管理机构以秘书处为中心来开展日常工作

奶协日常工作以服务会员为中心开展各种活动，并明确规定了会员的入会和退会制度，各项协会的规章制度也比较完善。

（二）在资金上，政府会对奶业协会进行资助

除此以外，奶协的经费来源还有会费和捐赠、在核准的业务范围内开展活动或服务的收入、利息、其他合法收入。

总的来说奶协的经费来源比较广泛，政府对奶业协会在财务的监管上也比较宽松。呼和浩特市畜牧局为奶业协会提供工作场地，配备办公用品，并提供部分人员的工资。

（三）在开展活动上，给奶业协会提供足够的支持、服务和自主空间

1. 对奶业协会的各种利于奶业发展的活动，政府都大力支持并尽可能地为奶业协会提供便利的服务和条件。奶协开展的各种项目，大多借助政府的权威得以顺利进行。各种行业交流会、学术论坛、展览展会、调查研究等等，甚至一些行业内部调节活动，政府也都给予支持和方便的条件。

2. 在奶业协会开展活动方面，呼市政府也充分给予奶协自主开展和进行的自由。例如奶业协会可以每年对其会员进行关于奶业的各种专业知识免费培训，积极开展了服务奶农的活动，参加了对奶源基地的四次划片工作，开展了“百万奶农培训”活动，帮助市科技局计算站监理“乳都在线”电脑网页和奶农服务热线，协调原奶的价格，搭建乳业信息交流平台等等。

（四）在政治上，政府充分给予奶业协会信任，并积极与其进行合作，共同管理本市奶业市场

1. 首先，政府给予奶协极大信任，允许并鼓励其积极参与各种有关奶业的政策文件的建议和起草工作，充分利用其对奶业的熟悉来制定合理的奶业管理政策和措施。

例如，奶业协会第二届理事会积极建议、或参与或承担起草了呼市人大、政府出台的《呼和浩特市原奶管理办法》等10部奶业相关的地方性法规条例和文件，并起草了《呼和浩特市奶业发展规划》初稿。

奶业协会可以向自治区和呼市政府提出关于奶业的技术、生产、价格、税收等各方面有利于奶业发展的政策建议，这些政策建议受到政府充分重视，并产生了一些成果。例如2004年在奶协的反映和建议下，呼和浩特市率先在全区免征牧业税，取消农业特产税。

2. 其次，政府积极进行职能转移，将很多有关奶业的工作交由奶业协会负责。

例如2005年，呼和浩特市申办“中国乳业之都”的活动，呼和浩特市政府就委托奶业协会全程负责。奶业协会协助市委和市政府做了大量艰苦细致的工作，推动了整个申办活动的进程。

奶协还配合市委宣传部组织出版了外宣品《乳都解读》，此读物成为呼和浩特市打造“中国乳都”集中新闻宣传背景材料之一。

政府与奶业协会之间建立起了良好的关系。奶业协会起到了在政府与奶业行业间的协调和沟通作用。奶业协会内形成了一套较为独立完整的管理和运行体系，政府不必对其进行过多行政干预和管理，奶业协会充分成长为政府的好助手，承担起了企业的好伙伴、领头人、代表者、利益维护者等多重角色，成长为一个优秀的独立的社会组织。

第四章　民族地区文化建设创新

第一节　文化建设理论基础

一、文化的概念

中国上海辞书出版社《辞海》(1999 年版) 中将文化定义为:“文化广义指人类在社会实践过程中所创造的物质、精神的生产能力和物质、精神财富的总和。狭义指精神生产能力和精神产品,包括一切社会意识形态:自然科学、技术科学、社会意识形态。有时又专指教育、科学、文艺、艺术、卫生、体育等方面的知识和设施。”现代一般将“文化”理解为包括物质文化和精神文化的一切物品和意识等的总和。

在西方社会,对于“文化”一词最早的系统阐述则见于英国人类学家爱德华·泰勒在 1871 年出版的《原始文化:关于神话、哲学、宗教、艺术和风俗的研究》一书中。他认为:“文化或文明就其广泛的人种学而言,是一个复杂的整体,它包括知识、信仰、艺术、道德、法律、风俗及作为社会成员的人所获得的才能和习惯。”之后,林顿在 1936 年《文化人类学入门》一书中把文化概括为“社会的全部生活方式”。到了 1944 年,马林诺夫斯基在《科学的文化》一书中,将文化定义为一个完整的整体,包括了具体的(使用的器皿和生活消费品)和无形的思想(信仰、习惯、制度)。而韦伯则认为文化是宗教、思想、艺术、理想、价值等精神的、人格的、直观的创造物。①

马克思和恩格斯则认为“文化”应该放到整个社会中去定义,特别是与社会的生产方式、生产力和生产关系构成的经济基础联系起来,要用唯物的、历史的、发展的观点去定义,不能孤立地去看待。以马克思主义的观点去理解“文化”,可以

---

① 谢凤莲、李国社:《民族地区文化建设》,贵州民族出版社 1999 年版,第 5—6 页。

认为文化是一种社会意识形态，它遵循唯物主义物质与意识的关系原理，由社会的经济基础所决定，并反作用于社会的政治、经济等各个现实方面。

目前偏向于将“文化”定义为：人类为了共同生活需求而在一定人性或道德规则下，根据自身能力进行的物质和精神的创造。这些物质和精神创造包括了创造的意识，创造的方式，创造的过程和创造的成果等一系列的内容。这个定义从文化的目的（即未来共同生活需要）出发，说明了“文化”产生的规则（即在一定人性或道德规则下）和文化的产生方式（即根据自身能力进行的），界定了“文化”所包含的范围（即物质和精神创造）。可以说，这个定义比较客观完整地阐述了“文化”的含义。

二、文化建设的概念及其重要性

（一）文化建设的概念

通过以上对文化概念的界定，可以将文化建设理解为：文化建设是对文化的发展，是对文化设施、人才队伍、文化实践方式以及创造过程的发展和创新，是对人们生产和生活创造的改善和推进。文化建设包括了对教育、文艺、科技、广播传媒等各项文化事业的发展，它既要对物质文化进行建设，也要对人们的思想和道德水平等精神文化进行建设，还要对人们的行为方式和生活习惯等行为文化进行建设。

在中国共产党“十七大”通过的新党章总纲部分，文化建设的内涵被定义为：“文化建设，就是发展社会主义先进文化，建设社会主义精神文明，实行依法治国和以德治国相结合，提高全民族思想道德素质和科学文化素质，为改革开放和社会主义现代化建设提供强大的思想保证、精神动力和智力支持。”从这个定义中可以引申出文化建设包含以下三个特点：

1. 中国的文化建设是以马克思主义为指导思想的

马列主义、毛泽东思想、邓小平理论、“三个代表”重要思想和科学发展观，是中国文化建设中必须坚持的指导思想。特别是要坚持毛泽东思想、邓小平理论、“三个代表”重要思想和科学发展观的指导地位，这在世界上来说都是绝无仅有的。这些思想使中国的文化建设带有浓烈的中国特色的社会主义色彩，其文化思想也是带有中国特色的社会主义文化思想。

马克思主义思想的指导，使我国文化建设坚持了马克思主义，坚持走在社会主义的道路上，而不至于使文化建设偏离方向。因此，我国的文化建设完全不同于任何其他国家的文化建设，它带有浓厚的中国特色社会主义的特点。

2. 中国的文化建设是“面向现代化、面向世界、面向未来”

因此，我国的文化立足于中国的现实国情，着眼于现代文化的前沿，发展本国的高科技文化，进行现代化教育，培育现代化人才和技术，为了实现“四个现代化”而努力进行现代化的文化建设。同时，我国的文化建设积极吸收国外的先进文化，吸取世界各种文化的优点和长处，紧跟世界文化的前沿，吸收和借鉴外国的优秀文化成果，它是面向世界的。最后，我国的文化建设积极运用发展的眼光看问题，从发展的角度思考和解决问题。我国一直遵循可持续发展的原则进行文化建设，坚持以科学发展观为指导，将文化建设的目标定在长远的未来，始终面向未来。

3. 中国的文化建设是“民族的科学的大众的”

我国的文化建设坚持为人民服务、为社会主义服务的方向，它坚持中国特色，是整个民族的文化建设。对于传统文化，进行有区别的继承和扬弃，对于各民族的传统文化，积极进行保护和继承发展。

整个文化建设既有马克思主义这个被历史验证是科学的思想为指导思想，又有经过长期文化建设的历史经验总结出来的方针政策的指导，在具体文化建设中，更是按照方针进行判断和扬弃、去粗取精。因此，中国的文化建设是科学的。

同时，我国的文化建设积极建设满足大众精神文化需求的各种物质文明和精神文明，并且在文化建设中主动依靠人民群众的力量，鼓励和发动广大人民参与到文化建设中来，使文化建设更符合人民的要求，因此，中国的文化建设也是大众的。

（二）文化建设的重要性

1. 经济发展的需要

21 世纪，国家的竞争实际上是人才的竞争，谁拥有最多的高素质人才，谁就能在国际竞争和经济发展中占领制高点。而文化，就是培养人才、提高人民科学知识技能和思想道德水平等素质和能力的重要方式。文化还能凝聚人心、激发全国人民的力量和斗志，是一国综合国力的重要标志。而大力进行文化建设，加快文化发展、发挥文化作用，正是培养和发展高素质人才的必由之路。因此，文化建设在经济高速发展的今天，尤其凸显出其重要性和紧迫性。

2. 执政党和政府的重视

我国的执政党和政府已经充分认识到了文化建设的重要性和紧迫性，积极改革文化管理体制，加快发展文化事业和文化产业，完善文化市场的管理，加强对文化设施的建设，鼓励文化人才的培养和发展。中国共产党的“十五大”报告就已经将文化建设与经济建设、政治建设放到了同等重要的位置上，并将文化建设列入社会主义初级阶段的基本纲领中。此后，九届全国人大一次会议通过的政府工作报告也对发展繁荣文化事业作出了阐述。自此，每届全国人大通过的政府工作报告中，文化建设成果和建设规划都是不可或缺的部分。

三、文化建设的基本方针

以什么样的思想作为文化建设的指导思想，是我国文化建设中的一个重要问题。我国的文化思想必须以执政党的思想为指导思想，即文化建设必须要坚持以马克思主义为指导，坚持马克思列宁主义、毛泽东思想、邓小平建设有中国特色社会主义理论、“三个代表”重要思想和科学发展观的指导地位。

这一指导思想包含了六个基本的指导方针：

（一）为人民服务、为社会主义服务

在当代中国，先进的文化就是中国特色的社会主义文化，即以中国共产党思想为指导的，以爱国主义、集体主义的思想道德为核心的，继承中华民族优秀文化和革命文化传统的，吸收借鉴了外国一切优秀文化成果的，面向现代化、面向世界、面向未来的，民族的科学的大众的社会主义文化。

我国是社会主义社会，这个事实决定了我国的文化建设必须要为人民服务，为社会主义服务。我国的各时期的领导人也曾指出文化建设的这一方向。文艺要为人民服务，为社会主义服务，是邓小平同志指明的我国文艺事业的根本方向。

（二）百花齐放，百家争鸣

我国人口众多，文化流派丰富，艺术多样，学术多家，完全统一既不现实，也不合理，不仅会使艺术和学术缺乏多样性和创新性，而且不利于文化事业的发展。

不同的文化和观点，通过对比、批判，更利于人们正确认识到何为先进文化，何为糟粕文化，从而去粗取精，调动起人们建设社会主义文化的积极性。

（三）古为今用，洋为中用

“古为今用，洋为中用”是指我国的文化建设，要立足现实，放眼世界，继承和发展中华民族文化中的优秀传统，积极吸取世界各民族文化的优点和长处，化为己用，取长补短。

中国传统文化是一个庞大的体系，在文化建设中要注意鉴别。对于有益于民族和社会发展的文化传统，要继承和发扬，对于那些不利于民族和民生发展的文化，要大力铲除。因此，继承和发扬中华民族文化的“优秀”传统，才是“古为今用”的本意。外国文化同样庞杂，在文化建设中不能生搬硬套，要采取去粗取精、推陈出新的方法，甄选出适合我国的文化成果并进行改良和利用。

（四）弘扬主旋律，提倡多样化

文艺创作所代表的时代精神和历史潮流，对于人民精神文化需求的满足、提高

社会的思想文化和道德水平都有着巨大的影响。因此，在我国现阶段，文艺创作的主旋律无疑应该是代表着先进文化前进方向的社会主义文化。

当然，光有主旋律是不够的。如果把文化建设比喻为一顿大餐，主旋律就好比是主菜和主食，但是文化的多样性是不可或缺的作料。我们在指导思想上要坚持马克思主义思想，但是在文化的形式、内容和风格上，要提倡文化的多元性。

（五）两手抓，两手都要硬

物质文明和精神文明就像我国文化发展的两条腿，缺了哪一方面，或哪方面建设没有跟上，都将严重影响我国的发展进步。因此，我们在文化建设中，一定要坚持“两手抓，两手都要硬”的方针，不仅要有繁荣的经济，也要有繁荣的文化，不仅要有发达的物质文化，也要有先进的思想文化。

因此，实施“两手抓，两手都要硬”的方针时，不仅要注重抓文化设施、队伍和市场等物质文化建设，同时也要注重文化政策法规建设，培育健康积极向上的思想文化，引领正确的文化建设方向。

（六）提倡有益，允许无害，禁止有害

这个方针是我国执政党和政府通过总结长期领导文化建设的历史经验得出的方针，也是作为文化工作者，特别是文艺创作者应该遵循的一项行为准则和道德标准。它既保证了激发文艺创作者的创作激情和创作灵感以及其他文化工作者的工作热情，也保障了文艺作品和其他文化工作的社会效果，使得文艺创作和其他文化工作保持正确的创作取向和工作原则。

判断哪些有益，哪些有害至少应包含以下四条判断标准：一是内容符合当代社会思想和政治倾向，具有社会责任感；二是达到一定艺术水平；三是符合公共道德取向；四是有经济价值。

四、文化建设的作用

物质文明和精神文明的同步发展，是社会主义社会的一个重要体现。我国作为社会主义社会，不但要有高度的物质文明，也要有高度的精神文明。作为精神文明建设的一项重要内容，文化建设不仅能形成良好的社会环境、文化氛围，还能建立起舆论导向、价值观念和文化体系，提高人民的知识水平和能力素质，树立起人民的良好道德情操、正确的人生观、价值观和世界观，激发人民建设社会的热情、积极性和创造性，为我国的现代化建设提供强大的精神动力和智力支持。

文化建设的作用主要体现为以下三方面：

（一）树立社会主义道德情操、人生观、价值观和世界观

建设有中国特色的社会主义社会，是一场全面的、深刻的社会变革。它不仅表现为物质财富的不断增长和物质文明的高度发达，更体现在这个社会中的人的社会主义道德情操、人生观、价值观和世界观上，体现在人们的精神风貌和文化追求上。文化建设正是为了达到这一目的而进行的。要使人民形成社会主义的思想，首先要进行社会主义文化的建设，使人民在社会主义文化的氛围中生活和成长，最终形成深深扎根于意识中的社会主义道德情操、人生观、价值观和世界观。

文化建设的宗旨就是要培育“有理想，有文化，有道德，有纪律”的“四有”公民。同时它也必然是文化建设的作用之一。现代化建设中需要大量的有知识有道德有纪律的人来进行。而文化建设正是为了培育这类人而进行的。它注重对人的思想培育，用先进的科学知识教育人，以科学的思想武装人，以高尚的道德情操陶冶人，最终使人民成长为符合现代化建设要求的“四有”新人。

（二）为现代化建设提供精神动力和智力支持

我国的文化建设，使社会主义文化更加深入人心，使人民更加坚定社会主义理想和信念，产生更大的社会主义建设热情和斗志，为我国的现代化建设提供巨大的精神动力。

教育和科技作为文化建设的两个重要方面，在当今社会中作用不可估量。我国实施“科教兴国”战略，正是为了在文化建设上对现代化建设产生更多的科技人才和高水平高素质人才，对社会主义建设发挥更大的智力支持作用。

（三）更加全面地满足人民的精神文化需求

文化自从出现以来，在整个历史进程中渗透到了社会的各个领域，也深入到人们生活的方方面面。文化对于人们的日常生活是非常重要的。人们对它也会产生各种各样的需求。人们在生活中要看书刊、报纸，要看电视、电影，要听音乐、广播，要参加各种文化娱乐活动，当然，也要学习各种科学知识，接受文化教育。因此，要发展出繁荣的文化，才能使文化生活更加丰富多彩，从而满足人们的不同文化需求。

文化建设对人们产生的潜移默化的教化作用，是其他任何方面都无法替代的。通过文化建设，可以形成良好的文化氛围和环境，使人们养成健康的文化生活习惯。丰富的文化知识，也使人们有了更多的选择，可以进行更加自由全面的发展。它使人们形成更加符合时代进步、符合现实需要的价值观念体系、道德标准、行为规范、政治倾向甚至是宗教信仰等等。

第二节 文化建设的主要内容和成就

一、文化建设的主要内容

（一）文化设施建设

文化设施建设是文化建设的重点和难点。文化设施建设为文化事业和文化产业的发展、文化市场的完善以及各种文化活动和文化工作提供了必要的物质条件，并且为文化工作的环境改善、文化服务的水平提高提供了物质上的保证。

因此，文化设施建设必须作为文化建设中一项长期坚持的重要内容一直发展下去，才能使得文化建设的物质方面有所保障。

各地各级文化站、图书馆、文化馆、文化中心、文化宫、文化俱乐部、青年之家、妇女之家、儿童文化乐园、林业工人乐园、农牧场俱乐部等文化设施都是文化建设的重点项目。

在“十二五”规划中，关于文化设施的建设，针对公共图书馆、文化信息资源共享工程、中西部地区流动文化车、公共文化建设、文化遗产保护利用和传承等方面规定了具体的指标。目前的文化设施建设水平还没有达到“十二五”规划中的相关指标和规定。因此，急需把文化设施建设作为文化建设事业的重中之重。

（二）文化队伍建设

要搞好文化建设，培养和造就一支有思想、有能力、有素质、有纪律、创新奉献、艰苦奋斗、具有高尚职业道德的文化工作队伍，是必不可少的。

1. 文化队伍建设，首先要加强文化工作者队伍的思想道德建设和提高他们的业务能力素质，培养出优秀的文化人才。文化工作者作为文化建设的领头羊和文化工作的执行者，他们首先必须要有高尚的道德情操和职业道德。他们的思想要适应社会主义物质文明和精神文明建设的需要；他们的业务能力要能够胜任文化活动的需要；他们的工作作风要符合当代社会的要求，能够吃苦耐劳、爱岗敬业、无私奉献，树立起为人民服务的敬业精神和引领时代文化思想潮流的职业信念。

我们的文化队伍必须承担起相应的社会责任，胸怀坦荡，不计较个人的微小利益得失，不爱慕虚荣，不贪恋权势，不沉湎于个人功利，清醒地审视自己的事业和利益，具有强烈的进取心，才能做好文化工作，才能使文化工作和文化活动真正利人利己，使自己和人们在文化发展中得到精神的慰藉和升华，发挥出文化工作的真正价值。

2. 国家的“宣传思想文化部门跨世纪人才培养工程”项目，使文化队伍建设更加普及和具有层次性。在文化队伍的建设上，不但注重整个文化队伍素质能力水平的提高，更重视培养优秀的文化工作者，培养那些具有学术权威，或者卓越能力和技术，或者具有社会影响力以及一定知名度，或是学术基础好、有发展潜力的优秀人才。

（三）文化市场建设

文化市场作为社会主义市场的一个重要组成部分，是文化成为社会管理一部分的重要体现，是文化进入行业化、市场化管理的重要标志。

文化产品通过文化市场实现其使用价值和价值，在满足人们的精神生活需求的同时也促进社会主义市场的发展，并且达到教育和娱乐人民的目的。

当今世界是一个知识经济的时代，文化产品的商业价值越来越被人们所认同和重视。文化产品既有其商业属性，也有其社会属性。既有经济价值，也是社会意识形态的体现。对文化产品要加强管理，使其更具有我们这个社会的意识形态特点，始终为了满足人民的精神需求而产生，始终为人民的精神享受和发展需要而存在和服务。因此，应提倡积极向上的、健康的、符合时代精神和历史潮流的、有利于社会发展的文化产品。

文化市场作为文化产品的主要流通渠道和场所，也作为调节文化产品生产和消费的重要力量，亟须加强建设和管理，以促进文化产品的生产和消费向更加积极健康的方向发展。

（四）文化政策法规建设

制定有利于文化建设的文化政策法规，是文化发展的重要保证，是繁荣文化事业的实际需要。正确的文化政策法规应该能够反映文化发展的客观规律和要求，反映文化建设的本质。文化政策法规对文化建设的兴衰成败，发展顺利与否，有着至关重要的作用。文化政策法规能够指导文化建设的实践，激发人们进行文化建设的积极性和创造性，帮助人们把握文化事业的发展方向和规律。因此，制定文化政策法规并不断完善和发展符合现实需要的文化政策法规，是文化建设的一个重要内容。

我国在新中国成立后颁布了一系列的文化法律法规，如《著作权法》、《文物保护法》等，基本建立起了文化法律法规体系。但是其发展程度还远远无法满足现实的需要。目前我国的文化立法数量少、层次低、内容滞后，国家层面的文化法律法规严重缺位，文化法规的完整性、层次性、适用性严重不足，文化执法也是困难重重。因此，应进一步加快文化立法，推动文化法律的起草，完善文化专门法，形成一套完善、层次分明、科学适时、不断调整的文化法律体系。

随着文化市场的发展，文化逐渐经济化和产业化，对发展社会主义文化提出了更高要求，促使党和国家制定更加符合实际的文化政策。改革开放以后，经济体制的转型带动了文化体制的转型和文化产业的兴起，文化政策也随之全面转型并逐步形成体系。我国将文化服务和文化产品均等化、普遍化，努力使人民都能享受到同样的文化产品和文化服务，特别重视公共文化建设，形成了一套比较完善的惠及全民的公共文化服务体系。这体现出我国文化政策的另一个侧面：注重公共文化服务建设。

（五）文化交流与发展

我国幅员辽阔，文化也是多种多样。因此，各种文化需要多进行交流沟通，使不同文化进一步融合，促进不同文化的和谐发展。

1. 各地文化发展的水平不同。先进地区与落后地区需要进行文化交流，落后地区学习先进的文化思想和技术，先进地区带动落后地区文化的发展。

2. 各民族都拥有自己的独特文化。我国有五十六个民族，各民族之间需要互相交流、取长补短，才能在文化建设中认识到自己的优势和不足，扬长避短，共同发展，促进民族间的互相理解，这样才能有利于增进民族团结。

3. 文化的国际交流越来越频繁。只有坚持文化对外交流，才能促进文化的发展。促进我国与其他各国文化之间的交流互动，更积极地了解世界，不断吸收世界先进文化成果，同时也扩大我国的文化影响力，使我国的文化发展与世界的文化发展同步，向世界先进文化国家迈进。

二、文化建设的成就

当今社会，文化越来越成为衡量一国综合国力的重要指标，成为凝聚民族力量和激发人民创造力的重要方式。因此，我国对文化建设高度重视，在文化建设中始终坚持先进文化的前进方向，不断掀起建设社会主义文化的高潮，使整个民族的创造力在文化建设中得到全面发挥。

在中国共产党的“十七大”报告中描绘了我国当前文化建设的现状：“文化建设开创新局面。社会主义核心价值体系建设扎实推进，马克思主义理论研究和建设工程成效明显。思想道德建设广泛开展，全社会文明程度进一步提高。文化体制改革取得重要进展，文化事业和文化产业快速发展，人民精神文化生活更加丰富。全民健身和竞技体育取得新成绩。”

中华人民共和国文化部官方网站发布的《2010 年全国文化发展基本情况》称：“截至 2010 年底，纳入统计制度的全国各类文化机构 31. 35 万个，比上年增加 7776 个；从业人员 210. 79 万人，比上年增加 12. 38 万人。分类型看，执行事业会计制度的文化机构 62172 个，比上年增加 1713 个，全年收入合计 696. 33 亿元，比上年增长 16.1%；执行企业会计制度的文化机构 251368 个，比上年增加 6063 个；全年营业收入 1244.14 亿元，比上年增长 15%，实现利润 403.39 亿元，增长 9.6%。”

我国在文化建设中，文化体制改革成效显著，文化事业和文化产业迅猛发展，教育、科技、体育、文化传播、文化生活等各方面都取得了可喜的成果。

（一）文化体制改革的成就

我国的文化体制改革“以发展为主题，以改革为动力，以体制机制创新为重点，形成科学有效的宏观文化管理体制、富有效率的文化生产和服务的微观运行机制、以公有制为主体、多种所有制共同发展的文化产业格局和统一、开放、竞争、有序的现代文化市场体系；并逐步形成完善的文化创新体系，形成以民族文化为主体、吸收外来有益文化，推动中华文化走向世界的文化开放格局”。

近几年我国更加深入地对文化体制进行了改革，政府出台了很多完善扶持公益性文化事业、发展文化产业、鼓励文化创新的政策，例如 2012 年 7 月 23 日颁布的《文化统计管理办法》，2011 年 3 月 18 日颁布的《互联网文化管理暂行规定》，2011 年 12 月 19 日颁布的《文化市场综合行政执法管理办法》，2010 年 2 月 26 日全国人民代表大会常务委员会关于修改《中华人民共和国著作权法》的决定，2010 年 2 月 2 日最高人民法院、最高人民检察院发布的《关于办理利用互联网、移动通讯终端、声讯台制作、复制、出版、贩卖、传播淫秽电子信息刑事案件具体应用法律若干问题的解释》（二），还有早年颁布的《文物保护法》、《著作权法》，等等。一系列法律法规的颁布，使我国逐渐建立起一个完整的文化法律体系和逐步完善的文化体制，营造出一个有利于创造出高水平作品、培养高素质人才、达到高效益目标的环境。

（二）文化事业的成就

在文化事业方面，新闻传播事业得到巨大发展，加强了网络文化建设，体育事业、民族文化资源的保护和开发、文艺创作、文艺表演、公共文化事业等方面都得到了很大的发展。

1. 新闻出版、广播影视、文学艺术事业得到了巨大的发展，坚持了正确的导向，弘扬了社会正气。各种新闻媒体得到进一步发展。同时，加大对电影、电视剧、文学艺术作品等的管理和监督，坚持弘扬健康向上的社会风尚和民族精神。各地加强了对网络文化的建设和管理，营造了良好的网络环境。2011 年 3 月 18 日颁布的《互联网文化管理暂行规定》对网络文化建设和管理作出了具体的规定。

2. 体育事业得到极大发展，全民健身运动在全国范围内广泛开展，各个社区、单位、农村，纷纷兴建和购买各种体育设施、健身设施，举办各种体育竞赛。2008 年奥运会、残奥会的成功举办更有力地推动了全民健身的热潮。

3. 文化资源保护和开发方面，我国开始运用现代科技手段对民族文化资源进行开发和利用，对各民族文化、文物和非物质文化遗产加强了挖掘和保护，效果显著，非物质文化遗产保护制度初步形成，并建立起了国家、省、市、县四级名录体系。在全国顺利开展博物馆的免费开放工作。各种文物藏品进一步增加，各种文化典籍亦得到很好的整理和保护。

4. 文艺创作空前繁荣发展，产生了大量内容多样、更加贴近现实生活、更加反映时代精神、得到广大群众喜爱的文化产品。我国重点发展了公益性文化事业，加大了对其投入力度，加强了公益文化设施的建设。制作和生产了大量的各种公益广告和公益产品，促使我国公益事业进一步发展。

（三）文化产业的成就

1. 实施了由重大文化产业项目带动整个产业发展的战略，加快了文化产业基地和区域性特色文化产业群的建设，着重对文化产业骨干企业和战略投资者进行支持和培育，在文化产品多样、文化产业加快发展的形势下，文化市场得到了进一步繁荣发展。

2. 文化生产方式得到改进。开始运用高科技技术进行创新，文化传播体系也得到大力建设，传输速度更快捷、覆盖范围更广泛。同时，我国文化市场得到进一步扩大，加强了对文化市场的管理。2010 年，文化部先后下发了《文化部关于进一步加强文化市场管理工作的若干意见》、《网络游戏管理暂行办法》等文件，进一步加强文化市场的法治，使得文化市场的建设和发展更加规范有序、健康稳定，创造了和谐的文化市场发展环境。

3. 文化产业发展环境进一步优化。2010 年，各级文化部门以贯彻落实国务院文化产业振兴规划为契机，采取了一系列政策措施，为文化产业的发展创造了良好条件。一是出台了《关于金融支持文化产业振兴和发展繁荣的指导意见》，促进了金融资本与文化产业的对接。二是继续开展国家文化产业示范基地和国家级文化产业示范园区的评选命名工作。三是大力扶持重点产业，开展重点动漫产品、重点动漫企业认定工作。

（四）文化宣传教育的成就

1. 在思想道德教育方面，大力弘扬爱国主义、集体主义、社会主义思想，重点增强了诚信意识宣传，加强了社会公德、职业道德、家庭美德、个人品德方面的建设和教育，在社会各界发挥道德模范的榜样作用，引导人们自觉履行法定的责任和义务。尤其是各地的党组织、社会组织和各种企事业单位，都积极开展思想政治教育，帮助人们树立起良好的思想道德观念。

2. 思想政治工作得到进一步加强和改进，侧重人文关怀和心理疏导方面的建设，引导人们用正确的方式来处理人际关系。各地纷纷开展各种心理健康知识讲座、宣传活动，各个组织和单位亦设立心理咨询室，帮助人们排解各种心理问题，形成积极健康的思想。青少年思想道德教育工作也得到社会各方面的共同支持，并呈现出良好发展态势，使青少年的成长拥有更加健康良好的社会环境。

3. 科学精神深入人心，科学知识在全国得到普及。各地大力扶持科教频道和科教节目，采取多种形式进行科学知识的教育和普及。遵循“尊重知识、尊重人才”的原则，知识分子普遍得到尊重，各种专业人才得以科学配置、发挥所长。全国各地出现大量的民办或民营学校、教育培训机构，知识教育更加专业化和普遍化。《百家讲坛》等文化节目的播出、2010 年上海世博会的成功举办，不断掀起学习中华优秀传统文化、国学国粹的高潮。

（五）文化生活的成就

1. 全国城乡和区域文化协调发展，重点建设农村、偏远地区和进城务工人员的精神文化生活。《政府共享文化成果——十七大以来我国文化建设成就综述》中称：“广播电视村村通工程已覆盖全部通电行政村和 20 户以上自然村，文化信息资源共享工程已建成 83 万个服务点、覆盖全国 90% 的行政村，农家书屋已建成 40 万家、覆盖 50% 的行政村，乡镇综合文化站建设基本实现乡乡有综合文化站，农村电影放映工程年放映 800 万场电影。”

2. 全国各地积极深入地开展丰富多彩的群众性精神文明创建活动，社会志愿服务得到进一步发展和完善，社会风尚日趋良好。全国各地大力发展群众文化，积极扶持群众文化机构。《2010 年全国文化发展基本情况》中称：“2010 年底，全国共有群众文化机构 43382 个，藏书总量达到 1.61 亿册，对公众开放阅览室 41.97 万平方米，全国平均每万人拥有群众文化设施面积提高到 188.6 平方米。”

3. 对外文化交流取得巨大进步。我国近年来的对外文化交流得到全面深化，在国际上的文化影响力进一步得到增强。无论是民间的还是官方的对外文化交流都进一步得到加强，各种世界性论坛、博览会、比赛的举行，使得大量的各国优秀文明成果得到引进和吸收。在 2010 年，国务院批复建立了“对外文化工作部际联席会议”制度，为我国的对外文化工作提供了科学统筹的制度体系。

（六）公共文化建设的成就

各地在政府部门的主导下，在公共财政支持下，大力发展公益性文化事业，特别是以农村地区为建设重点。

2010 年，公共文化建设进一步加快，初步形成了覆盖城乡的公共文化服务体系，提高了公共文化的服务能力，为群众提供了更加丰富多样的公共文化活动。

对于公共文化的设施设备，各级政府都进一步加快建设、加大投入力度，全国乡镇综合文化站、全国文化信息资源共享工程等一系列文化惠民工程建设得到顺利开展。

《政府共享文化成果——十七大以来我国文化建设成就综述》中说：“全国已

有1743家公共博物馆、纪念馆、爱国主义教育示范基地向社会免费开放，覆盖城乡的公共文化服务体系框架基本建立。”

“十二五”规划中关于文化民生的美好蓝图，在我国的大力推进文化建设的政策主导下，正在一一变成现实。“文化惠民”、“文化为民”、“文化强国”正在健康持续发展中。

第三节 文化建设的基本途径和措施

一、因地制宜，建设特色文化

由于我国各地区地理位置、自然资源、经济和社会发展的不平衡，各地文化间也存在着巨大的差异。这些差异难以避免也暂时无法得到快速地解决，并且突出表现在文化设施建设上面。对这些差异，要予以关注并合理认识。

（一）实施不同文化建设方针

各地文化设施建设必须根据当地文化设施现状和财力投入情况，因地制宜地实行新建、扩建与改建相结合的原则，进行有计划、有重点、有特色的文化设施建设。对不同文化发展情况，要区别对待，有针对性地进行文化设施的建设。对文化发展程度较高、有一定文化基础设施的地区，文化设施的建设要向统一化、标准化、标志性的方向迈进；而文化发展相对落后、文化基础薄弱的地区，则应该着重文化设施的建设、改善和提高，力争缩小与先进地区的文化设施建设水平差距。

当然，在文化设施建设中，不但要注重那些固定的、永久性的基础文化设施建设，比如图书馆、文化站、文化宫等，也要注重流动性的、文化服务设施的建设，比如流动文化车、流动演出队、流动放映队的相关装备、设施等的建设。

（二）鼓励文化“自力更生”

不单单依靠政府的资金和力量，也充分发动当地的社会力量和群众力量，鼓励当地自发进行文化设施建设。对于文化设施建设给予优惠政策，对于兴办文化产业和开展文化服务的行为更要大力支持，积极创造一个社会文化社会办的良好氛围，把文化设施建设推向一个崭新的局面，扩大文化设施建设的范围，提高文化设施建设的水平，使文化设施建设在解决实际问题和人民文化需求中不断发展前进。

（三）采取文化扶贫政策

我国的文化建设采取了文化扶贫开发的方针，针对扶贫地区不但有经济扶贫，更有文化扶贫。不但注重经济建设扶贫，更注重科技文化的建设和发展，特别是大力进行当地的基础文化设施建设，科技、教育、体育等方面都进行了全面的基础设施建设。针对文化扶贫，要切实做到将扶贫资金按照拨款比例投入文化扶贫建设，不但“授人以鱼”，更要“授人以渔”，使科技文化代代相传、当地文化得到极大发展，从而促进经济的更快速发展。

（四）尊重当地文化传统

人们在长期的生活中，会形成特殊的生活习惯、生产方式、信仰思想、组织活动方式，等等，从而形成一定的民风民俗，造就本地的文化传统和文化形态。这些文化传统和文化形态需要通过物质载体进行传承和发展。在文化设施建设中，应该通过各种方式和渠道把本地文化和当代文化的精髓保护和传承下来，凝聚起人民群众的向心力和凝聚力，振奋人们的精神，形成符合当地发展趋势的文化风貌。在文化设施建设当中，不但要贯彻好文化部的“点线成网、设施配套、活动经常、全民参与”的文化建设思想，而且对各地文化发展要有物质保障，这样才能真正解决实际问题。

二、加强文化队伍的思想、道德和业务建设

文化建设的根本任务是要培养人才，进行文化建设要依靠优秀人才。因此，培养文化人才，是进行文化建设的重要途径。

（一）加强对文化队伍的思想建设

文化思想在文化建设中起引导作用。人的思想决定人的行为，文化工作者有什么样的思想，就决定了文化建设有什么样的思想和发展方向。因此，要将马克思主义思想、建设有中国特色社会主义理论传播到文艺工作者中，使他们在工作中能够坚定地遵循为人民服务和为社会主义服务的方向，贯彻“百花齐放、百家争鸣”的文化建设方针，将坚定的社会主义政治立场和鲜明的马克思主义思想观念体现到日常文化工作和文艺创作中去。

（二）注重培养文化队伍的职业道德和爱岗敬业精神

文化工作者不但要有正确的指导思想，还必须具备高度的使命感和责任感。要使文化工作者形成强烈的职业意识、深厚的职业情感和正确的职业行为，树立为文化工作奉献的信念。

制定正确的奋斗目标，勇于实践、意志坚强、明确认识，要在实际工作中投入高度的职业热情，表现出当代文化工作者应有的强烈的社会责任感、为民服务的使命感、尚荣知耻的荣辱观和无私奉献的苦乐观。使文化工作者在拥有高尚的职业道德和爱岗敬业精神后，能够充分地、正确地发挥出每个人的独特创造能力和积极作用，从而达到为社会作出贡献，同时实现个人的自我价值的目的。

（三）加强文化队伍的业务建设

从事各方面业务的人才队伍需要不同的业务能力和工作技能。因此，对文化工作人才、表演人才、文艺创作人才、教育人才、文化服务人才、文化活动人才、文化管理人才等各种人才，都要进行专业知识和技能的教授和提高。这就要加强文化人才队伍的岗位培训、在职培训和专业教育，加快教育事业的发展，大力发展各地的高等教育、中等教育，狠抓初级教育，鼓励举办各类文化知识培训班，推动成人教育和职业技术教育的发展，提高在职文化干部的综合素质。

同时对文化队伍进行严格的筛选。加强对文化队伍的业务考核，设立日常的、定期的和长期的业务考核体制。加强对人才队伍的入职把关，提高对新的文化人才的文化业务水平要求，对新入职的文化人才则不断通过培养锻炼提高其业务能力和业务熟练程度，加强他们的业务创新能力，鼓励文化人才的业务创新和业务拓展，对业务能力强的文化人才实行一定的奖励措施，形成固定的文化队伍奖励制度。

（四）科学配置，合理使用人才

对广大人才队伍，要相信他们的政治素养，放心大胆地交给他们工作任务，同时关心照顾他们的生活，使他们能及时得到工作上和生活上的帮助。人才队伍是文化建设的中坚力量。既要在政治上关心他们，满足他们思想进步的要求，又要在生活上照顾他们，改善他们的生活条件和工作环境。要鼓励和提倡人才队伍学习马克思主义思想和中国特色的社会主义思想，营造良好的思想学习氛围，为人才队伍中愿意加入中国共产党的先进分子提供帮助。同时在物质上提高人才队伍的待遇，改善他们的经济状况，大力改善他们的工作和生活条件，解除他们的后顾之忧，使他们更加安心投入到文化建设当中来。

文化人才各有所长，因此在安排人才的时候，要清楚各人的长处和优势，缺点和劣势，以做到科学配置，合理使用，使每人都能发挥所长，并且互相取长补短，实现人尽其能。

三、加强文化市场培育，建立管理体制

党的“十五大”报告中，江泽民同志提出了“一手抓繁荣，一手抓管理，促进文化市场健康发展”的文化建设重任。同时这也成为文化市场建设的方针，指导

我们进一步加强文化建设，提高文化市场的管理水平。

（一）加快文化市场建设，加强对文化市场的指导

文化产品与文化服务不同于一般的商品，它属于精神层面的产品和服务，可以起到引导人们的精神追求、树立理想、净化心灵、提高文化素养的重要作用。因此，文化不同于其他物质，不能完全自由市场化。需要加强对文化市场的指导，努力培育健康的文化市场，发挥国有文化企业和国家文化单位的主导作用，推动文化体制改革，改变经营方式，增强国有文化企业和单位的市场化，提高文化市场竞争的公平性和市场的活力。

引导人们的文化消费向健康积极、符合时代精神和历史潮流的方向发展，从而将文化产品的生产导向为满足人民的精神生活需要而进行的生产。鼓励人们根据自身消费水平进行具有知识性或娱乐性的高雅的、有美学价值的文化消费。反对和禁止那些低俗的、颓废的、封建腐朽的、不健康的、黄色的文化消费。同时提高人民的文化消费的情趣和文化鉴赏的能力。利用报刊电视等媒体对人民的文化消费进行引导，增加文化鉴赏、文化知识介绍和评论等节目，形成健康的文化氛围和审美情趣，发挥舆论的导向作用。

鼓励和支持精品文化产品和服务进入文化市场，为它们提供良好的市场环境、资源支持和政策保障。同时发挥文化传播组织的作用，如书店、电影发行公司、演出娱乐公司，等等。它们是连接文化产品的生产与消费之间的桥梁，是文化产与销的媒介。应尽快改进对这些组织和个人的管理体制，加强对它们的引导和行为规范，使其在文化市场建设中发挥积极的作用。

（二）加强文化市场管理，完善管理体制

进一步加快文化管理政策法规建设，使文化市场管理有法可依、有章可循。建立起一套科学合理的文化产品和服务的各种许可证、营业执照的审批和发放工作的程序和标准，并严格按照程序和标准执行，严把文化市场的准入门槛，提高文化产品和文化服务的质量标准，提高文化从业者的素质水平。同时要进行定期检查和审核，许可证件和营业执照的审批和发放的程序和标准也要定期进行更新，做到与时俱进，符合实际需求。

进一步改进和完善文化市场的管理体制，改变文化市场的多头管理现状，实行归口管理，理顺文化市场的管理机制，尽快建立起一个统一、协调、规范的文化市场管理体制，做到文化管理部门各司其职、政令畅通、管理规范，结束文化市场混乱无序的管理状态。

（三）提高文化市场管理队伍的素质

文化市场不同于一般的市场，它管理的是文化产品和服务的生产、流通、消

费。因此，对文化市场管理队伍的素质要求更高。

文化市场的管理者不但要认识到文化市场的特殊性、社会主义性质及其在文化建设中的重要地位和作用，在保持文化市场的社会主义性质和发展方向的前提下，使文化产品和服务尽量满足人民的精神生活需要，而且要清楚文化建设和文化市场的相关法律法规、政策方针，严格执法，保持文化市场发展的正确方向，保证文化产品与服务的质量，还要在管理中及时发现和防止文化市场上的腐朽思想的产生和传播。

因此，不但要注意培养和吸收具有坚定政治立场和较强业务能力的人才，更要加强对文化市场管理队伍的岗位培训和在职培训，不断提高其思想觉悟、管理水平和业务素质，使文化市场得到更好的管理，从而促使文化市场更健康快速地发展。

四、树立文化产业市场意识，实现规模化和规范化

随着我国文化市场的发展，文化产业也在迅猛发展，并已成为第三产业的支柱之一。特别是科技和教育事业的发展，使人们认识到文化产业的巨大经济潜能。文化产业的发展程度，是反映我国文化市场、文化建设甚至社会主义建设的发展水平的重要标志之一，必须大力发展文化产业，适应我国文化建设和经济发展的需要、人们快速增长的精神文化需求和国际上文化产业快速发展的大环境，同时为我国文化事业的发展提供契机，使整个社会文化迅速发展以适应社会发展的需求。

要树立文化产业的产业意识、市场意识和竞争意识，使人们认识到发展文化产业的重要性和必要性。正确对待文化产业的发展，真正将文化产业作为一个独立的产业体系进行运作和发展，使文化产业完全融入市场竞争当中去。文化产业的市场化和开放的竞争，必定会使文化产品和服务优胜劣汰，使文化产业向更好的方向发展。

要突出重点产业，走精品化路线。大力发展科技含量高、竞争力强、经济效益高的产品和服务，打造出具有国际水平和世界知名度的文化品牌，积极进行高质量文化产品和服务在国内市场和国际市场的扩张，打造出具有行业影响力的文化企业和品牌。我国这几年一直在坚持走科教兴国的战略，文化产业成为21世纪发展最快的朝阳产业。文化产业要借着这股东风，走高效、高质、高产的精品文化产业路线。文化产品和服务要积极与现代技术相结合，提高文化产品和服务的科技含量，增强文化产品的生产能力和产业化的再制造、包装、推广等能力。国家要鼓励和支持高科技文化产业的发展，积极发展新兴的电子、信息、通信等科技产业，大力培育教育培训产业，鼓励知识创新和文化创新，使我国文化产业向更高水平发展。

文化产业要实现规模化和规范化。文化产业涉及的行业和市场的范围比较宽泛，要有一定的规模和市场占有量才能在市场竞争中较好地发展下去。因此，在文化产业发展到一定程度以后，规模化和规范化不可避免。在制定相关政策法规的时

候也应更加具有针对性。文化产业管理部门更要肩负起引导文化产业发展方向、规范文化产业的经营行为、维持正常的市场秩序、保持文化产业的良性竞争的责任。

五、重视传统文化，去粗取精

中华民族文化经历了五千年的风雨，仍然屹立于世界而不衰，因其深深扎根于中华民族之中，并且随着时代的进步而不断吸纳和融合不同的先进文化而向前发展。中华民族的传统文化是中华民族智慧的结晶，是中华民族创造力的证明和发展源泉。新时代的文化，必须以传统文化为平台，才能进一步向前发展。要进行文化建设，必须保护和发展传统文化，使其在新时代发挥出新的作用。

传统文化博大精深，源远流长。儒家文化作为传统文化的精髓，其精神和观念在几千年流传中早已深入人心。传统文化是过去生产方式、生活习惯、人民的信念信仰、思想道德等的集合体。它有一定的阶段性和社会性特征。可以说传统文化本身是一种历史，是连接过去与现在的桥梁，是未来发展的基础。没有过去，就没有现在，更没有未来发展。

保护好民族传统文化，可以振奋人民精神，增进人民团结。中华民族传统文化是宝贵的文化财富，也是中华民族的文化象征。它本身具有不可估量的价值，具有巨大的精神力量。保护和开发传统文化，有利于人们了解历史，增强人民的爱国精神，还可以了解到一个地方的各种传统习俗、生产生活方式、地理、气候、资源，等等，人们可以据此作出更加科学合理的决策和判断，为一个地方发展作出更加合理的规划。学习传统文化，有利于增强人们的民族自信心和自豪感，提高科学文化素质，开发智力，有助于继承和弘扬优秀的中华民族传统，极大丰富爱国主义和社会主义文化建设的内容，激励人民团结一致进行文化建设，发展社会主义文化。

传统文化的保护和发展要注意吸收精华，去其糟粕。要在传统文化的基础上进行文化的建设和发展，必须注意到传统文化的历史阶段性及其所产生的社会环境的特殊性。对传统文化要注意区分和鉴别。有些已经过时的、不适应现代发展的文化，要注意将其现代化，使其适应时代的发展。那些封建迷信的思想，都要摒弃。那些富有特色的传统文化，要注意保护，向世人展示其特殊性，发展有特色的文化产业。对于那些有益于文化、社会和经济发展的传统文化和精神，更要大力弘扬和发展，赋予新的时代精神，使其在新世纪绽放出更加璀璨的光芒，成为人民精神上的指引和道德上的资源。

第四节　民族地区文化建设创新

一、民族地区文化建设现状

改革开放以来，特别是党的“十六大”以来，全国的文化建设取得了巨大的成就，民族地区的文化建设亦取得了较为喜人的进步。民族地区在各级党委和政府的领导下，大力进行民族文化设施建设，促进文学艺术事业的发展，并且不断深化文化体制改革，根据当地情况制定了适宜的文化政策，突出民族地区的特色文化，走精品文化建设路线，促进文化市场的发展，大力扶持民族文化产业和产品，文化经济获得巨大发展。

（一）大力进行文化设施建设

少数民族地区的文化设施建设一直受到党中央和民族地区各级政府的重视。由于民族地区的文化设施基础较差，国家和各级政府对民族地区的基础设施投资一直都很大，尤其是改革开放以后，基础设施投资有较大增加。

民族地区的文化设施投资除了国家和地方政府为主要投资主体外，还积极吸引各种渠道和各种形式的投资者，积极招商引资，吸引了很多国内外个人、企业、单位等的资金进行文化设施建设，例如广西的文化长廊建设，引入了外部资金，使当地的文化设施建设取得了较好的效果。

除了加大投入外，民族地区的文化设施的建设也比较深入细致，并正在逐步标准化和规范化。各民族地区大力建设文化馆、文化站和图书馆等基础文化设施，几乎每个县都设立了文化馆和图书馆，每个乡都设有文化站，文化设施的建设深入到了农村基层。

民族地区的文化设施采取综合型多功能的建设风格，力图使文化设施满足人们的各种文化需求。在建设中注意采用少数民族风格，突出民族特色，保持文化的原汁原味，各种民族风情在文化设施中得到充分展示。

（二）促进文学艺术的繁荣发展

各个少数民族在长期的历史积淀下形成了灿烂的各具特色的本民族文化和艺术。各少数民族地区大力发展少数民族文学，对少数民族文献、典籍全力保护。除了保护传统的文学作品外，还积极将少数民族文学与现代文学结合，把现代的元素融入少数民族文学当中，发展出新时代的民族文学。历史上留下的各种少数民族诗歌、散文、历史记载等文学作品得到完善保存的同时，也出现了大量的现代民族文学作品。

在民族艺术事业的发展上尤其成就显著。各种具有少数民族特色的曲艺、歌舞、绘画、织品、刺绣、手工艺品等艺术作品得到繁荣发展，具有民族特色的艺术产品深入到各个产业，从各地的衣食住行中都可发现具有民族特色的艺术产品的踪迹。民族地区更是涌现出大量的艺术团、歌舞团、剧团、杂技团等艺术表演团体，以少数民族的歌舞、杂技、绝活等多种形式宣传各民族的文化。

（三）不断深化文化体制改革

改革开放以来，民族地区的文化体制发生了巨大改变。一方面，民族地区的文化管理体制改革较大。在文化管理部门的角色上，当地文化主管部门从文化主办者转变为文化管理者，从执行者向管理者、服务者转变；文化管理的主体也发生了变化。发展和管理文化不再仅仅依靠文化部门一家之力，而是发动全社会一起办文化、管文化；在管理方式上，除了传统的行政手段、措施和方式外，其他的经济、法律等方面的文化管理手段、措施和方式也得到大量运用，使得文化管理的方式不再僵化。另一方面，民族地区各种文化团体组织的内部管理体制也进行了改革，并取得令人满意的成效。尤其将重点放在各种艺术表演团体的内部体制改革上。对这些文化组织、单位和部门的内部经营管理体制、人才管理体制等各方面体制进行大力整顿和改革，使其走上良性的发展轨道。例如，贵州遵义杂技团通过内练功、外树形象等改革，走上良性循环轨道。①

（四）因地制宜制定文化政策

各民族地区积极执行国家民委和文化部制定和颁布的各项有关文化政策和法规，同时积极制定符合本地实情的文化政策和法规，使本地的文化建设更加法制化与规范化。这些文化政策重点在保护和发展少数民族文化上，尤其是少数民族的非物质文化遗产、文物保护、医药、体育、出版等方面。例如《广西壮族自治区民族民间传统文化保护条例》、《广西壮族自治区文物保护管理条例》、《云南省文化市场管理条例》、《云南省建设工程文物保护规定》、《宁夏回族自治区岩画保护条例》、《宁夏回族自治区文化市场管理条例》、《银川市西夏陵保护条例》等等。

这些政策和法规取得了丰硕的成果。例如蒙古族长调民歌、新疆维吾尔木卡姆艺术等非物质文化遗产得到合理保护；举办少数民族传统体育运动会，少数民族的传统医药得到保护、继承和发展等。

---

① 谢凤莲、李国社：《民族地区文化建设》，贵州民族出版社1999年版，第8、第109页。

（五）突出特色文化

从“八五”期间以来，民族地区就树立起了“突出民族特色，走精品文化路线”的意识。各个民族地区都积极创造自己的民族文化精品，例如云南的《丽水金沙》，贵州的黔剧《月正圆》等，一批优秀的民族文艺精品激发和带动了当地人民的文化建设热情，使得各种具有浓郁民族特色的文化产品层出不穷。

尤其是少数民族曲艺方面的成就巨大。从20世纪90年代以后，民族地区产生了一大批文化精品，不但吸引了各界的目光，也带动了当地旅游、戏曲、艺术等相关产业的大步发展。例如贵州就有一大批获奖戏剧：地方民族歌剧《故乡人》获文化部首届文华新剧目奖，花灯剧《乌江云·巴山雨》获文化部全国地方戏曲会演（南方片区）优秀演出奖和编剧奖。

另外，各民族地区还积极举办各种艺术文化盛会，如广西壮族自治区的世界民歌节，贵州西南艺术节等。各民族地区积极利用民族节日和民族盛会，打造文化旅游的经济发展路线，吸引了无数中外游人，带动了当地经济的发展，取得了喜人的成果。各民族地区在其他文化产业方面同样注重走精品路线。力求用高品质、高艺术价值、高经济价值、高附加值的文化产品，打造具有浓郁本地本民族特色的精品文化产业路线，营造民族文化产业发展的良好环境。

（六）大力扶持民族文化产业和产品

民族地区对文化市场积极进行建设和发展，鼓励精神文化产品的市场化。随着当地文化市场的形成和发展，各种文化产业逐渐兴盛繁荣，文化经营组织也逐年递增。市场上文化产品种类繁多，数量庞大，尤其具有民族特色的文化产业和文化产品，得到当地政府的大力扶持，一些地方还制定了针对民族产业、产品和组织的优惠政策，促使其快速发展。

另外，民族地区的文化市场进行了法制化管理。各地区积极进行“扫黄打非”活动，定期整顿文化市场，清除不合法、不健康、不合格的文化产品和组织，依法进行市场管理，使当地的文化市场更加规范，保证文化市场的健康发展。

二、民族地区文化建设存在问题

各民族地区的文化建设虽然取得了一定的成就，但是仍然存在着诸多问题。比较突出的问题有以下四方面。

（一）文化建设的统筹规划不足

民族地区文化建设，尤其是县级以下基层的文化建设缺乏整体的统筹规划。各个基层各自为政，文化建设松一阵紧一阵，缺乏科学的管理和发展体系。各个民族地区发展极为不平衡，各地文化资源缺乏统一调配和规划使用，导致各地文化建设的发展严重受影响。许多基层极度缺乏文化建设资源。各乡镇对文化活动的投资少之又少，甚至还经常被压缩，文化建设的财力和人力严重不足，直接导致基层文化建设工作难以开展，形成恶性循环。

很多文化建设项目由于涉及较大范围，需要诸多部门、单位等行政机构和企事业经济组织配合实施，甚至有些是需要很多乡镇、县市配合一起进行的。例如“文化长廊”、“文化带”的建设。但是在具体建设过程中，缺少一个统筹规划部门进行统一建设和管理，各个部门和单位都是各管各的工作，难以进行合力建设，文化建设也大多由文化主管部门负责进行，其他部门协调配合的较少。要形成整体统一的科学合理的文化建设体系还有一段距离。

（二）文化设施建设的投入不足、管理不善

民族地区很多属于欠发达地区，其投资大多数投入在经济建设上，文化建设的投资相对较为不足。很多文化建设项目和计划制定下来了，却由于资金的缺乏而难以实施，甚至一些急需的文化项目也难以马上得到实现。各个民族地区的图书馆、文化馆（站）由于投资不足，物资和人才奇缺。有的地方只好利用政府和单位等各行政机关的原有资源来进行这些基础文化设施的建设。比如从一些单位或部门中挪出地方作为图书馆，从各行政单位搜集书籍等资源，至于人则从各单位调配或者兼任。少数民族地区缺乏发达地区的地理、经济和社会等优势，难以通过社会、个人、组织、国外等方式集资，缺乏多种投资渠道，因此，投资来源更少。

民族地区的文化设施也缺乏专人管理。一些地区好不容易有了先进的文化设施，却因为缺乏相应的管理人才而逐渐废弃不用或者转为其他用途。一些地区的文化设施管理队伍是东拼西凑的非专业人才，其对文化设施的管理难以达到专业水平，一些地方由于非专业管理人员的短期行为，使得文化设施遭到不应有的消耗和损失，甚至出现管理的真空，文化设施资源浪费或闲置现象非常严重。另外，一些地区的文化设施建成后缺乏相应的科学合理的管理体制，使当地的文化设施不能完全发挥出其应有的作用。

（三）教育科技事业发展建设不足

少数民族地区大多地处偏远，学校的条件都较差，加上资金的短缺，工资水平普遍低于发达地区，很难吸引和留住教育人才。当地政府和人民对教育的重视程度不够，对于教育重要性和必要性的宣传不足，基础教育片面注重升学率的现象仍然很严重，学生摆脱不了沉重的课业负担。很多家庭迫于生计让孩子读完初中甚至读完小学后就外出打工，导致多年来形成的不重视教育的习惯观念死灰复燃。高等教育体系仍然不够完善，只有少数几所在全国具有影响力的重点大学和院校，缺乏合理的高等院校布局、结构和专业划分。职业教育方面较为混乱，未能形成吸引全社

会力量和资源合力兴办职业教育的机制和氛围。民族地区无论是教育的软硬件实力、人才还是投入方面都远远落后于发达地区。

科技事业在民族地区的发展严重滞后。无论是科技建设的观念、设施还是机制，与发达地区相比都存在较大差距。在观念上，科技是第一生产力的观念尚未全面落实到基层。在设施上，各民族地区的科技设施落后，科技知识普及力度有待加强，很多科技设施和技术甚至是发达地区已淘汰的产品。在机制上，未能建立起发展推动经济建设的机制，很多企业仍然依赖劳动密集型的“手工”生产，缺少科技推动发展的内在动力。科技成果转化为市场产品和生产技术的水平较低。

（四）文化政策体系的建设不足

1. 文化政策建设明显滞后于现实发展的要求。我国的文化政策通常是先有现实需要，再进行文化政策的设计和完善。随着现代化的文化市场的高速发展，文化市场上不断涌现出各种新事物，但是很多新事物没有相应的政策进行管理和协调。而且，文化市场的高速发展，也使得一些原有的文化政策已经不再适应现实发展的要求，但是也没有得到及时调整。

2. 文化政策体系不够完整。我国现在的文化管理实行的是多头管理，文化政策的制定也不是出自同一个部门。这是由我国的条块分割、层级管理的行政体系决定的，虽然有垂直管理、专业性强等优势，但是多头管理也容易导致文化管理的缺位或越位等现象。各部门和地区各自为政，最终造成文化政策与文化发展不配套、政出多门、互相矛盾，没有覆盖到文化的方方面面，不能制定出完整、统一和协调的文化政策体系。

3. 文化政策缺乏公平性和强制性。文化政策的计划经济思想根深蒂固，文化政策中很多规定明显更有利于国有文化企业的发展。这些明显的不公平容易使文化市场上国有与民营企业发展不平衡，严重影响市场竞争的公平性和积极性。

文化政策毕竟不是法律，它并不具备和法律一样的强制性。因此，在地方建设过程中，如果遇到财力不足、人力物资不够等困难，文化建设常常被压缩。这种缺乏强制性的文化政策难以发挥出它本身应该发挥的作用。

三、民族地区文化建设对策

少数民族地区的文化发展一直都比较缓慢。大多数少数民族地区由于地理位置偏远、交通不便、自然资源缺乏、经济发展缓慢，相对的文化发展也比较滞后。因此，加快对少数民族地区的文化建设，应为我国文化建设的重要内容。

（一）对文化建设进行统一的统筹规划

文化建设涉及的部门众多，首先要在整个民族地区有统一的统筹规划，然后逐级划分任务，这样全地区的文化建设将会形成体系，不至于一个地方一个样、一个部门一个模式、各自为政。建立起一整套文化建设的体系和模式，使文化资源和文化人才得到统一的合理的调配和使用。使文化建设得到从上到下的充分重视，将其作为推动地方发展的一个重要指标，坚持不间断的文化建设和定期检查进度，杜绝为了应付检查而抓文化建设的“形象工程”。

文化部门作为文化建设的主要负责部门，长期缺乏相应的职权，导致文化建设的发展无力和管理混乱。赋予文化部门相应的职权，其他部门和单位必须配合文化部门执行文化建设的任务，同时，提高各部门和单位进行文化建设的积极性。每年制定的统一文化建设任务必须逐级划分到各部门和单位，并明确所有部门应承担的文化建设任务和责任，避免相互推诿或拖延执行。

（二）增加文化设施投入

国家和各级政府进一步加大对少数民族地区的文化设施投资，增加幅度不能小于当地财政收入的增加幅度，使民族地区的文化建设能够随着经济的发展而发展，并反过来促进当地经济的发展。尤其要注意规范这些资金和资源的逐级分配和基层使用情况，防止将文化设施投资挪作他用或被侵吞。

同时大力吸引社会各界的文化建设投资，努力通过国内外一切渠道争取文化建设资源，通过招商引资等方式发展文化经济，建立起文化发展的内在动力机制，号召整个社会一起进行文化建设，减小行政机关的投资压力。

重视文化设施的管理体制和管理人才。建立起一套规范的文化设施管理规则和体制，杜绝文化设施的闲置和浪费现象。在引进先进文化设施的同时注意相应管理技术和人才的引入。同时提高文化设施管理人才的专业化和专职化程度，使文化设施得到科学管理和合理使用。

（三）加大对教育和科技事业的投资和基础建设力度

充分重视民族地区的科技发展，将教育和科技事业建设作为地方发展的硬性指标。加大对教育事业和科技事业的投资和基础建设的投资，建设起足够培养和发展人才的教育设施和科技设施。

加强对教育重要性的宣传，调整基础教育目标，降低对基础教育的升学率要求，重视素质教育，建立素质教育的指标体系。完善高等教育体系，大力建设高等教育院校，重新规划和布局高等教育体系。加强职业教育发展和管理工作，吸引全社会力量和资源合力兴办职业教育，形成全社会办教育的氛围。全面加大对教育软件和硬件的投入和建设力度，吸引和留住有能力的教育人才，为民族地区的经济发展储备人才后备军。

加强对“科技是第一生产力”观念的宣传教育，使全民深刻认识到科技力量的重要性，努力探索科技前沿。在生产实践中提高运用科学技术的水平，建立起将科技转化为生产技术和市场产品的合理机制，提高科技的转化率。着重建设研究所等科技研究机构，提高科技研发的水平，加大对科技转化为生产技术的研究力度，加快科技转化为生产力的速度，使科技真正起到推动经济发展的作用。

（四）完善文化政策体系

建立起发展和完善文化政策的机制，使文化政策的制定更具有前瞻性，使文化政策体系能够随着经济和实际情况的发展而随时进行调整。将文化政策的制定权收归文化部门，使文化政策“政出一门”，杜绝文化政策的相互矛盾和缺漏现象，形成完善、统一、科学、协调的文化政策体系。文化政策的制定和执行过程中更加注重公平性和强制性，使文化政策作为地方发展的硬性指标得到落实。

案例分析：发展民族文化旅游——黔西南布依族苗族自治州的文化建设创新之路

【案例梗概】

位于黔西南的布依族苗族自治州，利用当地丰富的少数民族文化、人文和自然资源，把民族文化旅游业作为支柱文化产业，带动整个文化建设的发展和经济的腾飞。

【案例正文】

一、为什么选择文化旅游业作为当地发展的龙头产业

（一）当地浓厚的少数民族文化和人文底蕴，为发展文化旅游提供了丰富的资源

黔西南布依族苗族自治州内住着 33 个民族，各民族村寨各具特色，保留着民族原始风貌和习俗。当地还有很多人文景观，比如猫猫洞、“兴义人”古文遗址、贵州龙化石等等。

（二）当地自然风光优美，景观奇特，成为促进旅游业发展的第二大助力

当地的自然景观数量多、景色奇，世所罕见。比如安龙招堤、贞丰三岔河、马

岭峡谷天然地缝、万峰湖等，自然风光十分美丽神奇，发展自然文化旅游的潜力也十分巨大。

（三）黔西南的布依族苗族自治州交通方便，地理位置得天独厚

该州正好处在国家西线旅游的黄金线上，在贵阳至昆明、桂林等城市风景区（如黄果树瀑布、云南石林）的中间，南昆铁路从这里经过，还在清水河上架起了一座世界最高的铁路高桥，带来了更多的游客和商机。

二、当地政府如何发展文化旅游产业

面对各种丰富的旅游资源，黔西南布依族苗族自治州大胆制定各种有利于发展旅游业的政策，并采取了一系列措施，促进当地文化旅游健康平稳有序地发展。

（一）努力改变人们的文化建设观念

做好民族文化风情旅游产业的总体规划，改变传统的就业观念和产业发展模式，增强人们对文化产业的发展意识和市场意识，使人们主动将过去自娱自乐的民族节日、民族庆典和民族风俗习惯市场化，将丰富的文化资源开发和融入旅游产业发展，同时最大限度地保存原始民族文化，使民族文化旅游达到经济效益和社会效益的统一。

（二）加强对文化旅游产业的领导和管理，提高旅游产业的服务质量

要发展好文化旅游业，从业人员的素质和服务水平非常重要。当地政府充分认识到了这种重要性，并采取了许多措施培养旅游业人才，对旅游业从业人员也提出了更高的要求。

1. 政府提供了很多政策和措施以提高文化旅游业从业人员的文化知识水平，特别是语言交流能力和科学文化知识水平，减少工作人员与游客的思想和文化交流上的障碍。

2. 为了提高文化旅游业从业人员的专业素质，政府组织了很多专业培训和在职培训，使工作人员更好地掌握相关的民族学、美学、文学、艺术等方面的知识和技能，既有利于游客增加对当地民族文化的深入了解，又能促进民族文化的保护和发展。

3. 政府还采取多种形式以增强文化旅游业从业人员的服务意识和服务技能。注重增强他们的民族风情导游意识，使旅游业的工作人员能够很好地运用各种服务技能和知识，安排好松紧适宜的旅游线路和行程。同时能够利用丰富的民族传说、历史渊源知识等，调动起活泼愉快的氛围，使游客在观赏优美自然风光和人文景观的同时，感受到当地浓厚的文化底蕴。

（三）加大宣传力度，增加旅游项目，丰富旅游产品，走精品、有特色的旅游产业之路

1. 保护濒危的民族工艺，发掘和培养民间民族艺人，积极发展民族服饰和工艺品（特别是手工艺品）的生产销售。当地有很多特色手工艺品和民族文化产品，比如蜡染产品、大方漆器、民族刺绣、民族织锦、民族服饰等等。政府积极颁布支持旅游产业和旅游产品生产的政策，给予相关的生产企业政策倾斜，给予旅游企业政策保障和支持。同时在财政方面给予支持，鼓励民族文化产业的发展。

2. 加强对旅游产品和服务市场的管理。提高旅游行业的准入门槛，提高旅游商品的质量和信誉，全面提高旅游产品的质量和服务品质，使游客买到精美放心的纪念品等旅游产品与服务。

3. 增加新颖特别的旅游项目，开发特色旅游产品，提倡精品旅游。将更多的丰富的民族艺术融入民族节日当中展现，将民间艺术发扬光大。民族歌舞、戏曲、杂耍杂技、艺术作品等都有充分的展示机会。举办大型商贸活动，推出各种民族工艺、旅游产品和风味小吃，为旅游业招商引资。

（四）广泛利用各种渠道和媒体，加大宣传力度，吸引更多的游客，为旅游业发展提供强大动力

大量的旅游消费能够促进旅游产业的发展。有游客，就有消费。因此，大力对当地旅游资源进行宣传，成为当地政府的一项重大任务。

1. 广泛利用大众媒体进行旅游宣传。电视、广播、网络、报纸等，都是很好的宣传渠道。比如电视台可以播放旅游广告，拍摄旅游节目，组织民族歌舞团和民间艺人制作大型歌舞晚会、文艺会演等等。展览馆、民族艺术作品创作展览、民间技艺竞赛等形式，也是进行文化旅游宣传的好方式。还可以在政府网页中增设旅游产品、服务、线路、景点、特产等旅游方面的介绍，提高旅游产品和服务的可信度。

2. 政府注意利用本身的优势为旅游业进行宣传。比如将旅游资料信息传给外地的企业、老乡、办事处等等，利用外部力量为自己宣传，积极参加外省市举办的各种展销会、博览会等，为本市旅游企业赢得信誉，同时也扩大影响力，加强宣传效果。

3. 在宣传中当地政府还注意突出整体形象，重点凸显旅游特色和优势，结合使用各种宣传手段和渠道，举办多种多样的宣传和营销活动，为当地打造了一个良好的旅游地区形象。

第五章 民族地区社区管理创新

第一节 社区管理的内涵

德国社会学家斐迪南·滕尼斯在1887年出版的《社区与社会》中首先提出了“社区”这一概念，他在书中指出，社区是“那些存在于前工业社会、具有相同价值观的同质人口组成的、关系密切、出入友好、守望相助、富有人情味的社会利益共同体”，人们在共同体里结成亲密合作关系。2000年11月3日我国民政部发布了《民政部关于在全国推进城市社区建设的意见》，《意见》将社区定义为“聚集在一定地域范围内的人们所组成的社会生活共同体”，同时还将城市社区的范围界定为“一般是指经过社区改革后做了规模调整的居民委员会的辖区”。本章主要研究的是社区管理问题，因此笔者在《民政部关于在全国推进城市社区建设的意见》的基础上，将“社区”定义为：在一定地域范围内，由具有一定社会联系与共同利益的人们所共同组成的社会生活共同体。人口、地域、组织结构、文化是我国社区的主要构成要素。

一是地域。出于研究的方便考虑，目前多以地理的范围来界定社区。如我国是按行政范围来划分社区。在我国城市社区的范围以居民委员会的管辖区域为单位。对于农村社区的范围，我国还没有出台统一的规定，一般来说，农村社区的类型有“一村一社区”、“一村多社区”、“多村一社区”。二是人口。人口是构成社区的基本要素，是社会经济、政治和各项文化活动的主体。我们所说的社区人口包含着人口的数量、人口的质量和人口的分布。三是组织结构。社区的组织结构主要是指社区内的各种社会组织和社会群体之间的相互关系及其构成方式。社会组织和社会群体主要包括家庭、邻里、党政机关、医院、学校，有些社区还包括群众组织等志愿者队伍，如读书社、健身队、书画社等等。四是文化。社区文化主要包括社区居民的生活方式、心理行为、社区认同感与生活感等。社区文化在一定程度上约束着社区居民的行为道德并呈现出较明显的地域性。如城市居民与农村居民在社区文化上表现出明显的差异。农村居民受传统文化的影响较深，居民家庭生活和工作都较为简单，同质性相对较强，在社区生活和交往中表现出明显的保守性。城市社区结构比较复杂，与外界的联系广泛，异质性相对突出，在社区文化中表现出开放性与多样性。

一、社区管理的定义

人们在不同的历史条件和文化背景下，对社区的界定是不同的。在原始社会阶段，氏族部落群体作为社区的组织形式也存在着原始的管理活动，表现为简单的生产活动、军事活动。随着社会共同体的扩大，各氏族部落之间的交往增多，农业手工业的分工开始出现，在第三次社会大分工时产生了国家，逐渐形成了城镇和农村这两种具有地域性的社区，由国家统一进行管理并辅之以具有血缘关系的家族管理或宗族管理。管理的主要内容为经济活动、政治活动、宗族关系。三次工业革命极大地促进了生产力的迅速发展，极大地推动了人类经济、社会、文化领域的变革，整合人们经济关系、社会关系、政治关系的社会组织大量出现。此时社区管理对象和内容都急剧扩大，社区对象除了家庭和宗教团体外，还囊括了社会服务部门、政治性团体。社区管理的属性愈益体现为社会性管理以及与此相关的政治性管理，而奴隶制与封建制社会等农业时代社区管理的经济属性则表现为与时代相符合的民主发展与政党政治的态势①。总而言之，社区管理是一个历史的范畴，管理的对象和内涵都随着时代条件的变化而不断变化。

社区管理包含两个层面：一是微观管理，主要是对社区内部的公共事务的管理；二是宏观管理，中央政府通过财政和货币政策、法律手段、行政手段对社区进行指导并产生影响。结合我国社区建设的实践，本书将社区管理定义为：社区职能部门、社区单位、社区居民为满足社区居民物质生活、精神生活和发展的需要，在政府的指导下对社区的各项公共事务和公共事业进行的管理活动。社区管理的目标是满足社区居民日益增长的物质和文化需求，提高社区居民生活质量和文化水平，维护社区的稳定，促进社区的和谐发展。社区管理的根本目的在于实现社区自治，实现居民的自我管理。

二、社区管理的主体

城市社区管理的主体包括街道党工委、街道办事处、居民委员会，它们在社区管理中处于主导地位；政府有关职能部门在社区的派出机构，如派出所、税务所、环卫所、社区医院等；社区范围内的企事业单位；社区的居民。下面将主要介绍居民委员会、街道办事处、物业管理公司以及业主委员会。

① 徐永祥：《社区发展论》，华东理工大学出版社 2001 年版。

（一）居民委员会

1989年12月《中华人民共和国城市居民委员会组织法》第二条规定：居民委员会是居民自我管理、自我教育、自我服务的基层群众性自治组织。首先，居民委员会是一个社会组织，不是政府机构的组成部分，对居民不直接行使国家权力。居委会是一个群众性的自治组织，其自治性体现在其自治权，自治权并不属于国家权力的范畴。其次，它不是一个以盈利为目的经营机构。它的工作任务是办理居住地区居民的公共事务和公益事业，组织居民开展自治活动，不以追求利润和经济指标为目的。最后，居民委员会也不是专业化的事业单位，不属于行政单位和事业单位的范围，最开始它是为了弥补单位体制的缺漏、实现社会的整合而设立的。

《中华人民共和国城市居民委员会组织法》明确确定了居民委员会六个方面的职能：一是宣传宪法、法律、法规和国家的政策，维护居民的合法权益，教育居民履行依法应尽的义务，爱护公共财产，开展多种形式的社会主义精神文明建设活动；二是向人民政府或者它的派出机关反映居民的意见、要求和提出建议；三是办理本居住地区居民的公共事务和公益事业；四是调解民间纠纷；五是协助维护社会治安；六是协助人民政府或者它的派出机关做好与居民利益有关的公共卫生、计划生育、优抚救济、青少年教育等项工作。根据以上内容，居民委员会既是一个群众性的自治组织，同时也要协助政府办理各种事务。

2010年，中共中央办公厅发布了《关于加强和改进城市社区居民委员会建设工作的意见》，在意见中将城市社区居民委员会的职责进行梳理，将城市居民委员会的主要职责分为以下几种：一是依法组织居民开展自治活动。依法组织居民开展自治活动，是社区居民委员会的首要职责。居民委员会不是行政部门也不是经济机构，开展自治性活动是为了满足居民的需求，居民的广泛参与也是社区自治的基础。二是依法协助城市基层人民政府或者它的派出机关展开工作。社区居委会是联系基层政府与人民群众之间的桥梁和纽带，它扮演着“协助者”的角色，同时对政府部门及派出机关的工作进行监督。三是依法组织开展有关监督活动，如听证活动，民主评议活动。“民主监督”是基层群众自治的基本内容之一，社区委员会是社区居民利益的维护者，对涉及居民切身利益及普遍关心的事项，对本居住区内的各项公共事务和公益事业进行监督，切实实现群众自治。

（二）街道办事处

街道办事处是市辖区人民政府或功能区管委会按照工作需要设立的派出机关，是城市的基层政权组织，受市辖区人民政府或功能区管委会领导，行使区人民政府或功能区管委会赋予的职权。1954年通过的《城市街道办事处组织条例》中规定：10万人口以上的市辖区和不设区的市，应当设立街道办事处；10万人口以下、5万人口以上的市辖区和不设区的市，如果工作需要，也可以设立街道办事处；作为市辖区和不设区的市的派出机关管辖区域一般应当同公安派出所的管辖区域相同；街道办事处共设专职干部3至7人，其中主任1人，干事若干人，必要时可设副主任1人。街道办事处是社区管理的重要主体，社区建设离不开街道办事处的支持。根据1954年颁布的《城市街道办事处组织条例》，可以将街道办事处的基本职能分为以下三种：

一是行政执行。作为政府的派出机构，贯彻执行政府下发的各项决定、命令；根据人民政府的各项指示，制定具体的管理办法并组织实施；

二是街道管理职能。办理与社区居民有关的行政事务和各项公共事业，包括对本社区居民及外来人口的管理，对社区治安的管理、参与社区的规划及政府交办的其他事项等等。

三是支持指导居民委员会工作。据民政部门统计，截至2004年12月31日，全国有街道办事处5900个。街道办事处作为政府的派出机构，为城市基层的建设和发展发挥了积极的作用。它的主要功能在于加强城市居民的工作，密切政府和居民的联系，及时向政府反映居民的意见和要求。街道办事处的实质是在不增加行政层级的前提下实现政府权力触角的延伸，用派出管理的模式延续政府的管理，可以说街道办事处在整个社会管理中处于细枝末节的地位，起着拾遗补缺的作用。

（三）物业管理公司

物业管理，根据《物业管理条例》的定义，是指业主通过选聘物业服务企业，由业主和物业服务企业按照物业服务合同约定，对房屋及配套的设施设备和相关场地进行维修、养护、管理，维护物业管理区域内的环境卫生和相关秩序的活动。物业管理的对象是物业，服务对象是物业产权人和物业使用人，是集管理、经营与服务于一体的有偿劳动，其目的是为社区居住环境、物业维修等方面提供优质高效的服务，它是一种社会化、专业化、市场经营的服务。

物业管理公司是指具备相应资质条件并按照法定程序成立的专门从事物业管理服务的具有独立法人资格的经济实体。首先，物业管理公司是独立的企业法人，自主经营，独立核算，具有独立的法律地位，享有并承担相应的法律责任。其次，物业公司的主要特性是服务性，它不生产产品，而是提供服务，为业主提供的服务是有偿的经营性经济行为。再次，物业管理公司承担了部分行政管理职能，如市政设施的管理和维护，是社区建设和管理的重要组成部分。物业管理公司的基本特点决定了物业管理公司是围绕着“服务”这一使命开展管理工作，其目标包括以下几个方面：一是妥善管理和维护业主的物业财产，使其始终保持良好的状态，并得以保值、增值，延长其使用寿命；二是以较少的投入为业主和租户提供满意的服务，使用户和居民在安全、文明、舒适、快乐与健康的环境中工作和生活；三是积极开展各种有益的物业经营与有偿服务活动，创造较高的经济效益和社会效益，增强自身的竞争实力。

近年来，社区建设不断向建筑与环境、现代与传统、艺术与商业、人本与物质、城市与自然等相互结合的方向发展，构建和谐社区成为社会发展的必然趋势，也是物业公司建设发展的首要任务。作为社区管理的重要组成部分之一的物业管理，直接关系到社区居民的切身利益与社区体制改革。

（四）业主委员会

业主，即不动产的产权所有者，根据《物业管理条例》规定："房屋的所有人为业主。"业主委员会又称"物业管理委员会"，是业主代表组成的自治组织。它由业主大会选举业主代表组成，是业主大会的执行机构，反映业主意愿和要求、监督物业管理公司运作，其目的是维护广大业主的利益。一般来说，一个物业管理区域只设一个业主委员会，业主委员会由业主大会会议选举产生，由5—15人组成，设主任1人、副主任1至2人，委员若干人，任期两年。业主委员会应依法成立并备案。《物业管理条例》第16条规定："业主委员会应当自选举产生之日起30日内，向物业所在地的区、县人民政府房地产行政主管部门备案。"

《物业管理条例》第十五条明确规定了业主委员会的有关职责：1. 召集业主大会会议，报告物业管理的实施情况；2. 代表业主与业主大会选聘的物业服务企业签订物业服务合同；3. 及时了解业主、物业使用人的意见和建议，监督和协助物业服务企业履行物业服务合同；4. 监督管理规约的实施；5. 业主大会赋予的其他职责。

从业主委员会的职责中可以看出，业主委员会是业主基于共同事务及共同利益形成的纽带关系，也是实现民主管理的组织形式，它具有以下几方面的作用：首先，它是业主行使知情选择权、监督权、授予权等权力的载体，使业主能最大限度地实现权利。其次，业主委员会是沟通开发商、物业服务公司、业主之间的桥梁，能及时保护业主的合法权益。再次，业主委员会可以对物业管理公司行使监督权，对社区环境卫生和公共秩序进行监督。如今，业主委员会作为社区内代表业主利益的自治组织已逐渐发展成为城市基层社区管理的重要组织力量，它与居民委员会、街道办事处、社区党组织、物业管理公司共同构建起了多元化的社区治理组织结构。

三、社区管理的主要内容

社区管理的内容涉及社区内政治、经济、文化等领域的公共事务与公益事业，如社区民主、社区经济、社区文化、社区环境、社区公共设施、社区公共卫生、社区治安等等。下面主要介绍社区服务、社区卫生、社区治安、社区文化、社区环境的主要内容。

（一）社区服务

社区服务是指在一定的区域内，以社会组织为依托，以社区居民参与为基础，为满足社区居民需求的具有公益性和福利性的社会性服务。首先，它以社区组织为依托。社区组织主要包括街道办、居委会以及一些志愿者队伍。其次，它以广泛的居民参与为基础。社区组织、志愿者、社区居民是社区服务的重要主体，社区居民参与社区服务的形式可以是单向的，也可以是双向的。再次，社区服务的首要目标是满足社区居民的生活需要、提高社区居民的生活质量。最后，社区服务以公益性和福利性为根本特征。社区服务的公益性是指所有的居民都能享受服务，福利性是指社区服务工作重点关注弱势群体，如老人、小孩、残疾人等等。

社区服务的内容可以分为以下两类：一是便民服务。便民服务分为有偿服务和无偿服务，包括居民楼道及小区内的卫生清洁、家政服务、各种代办业务、儿童教育、兴趣辅导服务等。二是社区福利服务，主要是为社区弱势群体提供的服务。如社区养老服务、居家养老服务、残疾人康复服务、儿童启智教育、心理咨询服务、优抚对象服务等。三是共建服务。共建服务是社区居民与社区内的企事业单位利用社区资源，建立社区活动站、卫生站，提供教育培训服务、后勤服务、卫生医疗服务等。

（二）社区卫生

社区卫生服务是社区建设与发展的重要组成部分，是在政府领导、社区参与、上下级卫生机构指导下，以基层卫生机构为主体，全科医师为骨干，合理使用社区资源和适宜技术，以人的健康为中心、家庭为单位、社区为范围、需求为导向，以妇女、儿童、老人、慢性病人、残疾人为重点，以解决社区主要卫生问题、满足基本卫生服务需求为目的，融预防、医疗、保健、康复、健康教育、计划生育服务等为一体的，有效、经济、方便、综合、连续的基层卫生服务。

社区卫生服务的主要内容：一是社区医疗，如门诊、会诊、转诊、电话医生、家庭病床、特殊诊疗、慢性病防治等；二是社区预防，如疫苗接种、爱国卫生运动、计划免疫、疫情报告、疾病监测等；三是社区保健，如老人、儿童、妇女的保健，计划生育，优生优育等；四是社区康复，主要面向精神病人、残疾人、慢性病人、老年人提供如残疾预防、残疾普查、教育康复、职业康复、社会康复等服务；五是社区健康教育，是在社区内普及卫生医药科学知识、保健知识，向居民宣传良好的卫生习惯和健康的生活方式，从而提高社区居民的健康意识和自我保健能力。

（三）社区治安

社区治安是指公安机关和社区组织为保障社区稳定，对社区内公共安全、公共秩序的维护，对违法犯罪活动的预防和打击的治理过程。

社区治安狭义上的主体是指公安机关及其派出机构、保安公司、物业管理公司，广义上的主体包括街道办事处、社区居委会、社区内的企事业单位、志愿者组织等。此外，社区居民也可以通过志愿活动如义务巡逻、调解纠纷、心理辅导成为社区治安的主体。

社区治安的内容十分丰富，其主要内容包括：一是法制教育。宣传法律知识，增强社区居民法律意识，提高法制观念，促进守法护法的良好社区秩序的形成。二是维持秩序，如对社区范围的文化宫、影剧院、歌舞厅、咖啡馆、俱乐部等公共场所的秩序进行管理。三是户口管理，包括户口登记、户口迁移、户口调查、户口档案、流动人口管理、人口卡片管理、人口统计等工作。四是居民调解。采用教育疏导的方式调解社区内居民之间的纠纷，促进睦邻友好。

社区治安的特点包括：一是法律性，即社区治安必须在法律范围内活动。二是综合性，即多主体、多手段、多途径标本兼治的综合治理。三是群众性，社区良好秩序的维护需要社区内各个成员的广泛参与，群众既是治安工作的主体，也是治安工作的客体。

（四）社区文化

社区文化有广义和狭义之分，广义的社区文化主要是指社区居民在一定的区域内长期形成的物质文化、精神文化、制度文化的总和；狭义的社区文化专指社区精神文化，即社区居民在特定区域内、长期实践过程中逐步形成和发展起来的价值观念、生活方式、行为模式和群体意识等①。社区文化主要包括以下几个方面：一是文娱活动。如文艺演出、文学创作、广场电影、歌会、舞会、象棋围棋等活动。二是民俗活动，如灯会、花会、节日庆典、宗教活动等。三是体育活动，如篮球、足球、羽毛球、排球、太极拳、气功、健身操等大众健身项目。四是社区教育，如幼儿教育、兴趣爱好培训、继续教育、下岗培训再教育等。

（五）社区环境

社区环境可以理解为社区内主体活动赖以进行的自然条件、社会条件和文化条件的总和。首先，广义的社区环境主要包括社自然环境、经济环境、文化环境、政治环境等社区外部环境。自然环境包括气候、地理位置、水土资源、矿产资源、动物、植物等；经济环境主要包括经济制度、经济水平、技术经济条件等；文化环境包括意识形态、道德素质、风俗习惯、文化模式等；政治环境包括政治制度、政治氛围、政策方针路线等。其次，狭义的社区环境还包括社区道路、绿化、基础设施等“硬环境”和治安状况、社区风气、道德素质、文化水平等“软环境”。

---

① 吴新叶：《社区管理学》，北京大学出版社2008年版。

第二节　社区管理模式

随着我国经济体制深刻变革，社会结构发生重大变化，社区的功能结构也变得日益复杂，在我国建立一个符合社会变化时代要求的社区管理模式具有十分重要的意义。模式是对具体事物和客观现象的概括和总结，是解决特定问题经验与理论的一种知识系统。社区管理模式是社区在实践中形成的社区管理形态与运行机制，是管理理念、系统结构、操作方法的有机结合。本节首先介绍国外社区的几种典型的管理模式，其次介绍我国当前的几种典型的社区管理模式。

一、国外社区管理模式

西方各国社区管理经过长期的实践与发展，形成了各具特色的社区管理模式。在这些管理模式中，较为典型的是新加坡的“政府主导”模式，美国的“社区自治”模式，日本、澳大利亚、新西兰的“混合”模式。

（一）政府主导模式

新加坡等一些新兴工业化国家是政府主导模式的突出代表。在政府主导模式中，政府直接对社区事务进行管理，表现出较强的影响力和控制力。一方面，政府通过对社区组织的物质支持和行为引导，把握社区活动的方向；另一方面，政府充分给予社区自治组织发育空间，社区民间组织发育完全，通过自助和他助，分担了政府和社区居委会的大量管理和服务工作。新加坡社区管理具有以下几个特点：

1. 系统的组织管理体系

新加坡社区组织总机构是人民协会，它作为政府的一个职能部门，是联系政府和居民的纽带和桥梁。人民协会下设公民咨询委员会、居民联络管理委员会、居民委员会，三者共同构成新加坡社区的管理网络。公民咨询委员会负责组织协调辖区内的公共事务、公共福利服务。公民咨询委员会起着一个上传下达的作用，他们把居民的意见与建议、需求和问题向政府反映，同时也把政府的有关政策信息传达给居民。居民联络管理委员会行使建设和管理社区民众俱乐部的职权，组织举办各种文化、教育、娱乐、体育、社交等丰富多彩的社区活动，是政府和民众之间的沟通桥梁。居民委员会是新加坡社区的第三个重要组织。由于新加坡社区居民自治程度较高，社会参与程度较强，与我国的居民委员会相比，新加坡居民委员会的职能范围更小。新加坡的居民委员会主要负责治安、环卫、文体娱乐活动的组织开展，并协助公民咨询委员会和居民联络委员会开展活动。

2. 良好的运作方式。新加坡的社区事务通过中介、基金、市场化运作来组织完成。一方面保证畅通的沟通渠道。社区的三大委员会作为社区的中介组织，把社区内相关的信息收集并反馈给政府有关部门，并督促落实；同时也把政府出台的有关公共政策和信息传达给居民，努力寻求居民的协助合作。另一方面，取得公益支持。建立起社区福利基金，发展志愿者队伍和居民服务团体，以巩固社区的人、财、物基础。除此之外，还鼓励独立经营，将社区内的一些公共项目进行市场化运作，提高公共服务的水平。

（二）社区自治模式

美国的社区管理被视为公民自治的典范。美国社区自治模式采用的是“政府负责规划指导和资金支持，社区组织具体实施”的运作方式，具体表现为政府行为与社区行为相对分离，政府可以对社区提供政策性指导与专业咨询，但没有强制性权力。社区可以选择执行或不执行政府的决策，也就是说社区完全自主管理社区领域范围内所有的具体事务，实行自主自治。在社区自治模式里，政府扮演的角色是制定法律、法规、行政命令来规范社区内各利益团体、企业和个人行为，为社区成员的民主参与提供一个良好的制度环境，并为社区发展提供必要的财政拨款。

美国社区里没有政府的基层组织和派出机构，社区事务由社区董事会、社区委员会、非营利组织、志愿者团体与社区居民共同进行治理。其中董事会是社区的议事和决策机构，是社区最高权力机构，董事会的成员由区议员提名并通过社区居民的选举产生并对居民负责。美国实现社区自治的主要途径包括社区会议、社区听证会、社区学校、社区图书馆以及志愿服务等等。社区会议和社区听证会是居民参与社区公共事务的主要渠道，当政府进行政策调整涉及社区利益时就必须要召开听证会，听取居民的意见和采纳居民的投票结果。社区学校是美国教育体系的重要组成部分，社区学校并不授予学位，但因社区学校注重对学生职业兴趣和专业技能的培养，仍有很多美国居民进入社区学校去学习。目前，美国有社区学院 1471 所，其中公立的 963 所，私立的 508 所；在校生达 600 多万，占美国大学新生总数的 34%。美国志愿服务的传统由来已久，大约每年有近 9000 万人次的志愿者加入到社区志愿服务活动中来，志愿服务的内容包括养老敬老、助残帮孤、卫生环保、教育健康等方面。美国在社区自治的实践中培育出社区居民一种强烈的社区参与意识与“社区精神”，克林顿和布什两届政府都充分利用美国民众这种社区精神“振兴美国”，实现美国的政治、经济和社会福利的一体化发展①。

（三）混合模式

以日本为代表的混合模式是介于上述两种模式的中间模式。在混合模式中，政

① 陈露：《美国社区自治管理》，《浦东开发》2009 年第 2 期。

府对社区的直接干预较少，对社区公共事务的治理较为宽松，主要负责社区规划、政策指导和财政补贴。同时社区拥有有限的独立管理职能，呈现出官方色彩与社区自治的交织混合。日本的社区经历了统治、管理、治理的发展历程，当今日本的社区治理是在政府的主导下，依赖于社区居民、町内会以及社区民间组织的参与协助进行的。

地域中心是日本政府划分的具有区域性的一种行政管理机构，对地域内的各项公共事业进行管理，并提供咨询服务、办事服务、养老等特殊服务。区政府对地域中心实行直接领导，并对地域中心的工作人员进行考核。

市、町、村是日本社区的区域范围，町相当于中国的街道这一层级，町内会则类似于我国的居民委员会。町内会是日本社区的权力机构，成员由辖区内居民选举产生。町内会作为一个政治团体，一方面宣传政府的政策，另一方面组织居民开展自治活动进而影响政府的决策。根据《町内会章程》，町内会的主要活动有町内会全体会议（每年3月，町内会召开全体会议，报告上一年度的工作）、传送回览板（将社区近期举行的活动夹在回览板内传递给会员）、夏秋祭祀活动、举行运动会，除此之外町内会还承担着社区环境卫生、社区治安稳定等涉及居民切身利益的各项事务。可以说，日本社区的混合管理模式是以居民服务为根本出发点，地域中心和地域内的自治组织和居民共同参与治理的一种双向管理模式。

（四）三种社区管理模式的共同特点

国外的这三种社区管理模式具有以下几个共同的特点：一是采取“政府负责规划指导和资金支持，社区组织具体实施”的运作方式。政府实行宏观上的管理，给社区营造良好的政治环境，并为社区的发展提供软件和硬件上的支持。二是大力培育民间组织，由民间组织具体操作社区的服务性工作，政府在政策、财政上给予民间组织充分的支持，充分调动社区能动性和自主性，形成“共治”的社区治理局面。三是发展志愿者队伍，培养“义工”精神与社会责任感，一方面服务社区居民，另一方面也节省了社区的开支。四是以社区居民的需求为出发点，在机构设置、资金投入方面体现人文关怀尤其是对弱势群体如老弱病残者的关怀。

二、我国社区管理模式

改革开放30多年来，我国的社会结构和管理体制发生了深刻的变化，社区的地位和作用不断加强。1996年3月，上海市提出了“两级政府、三级管理”的社区管理体制改革。在上海的带动下，全国许多城市开始了社区建设的实践与探索。1999年，为了更深入地探索社区建设，民政部开展了“全国社区建设试验区”工作，将北京、杭州等26个城市城区共同确定为“全国社区建设试验区”，这26个试验区为我国社区建设提供了具有重要意义的理论与实践经验，是我国城市基层组织管理体制改革的重要成果。经过长期的实践与探索，在我国部分试点地区已初步形成了较为有效的社区管理模式，具有代表性的有沈阳模式、江汉模式、上海模式。

（一）自治型——沈阳模式

沈阳是全国首批社区建设的试点城市。1999 年沈阳政府以沈河区与和平区为试点，逐步建立起了责权明确、相互促进、相互监督的新型社区管理模式，全市社区建设取得了良好的成效，被誉为“沈阳模式”。“沈阳模式”的探索表现在以下几个方面：

1. 重新划分社区，优化社区资源配置

重新界定社区范围，从居民居住的自然地域、社区的资源配置等，理顺管理主体间的关系，建立新型的社区组织管理体制。

2. 以社区居民委员会、社区管理委员会、社区议事协商委员会、社区党组织为社区管理的主体，并实行“议行分设”的管理体制

沈阳社区建立了四个层次的组织构架：一是“决策层”。由社区居民选举产生的社区成员代表大会是社区的最高权力机构，拥有讨论、审议、决定权，扮演着“掌舵者”的角色；二是“议事层”。社区议事协商委员会是社区议事层，在社区成员代表大会闭会期间行使常设的义务工作，扮演着“智囊团”的角色。三是“执行层”。社区管理委员会负责社区日常事务的管理，是社区常设的办公机构。四是“领导层”。社区党组织是社区的领导核心，由社区党员大会或社区党员代表大会选举产生，每届任期三年。“四位一体”的组织架构使社区组织的整体性、系统性、协调性都得到了显著的提高，为居民充分行使民主权利提供了可靠的保证。

3. 转变政府职能，强化社区自治权

首先，政府与社区建立新型的合作关系，严格划分政府与社区的工作权限。2000 年，沈阳市委、市政府出台的《关于深化我市社区建设的意见》和《关于明确社区职权的意见》等文件，明确提出将自治权还给社区，将社区工作者的选举和罢免权、社区日常事务的决策和管理权、社区财务的自治权规划给社区，要求“费随事转”，同时给予社区协管权和监督权①。社区自我管理社区服务、社区卫生、社区文化、社区经济等各项公共事务和公益事业；政府指导社区工作，给予社区财政、政策上的支持，培育社会自治组织的健康成长。其次，建立配套改革方案，确保社区自治权的落实。一是建立了社区人民联络员制度，赋予社区人民联络员“准人大代表”的资格与权力。二是建立听证会制度，维护社区居民的合法权益，保障居民知情权、决策权、参与权的实现。三是加强社区领导班子与领导队伍建设。在

① 孙勐：《社会转型期我国城市社区管理体制改革研究——以济南市为例》，山东大学 2010 年硕士学位论文。

选拔录用上，社区干部“面向社会公开招聘、培训考试两次过关、组织择优下派推荐、居民代表依法选举”，从而提高社区干部的整体素质。在考核方面建立起“双评议”的社区干部评议制度：居民评议社区、社区评议政府。

（二）政府主导型——上海模式

上海市社区建设起步较早，实行“以政府为主导，以社区为支点，以居民参与为核心的一体化”管理体系。“街区一体化”是上海社区管理的一大特点。所谓“街区一体化”，就是将社区界定为街道，形成街道社区，以街道办事处辖区作为社区建设的核心。上海实行“两级政府、三级管理、四级网络”的城市管理体制（“两级政府”是指市政府与区政府；“三级管理”是市、区政府同街道办对社区建设所实施的管理；“四级网络”是市、区县、街道或乡镇、居委会和村委会），其中街道是“四级网络”的重要一环，上海将社区管理的重心定位在街道，在制度层面、财政支持方面都向街道办事处倾斜，确保街道办事处在社区建设和管理实践中的核心地位，是一种街道社区管理体制。其主要做法如下：

第一，由街道办和城区管理委员会构成社区管理的领导系统。街道办是街道行政权力的中心，享有财政优先权、部分城区规划参与权、综合协调权、属地管理权等；城区管理委员会由工商所、派出所、房管办等单位共同组成，负责协商、管理社区建设的各项事务，成为“条”与“块”之间的中介①。

第二，除了确保街道办事处社区管理的中心地位，还依靠行政力量共同管理社区各项公共事务。街道办事处、党工委、城区管理委员会是社区建设的领导系统（城区管理委员会由派出所、房管所、工商所、街道医院等单位组成）；把市政管理、社区治安综合治理、财政经济和社会发展四个委员列为社区建设的执行单位，分别管理辖区内市政市容、社会治安、财政预决算、社会发展与建设工作。大力调整街道内部结构，逐步形成了“以块为主、条块结合”的组织结构，“条”的专业管理和“块”的综合管理有效地促进了社区的整合。

第三，为社区内企事业单位、社会团体、居民群众及其自治性组织提供社区参与的渠道，鼓励他们广泛参与社区的建设及管理。

上海社区管理模式也存在着不少的问题。其中突出的问题是在这种“政府主导”的管理模式下，社区管理带有较浓的行政色彩，政府对社区建设和管理的干预较为直接，居委会承担了较多的政府职能，变成了政府的一条“腿”，难以发挥居民自治功能，也不利于社区自治的发展。

（三）混合型——江汉模式

武汉江汉区结合沈阳模式和上海模式的优点，将社区自治与政府行政调控机制

① 汪大海、魏娜、郇建立：《社区管理》（第二版），中国人民大学出版社2009年版。

结合，以实现政府行政功能与社区自治功能的互补。江汉区形成的城市基层社区管理体制和工作运行机制，被誉为“江汉模式”，并在全国推广。江汉区的社区管理体制一共经历了三轮改革。

第一轮改革是在2000—2002年，这一时期的重点是转变政府职能，理顺政府与社区的关系。明确规定街道负责行政任务，承担行政责任；社区享有充分的自治权，在实践中居委会和街道办不再是行政上下级关系，对于行政摊派任务居委会有权力予以拒绝。第一轮改革虽然架构了社区体制，但未予以完善；虽明确了政府社会职能，推进了政府社会职能下沉，但未改革政府社会职能运行的体制机制，在社区建设推进过程中，新架构的社区体制与传统的行政体制不断发生碰撞，显露出资源配置、合作行动、社区自治三大困境①。对此，江汉区在2003—2007年实施了第二轮改革。第二轮改革的重点在于提升社区自治功能、建立起社区协作机制。主要做法是建立健全社区事务分类管理和准入制度、推行城市网络化的管理，从而减轻社区居委会工作负担，解除居委会的“行政捆绑”，使居委会能真正从烦琐的行政事务中抽离出来，增强社区的自治功能。

2008年，江汉区在前两轮的基础上启动了新一轮的改革。这一轮改革的重点是推进政府社会职能协作化进程，解决基层社会管理和公共服务中的效能低下问题，建立基层社会管理和公共服务的协作机制、居民自治的组织机制。主要做法：1. 进一步理顺社区业务，分离社区居委会行政职能。首先，汉江区将社区工作事务合并为两类，一是综合协管业务类，包括治安、环保、市容、交通协管；另一类是社会保障业务方面，如低保、劳保、医保等申请、资格审查、填报与上报等。其次是转变“八大员”身份（低保、社保、医保、信访、残联、安保、综治、治安协管），按照“管干分离”原则重建“八大员”管理体制。2. 重建街道大部门协作机制。梳理街道业务流程，将街道办事处的主要职能定位于社会管理和公共服务；按街道业务将街道相关科室重新组建。3. 加强培育社区民间组织，将民间组织纳入政府行动的框架，以满足居民日益增长的社会需求。

江汉模式的成功经验之一是应用项目制这一社会政策工具实现政府行动与社会行动的有机衔接。项目制是政府投资、社区居委会组织和管理、社会组织申报和运作的机制，推行项目制旨在通过扶持公共项目来培育社会组织和增强居民自治能力。项目制的实施既增强了社区管理各主体间的协调互动，又提高了社区建设的有效性，同时还为社区民间组织的发展提供了广阔的空间。武汉江汉区经过长期的摸索构建起新型的管理模式，实现了政府行政调控机制与社区自治机制的结合，转变了城市基层治理格局，提升了社区的自治能力，解决了居民自治难题。这一管理模式的主要缺点在于缺乏市场机制的参与，导致社区资源利用率不高；尚未建立起居

① 卢爱国、陈伟东：《“江汉模式”新一轮改革：破解基层社会管理的体制瓶颈》，《领导科学》2012年第5期。

民对社区管理各主体的沟通交流与监督机制。

从上述代表地区的社区管理模式来看，当前我国社区建设存在的不足之处主要集中在以下几点：第一，基层政府职能不清、社区管理条块分割制约着我国社区的健康发展。政府过多承担了本应由社区组织和团体承担的职能，社区自治功能难以充分发挥。第二，一方面缺乏市场机制的参与，另一方面，物业管理运作模式还存在许多亟须改进的问题。第三，社区居民自治流于形式，居民参与不足，热情不高。

第三节　民族地区社区管理现状、问题及对策

一、民族地区社区管理现状

（一）社区管理模式

我国少数民族地区根据当地的实际情况，形成了各具特色的社区管理模式。

1. “三位一体”的社区管理模式

“三位一体”即社区党组织、社区居委会、社区工作站共同管理。“三位一体”的管理模式有利于整合社区资源，有利于政策的贯彻执行。如甘肃兰州市城关区、云南昆明市三合营社区、新疆乌鲁木齐重点社区等实行的是“三位一体”的管理模式。

2. “网格化”的管理模式

“网格化”的管理模式是将社区以百户为单位划分成网格，工作人员组成网格团队，他们负责其网格内的信息收集、业务办理、协调等工作。社区实现“网格化”管理的优势在于能主动及时发现问题，提高社区管理的能力。民族地区大多城市如宁夏石嘴山市、广西柳州市、内蒙呼和浩特市、新疆乌鲁木齐市等城市均已实施并且不断完善社区的“网格化”管理。

3. “区直管社区”模式

顾名思义，“区直管社区”即将原来的“区—街—社区”三级管理转变为“区—社区”二级管理模式。“区直管社区”模式强调社区的服务功能，促进社区自治能力。目前，宁夏中卫市、内蒙古二连浩特等城市正在积极探索“区直管社区”模式，以期构建具有当地社区管理特色的社区管理模式。

（二）社区管理的覆盖面

随着民族地区的经济发展，不少城市正在逐步扩大社区管理的覆盖面。一是实现党组织的纵向覆盖。在社区内建立网格党组织、楼宇党小组，提高社区管理党员的数量，从而扩大社区党组织的工作覆盖面。二是网格管理员覆盖。民族地区的不少城市已经开始实行“网格化”的社区管理模式，在“网格”内，由党员干部、群众骨干等担任网格小组长，配备网格管理员、楼栋长和信息员。三是专业化服务覆盖。根据社区居民基本信息档案与基本情况，针对不同社区不同群体的需求，提供专业化的服务，如房屋租赁服务、流动人口服务、居家养老服务等等。

（三）社区管理信息化建设

科技的发展给社区管理带来了新的管理手段。民族地区利用先进的信息技术，不断探索和构建社区管理信息化平台。

1. “三网一平台”

“三网”即物理网、电话网、互联网，其中，物理网是指社区中以户或辖区为单位的单元网格，电话网即社区管理人员的联系电话，互联网即社区网站、微博、QQ 等交流平台；“一平台”即社区综合管理和服务信息化平台，是一种新型的管理软件，用于数据录入、数据分析。“三网一平台”的信息化建设是柳州市社区管理重点建设项目。

2. 三维数字社区管理系统

三维数字社区管理系统是一种高科技的社区管理手段，它以地理信息为基础，将社区管理、服务提供者与住户通过数字化信息连接起来，实现方便、快速、有效的信息交流。它的目的在于实现常住人口与流动人口、交通与公共设施、社区业务、社区监控、社区服务等有效管理。

二、民族地区社区管理存在的问题

（一）行政化倾向严重

根据《城市居民委员会组织法》，居委会与政府及其他组织的关系包含工作协助关系和业务指导关系。工作协助关系是指居民委员会有义务协助政府及其派出机关开展工作，同时，政府及其所在地居民委员会的工作应该得到派出机关以及各个社会团体的支持。业务指导关系即政府及其派出机关应指导、支持和帮助居民委员会开展各项社区管理工作，经市、市辖区政府及其派出机关同意并统一安排后，政府部门才能要求居民委员会及其下属委员会协助其进行工作。因此，街道办与居委会二者之间的关系应该是“指导与被指导”的关系，双方应该是协助合作开展工作，并不存在隶属关系。然而在现实中，民族地区街道办事处事多人少，为了完成急剧增加的工作事务，常常将大量烦琐的行政事务交付居委会执行，把居委会变成了自己的“派出机构”。同时，街道办事处拥有政治和经济资源，与居委会的现实关系呈现出“领导”与“被领导”的行政隶属关系，具体表现为：

第一，街道办对居委会选举的包办。《城市居民委员会组织法》规定：“不设区的市、市辖区人民政府和它的派出机关作为居委会选举工作的指导机构，选举经费由各级财政或街道办财政负担。”由于居委会选举的经费是由街道办支付，在居委会候选人的确定上容易受到街道办的影响，使民主选举流于形式。由街道办事处“包办”选举出来的成员组成的社区居委会，往往会成为街道办的一个附属机构。

第二，街道办对居委会财权的控制。我国的行政管理层次比较多，人、才、物往往截留到街道这一层级，居委会经费主要来源于街道办事处财政拨款。居委会使用任何一笔经费都必须向街道办事处申报。居委会的财务由街道办事处的会计站进行管理。居委会没有开展公共活动的物质资源，只能“受制”于街道办事处，“自治性”得不到保障。

第三，街道办下沉繁重的行政任务，把本该由自己完成的行政管理任务交给居委会来履行。街道和社区的功能重合，街道办的很多工作都要由居委会来负责推行，居委会成为政府的“手和脚”，导致居委会被严重“行政化”。

（二）业主委员会发展困难

民族地区现代化发展水平较低，社区建设起步较晚，在社区管理的进程中，业主委员会的发展也面临着一些困境：

第一，业主委员会的法律地位较为模糊。业主委员会这一组织在我国存在发展仅有三十多年的时间，相关的法律法规并未健全，业主委员会的法律地位、诉讼资格、责任承担等问题都存在不少争议。如甘肃兰州宜静园小区业主委员会诉物业公司案、安徽春雨花园业主委员会案，都是由于立法不明导致司法判例出现了矛盾。

第二，业主委员会的自我管理水平有待提高。不少业主管理委员会在自我管理方面比较混乱，突出表现为擅自挪用物业维修基金、侵吞物业管理费；滥用职权，私自与物业公司签订各种协议；私造名目乱收费。

第三，对业主委员会的监管空白。业主委员会权力日益膨胀，容易发生侵害业主权力的情况。对于业主委员会的上级监管部门，在《物业管理条例》中缺乏明文规定，房管局物业管理部门也难以做到定期考察业主委员会的工作情况。

第四，业主委员会的选举困境。业主委员会是业主的自治组织，由业主民主选举产生。然而，在现实生活中，一方面，一个小区通常居住着来自不同地方、从事不同行业的业主，他们大多互不认识互不熟悉，业主委员会的选举难以选举出让大家都认可的委员，容易出现业主对业主委员会工作的质疑。另一方面，业主委员会是公益性的组织，业主委员会成员并未享有津贴补助，导致他们工作的热情和积极性不足。

（三）农村社区管理面临的问题

我国是农业大国，农村是社会发展的重中之重，党中央对“三农”工作一直十分重视。邓小平同志曾指出，“从中国的实际出发，我们首先解决农村问题。中国有百分之八十的人口住在农村，中国稳定不稳定首先要看这百分之八十稳定不稳定；中国经济能不能发展，首先要看农村能不能发展，农民生活是不是好起来。翻两番，很重要的是这百分之八十的人口能不能达到”①。农村社区的建设发展离不开良好的农村社区治理，农村社区管理是推进农村社会乃至整个中国社会转型的重大战略。然而，由于部分民族地区思想观念落后、政府效率低下、社会缺少秩序和规范，农村社区管理存在着不少问题：一是基础设施落后。社区管理与发展需要有大量的资金支持，农村社区管理的经费主要来源于财政拨款与村里的原始积累，民族地区不少农村社区缺乏物质基础，一些卫生医疗设施比较落后。二是农民对社区事务缺乏兴趣，参与率低。受传统习俗及教育水平的影响，农村居民对社区参与的热情并不高，参与的项目主要集中在农业科技和贷款服务，对于法律服务、教育服务等活动参与率较低。三是社区管理人员缺乏相关的管理知识和技能。

（四）社区参与不足

广泛的社区参与是社区管理的基础，是社区实现长远发展的关键所在。目前民族地区社区在参与方面普遍存在着以下几个问题：一是参与人数少。石磊对兰州市西固区四季青街道合水南路社区进行的社区认同度的问卷调查结果显示，该社区60%的被调查居民从来没有参加过社区活动，② 大多数参与者为社区老年人。二是参与内容有限。社区居民参与社区事务的项目多是文体类活动与保健类活动，对于民主选举活动等政治性活动了解不足、参与热情并不高。三是参与的积极性不高。目前社区公民参与主体主要是离退休老干部、老职工，假期回家的学生以及社区内的低保户，各族居民参与主要是执行性参与和动员式参与，参与的积极性较低，尤其是社区内人数较少的民族，参与率更低。③

---

① 李明：《中国共产党三代领导集体与“三农”》，知识产权出版社2010年版。

② 石磊：《兰州社区管理存在的问题及其对策研究》，兰州大学2008年硕士学位论文。

③ 王婷婷：《论民族地区社区治理中的公民参与——以北京市密云县檀营满族蒙古族乡为例》，《满族研究》2011年第3期。

三、完善民族地区城市社区管理的对策

（一）转变街道办的职能定位

近些年，学者们关于街道办事处的改革主张主要有两种代表性观点：第一种是将街道办事处建成一级政府。实行“三级政府、三级管理”，通过行政和法律手段来强化街道办事处的应有的权力，扩大其管理职能。第二种是主张撤销街道办事处，实行“两级政府，两级管理”的体制。学者应良忠认为，传统的街道管理体制不适应当今社会的现实要求，撤销街道办有助于加强社会管理和提升社区功能。安徽铜陵已全面撤销街道办，若评估效果良好，将在全国推广。我国政府正处于由“全能政府”向“有限政府”转变过程之中，撤销街道办事处，将原先由政府包揽的事项交由社区及自治组织去管理，符合有限政府的要求。笔者认为，虽然安徽铜陵撤销街道办取得了良好的社会管理效果，但是安徽铜陵毕竟是人口仅为 74 万的中小城市，在进行社区合并后，与政府对接的社区仅为 18 个，不管是从城市规模还是从社区规模上来看，铜陵模式只能作为一个试点。民族地区政治、经济、文化发展不平衡，情况较为复杂，撤销街道办不能“一刀切”，转变职能定位应该成为街道办的改革方向，即各街道办事处的职能应逐渐转变为社会服务和社会管理。

（二）完善业主委员会制度

目前业主委员会在现实运行中存在着诸多问题，究其原因主要在于业主委员会的法律地位不明确、运作制度不成熟、缺乏监督机制，因此，要解决业主委员会存在的问题，首先要确定业主委员会的法律地位，明确业主委员会需依法成立并进行登记后具有法人团体的资格，使其具有民事权利能力、行为能力、诉讼能力，实现业主委员会对物业的有效管理，使社区自治活动得以有效开展。

其次要对业主委员会实行规范化管理：一是明确业主委员会的选聘资格，规定只有具有一定管理能力的社区业主才能进行竞选。规定选聘程序，选聘程序要公正公开，选聘结果要及时公布。规定适合的聘期，根据社区的实际情况规定业主委员会的工作任期，实现工作的稳定性及连续性，二是规定业主委员会管理范围、管理职责及业务流程，明确业主委员会哪些该管，哪些不该管以及如何管。三是制定业主委员会的激励条款，激励业主委员会履行管理职责和义务，实现权利和义务的对等。

再次，加强对业主委员会的监督。一是要提高全体业主和业主大会对业主委员会的监督意识，明确其监督职责，对于业主委员会损害到业主利益的行为，业主要通过业主大会追究相关委员的责任。二是出台具有可操作性的监督细则，确立业主委员会定期报告制度，使其接受全体业主的监督。三是政府要加强对业主委员会的

指导，对业主委员会的工作情况及纠纷进行及时的监督处理。

（三）加强农村地区社区管理的薄弱环节

农村社区的建设发展离不开良好的农村社区治理，我国农村社区治理和农村社区建设都是“如何为九亿中国农民过上体面的生活而出主意、想办法”①。受经济社会发展水平的影响，当前我国农村社区管理环节中还存在着许多的问题，如基础设施落后、农民对社区事务缺乏参与热情、缺乏管理人才等等，这制约了农村地区社区管理的良好运转。为此，我们应当创新农村社区管理体制，重视对农村社区管理人才的吸收培养，转变农村居民的思想观念，构建出管理有序、服务完善、文明祥和的农村生活共同体。

1. 创新农村社区管理体制

首先，建立领导责任机制，将农村社区建设管理的工作任务和要求落实到日常议题中，将社区建设的工作成效作为领导干部绩效考评的重要内容。其次，建立相关部门工作协调机制，由民政部门、组织人事部门、财政部门、教育部门、司法部门等有关部门组成农村社区管理的协调部门，形成有效的联动机制。再次，形成广泛的社会参与机制。拓宽社区参与渠道，营造社区参与的良好环境，鼓励企事业单位、社会团体、民间组织、农村社区居民积极参与到农村社区的管理建设中来。

2. 重视对农村社区管理人才的吸收培养

农村社区管理人才的缺乏，是制约农村社区发展的重要因素之一。一是要挖掘农村当地的人才资源。长期以来，农村社区是以宗亲血缘为纽带建立和发展起来的，在农村地区，族老以及一些声望较高的长者是社区人际关系和宗族事务的管理者和领导者，他们在社区管理中扮演着极为重要的角色，因此，我们要充分发挥农村精英在社区管理中的领导协调作用。二是要吸收引进人才，创造良好的条件吸引乡镇企业家、回乡创业人员、大学生村官、选调生等加入到农村社区的建设中来，并为他们的工作开展提供有利的环境，在党和政府的指导下，将其带回的新技术、新知识以及科学合理的管理理念结合当地农村的实际情况，开辟出因地制宜的农村社区管理模式。三是要完善农村社区工作人员的选拔、任用、考核、奖惩机制，将优秀的人才引进来，将优秀的人才留下来，实现人才的可持续发展。

3. 加强教育，转变农村村民的思想观念，提高村民的参与意识

近年来，国家加大了对民族地区特别是民族地区农村的财力物力投入，很多社会组织也纷纷给予人力物力的支持，虽然这些地区暂时富裕起来了，但伴随着这短暂富裕滋生出了“等”、“靠”、“要”的懒汉思想。因此，要实现农村社区的长远发展，必须要转变村民的思想观念，让他们不要拘泥于眼前的利益，要看到长远的发展，“授之以鱼”不如“授之以渔”，乡镇府及有关部门应结合当地的情况、农

---

① 贺雪峰：《新乡土中国》，广西师范大学出版社 2003 年版。

民所关心感兴趣的问题开展各项社区活动，在实践活动中扭转村民的思想观念，转变一些不良风气。此外，在干部与村民、村民与干部的互动中培养积极的干群关系，加强各民族村民对农村社区的认同感、责任感，使其积极参与到农村社区的管理建设中来。

（四）加快转变政府理念

2004 年 3 月 8 日温家宝总理在与陕西人大代表团的座谈会上指出："管理就是服务，我们要把政府办成一个服务型的政府，为市场主体服务，为社会服务，最终是为人民服务。"在党的第十七次全国代表大会上，胡锦涛总书记在报告中明确指出，要"加快行政体制改革，建设服务型政府"；2012 年，"十八大"报告提出建设"服务型"政党，可见"服务"是我国政府职能转变的努力方向，要从过去的全能型政府向服务型政府转变。服务型政府就是一个能为社会提供优质的公共产品和公共服务的政府，民主和开放是服务型政府的根本特征。"十八大"报告要求："必须加快推进社会管理体制改革……加快形成政社分开、权责明确、依法自治的现代社会组织体制"，强调引导自我管理、自我服务、自我教育的社区自治组织在社会管理中的基础性作用。

1. 理顺社区自治组织与政府之间的关系

首先社区自治组织与政府之间应是平等合作的关系。政府要合理赋予社区自治组织相应的社区管理权、决策权、组织权，确保社区组织在社区管理中的合法合理地位；社区自治组织发挥监督协商的作用，弥补政府社区管理方面的"缺位"和"错位"。其次政府指导社区自治组织的组织运行，提供社区自治组织良好运行的资源保障。对社区自治组织发展过程中存在的问题要及时予以指导纠正，使社区自治组织的功能得以最大程度的发挥。

2. 加大对社区自治组织的资金投入，加强社区自治组织筹集资金的能力

政府拨款和社会捐赠是社区自治组织主要的经费来源，然而社区自治组织在发展过程中需要的经费仅仅依靠政府补贴和社会捐赠是远远不够的，由于缺乏资金、人才等必备资源支持开展活动，社区自治组织的发展面临严重阻碍。一方面，政府要加大对社区自治组织的资金投入，另一方面还须加强社区自治组织筹集资金的能力，如设立专项资金，出台优惠政策鼓励社会力量投入社区建设。

3. 提高社区居民的自治意识，加强社区自治组织的自治能力

一是重点宣传社区自治的理论知识，通过宣传板报、文艺演出、知识竞赛等丰富多彩的形式加强社区居民对社区自治的理解，强化其社区自治的意识。二是举办各种以居民日常生活为中心的活动，给社区居民提供一个互相了解、沟通感情的机会和平台，促进他们的社区认同感的形成。三是培养社区骨干，利用社区骨干的影响力和号召力促进社区居民广泛参与到社区的建设中来。

案例分析：甘肃省J村创新农村社区管理，着力打造“一室两会”民主管理新路子

【案例梗概】

2007年，胡锦涛同志在“十七大”报告中明确指出：“发展基层民主，增强社会自治功能，保障人民享有更多更切实的民主权利”，“要健全党委领导、政府负责、社会协同、公众参与的社会管理格局”。这一指示的根本要义在于充分发挥各社会管理主体的功能、调动各社会管理主体的积极性、形成社会管理主体间的合作机制，提升社会自治水平。农村社区组织是实现社会自治的重要载体，因此，加强农村社区自治主体的自治能力，形成政府与社区组织的良性互动、协同共治的社会管理新格局是农村社区社会管理创新的目标。

近年来，甘肃省J村坚持以党的“十七大”精神为指导，不断发展和扩大基层民主，针对当前农村社区管理创新的新情况和新任务，探索建立了“一室两会”，即“说事恳谈室”、“五老理事会”、“民主听证会”的民主管理制度，建立起“议、参、监”的民主参与机制，鼓励农村群众进行自我管理、自我服务、自我监督，并积极参与到村级公共事务和公益事业的管理中来；努力构建起以党政为主导、村民自治为基础、社会组织为纽带、群众广泛参与的农村社区管理新模式。

【案例正文】

一、主要做法

（一）设立“一室”，即“说事恳谈室”。

“说事恳谈室”是畅通村民参与社区建设的重要渠道。J村在各个行政村结合村级党员群众服务中心，单独开辟一间办公室作为“说事恳谈室”，成为村民代表、各级党代表、人大代表、政协委员以及县镇驻村干部履行职责、联系群众的工作平台。“说事恳谈室”由乡镇党委、乡镇政府统一领导，由组织、财政、民政等相关部门派出代表组成，周一至周五都有一名村干部接待来访群众。“说事恳谈室”的主要职责是收集群众对村政工作的意见；听取群众心声，制定解决问题的相应措施。村民也可以直接通过“说事恳谈室”了解乡村经济工作进展、村务公开、财政补贴等涉及村民切身利益的公共事务和公益事业。此外，制定来访登记、统计梳理、现场处置、立案归档等系列说事恳谈工作流程，使“说事恳谈室”实现制度化

和有效的管理。同时，还开设了咨询电话、群众意见箱、留言板等沟通渠道。通过设立“说事恳谈室”这一工作平台，建立起了村干部与村民联系的纽带，强化监督村干部职责的履行，构建起了村民民主管理、民主决策、民主监督的制度平台。

（二）成立“五老理事会”

“五老”，即老干部、老党员、老退伍军人、老教师、老模范。J 村从“五老”中推选出文化素质较高、群众威信较高、热心公益事业的部分老同志组成 15—20 人的“五老理事会”，并设理事长 1 名。理事会的职能是：参与村级资源发包、基本建设等重大事项的决策，维护本村本组治安，调解村组之间、邻里之间以及家庭内部的各种矛盾纠纷，监督村里重要工作进展情况及资金使用情况，了解掌握社情民意，积极开展党的政策、时政要闻、法律法规、社会新风的宣传活动。理事会的工作方式主要有三种：一是对能够及时协调解决的事项当即约请当事人面对面地协调解决；二是对不能及时解决或牵涉面较大的事，则整理成议题，进入议事程序，提出相关建议，提交村“两委”和党员群众代表集体讨论；三是对村级基础设施建设、资源开发等重大事项进行方案讨论、过程监督、结果评议，接受群众监督。

（三）举行“民主听证会”，搭建民智民力汇聚平台

以落实群众的“知情权、参与权、决策权、监督权”为重点，紧紧围绕所说事项，对村“两委”履行职责情况，组织开展“民主听证会”。“民主听证会”的对象主要是村“两委”，组织者主要是村理事会，参加人员有党员代表和群众代表，一般每半年召开一次，至少每年召开一次，重大事项随时召开专题听证会。“民主听证会”主要听证以下三个方面的内容：一是报告工作，即村“两委”工作完成情况及下年度工作计划，包括党支部班子和党员队伍建设、村级公益事业的规划建设和管理、村级重大项目的立项及建设情况、村集体资产的经营管理、计划生育和社会治安综合治理情况等。二是质询释疑，即参与人员审议报告，并就村重大事项和村民普遍关心的问题以及提案的回复意见，向村党支部、村委会和村理事会提出质询，村干部在会上当场作出解释或答复。三是民主评议，即参会人员对村“两委”班子工作进行“满意度”测评，评议结果由乡镇党委、政府进行考核认定后，与村干部的考核奖励和任用挂钩。

“说事恳谈室”、“五老理事会”、“民主听证会”贯穿于村级事务民主管理全过程，在内容上各有侧重，在方法上互相补充，在步骤上前后连贯，体现了“说事、理事、评事”的有机统一。“说事恳谈室”是民主管理的发端，只有通过群众说事，了解群众所思所想所怨所盼，民主管理才有了实施的前提和基础；“五老理事会”是社区民主管理的重点，党员群众通过这一环节真正行使了自己当家做主管理自身事务的权利，各项民主管理的具体工作也只有在这一环节才能得到切实落实；“民主听证会”是民主管理的关键，是对所说所议事项进行有效评议的载体和说事效果的直接检验，也是对村干部作风进行监督的重要形式。从制度创新的视角观察，它是在村党支部的领导、村委会的指导下，农村基层内部产生的一种诱致性制

度变迁，具有一定的理论价值及超越地域的普遍性意义。

二、主要特点

J村通过打造“一室两会”村级民主管理机制，巩固了基层党组织的领导核心地位，保障了村民自治权利，同时有助于化解基层社会矛盾，有效地规范了基层民主管理运行。

（一）民主议事机制

农村社区民主管理的一个重要体现是能让社区居民就关乎其切身利益的各项事项畅所欲言，政府各职能部门和乡镇机关能就其合理意愿想出解决办法，纳入相关决策，尊重和实现社区居民的合理意愿。J村设立“说事恳谈室”，通过“一听二议三决定”搭建了社区居民与村干部沟通的桥梁与有效解决群众困难的新途径：一听，倾听村民心声。“说事恳谈室”每周一至周五都会安排一名村干部接待村民，与村民进行面对面的交谈，倾听村民对村务等方面的建议意见；二议，讨论村民的诉求。在收集村民的建议意见后，与党支部书记、乡镇驻村干部联合讨论相关建议；三决定，就一些村民反映的能当场处理的问题立即为群众解决，需要进一步讨论的事项由联合代表讨论后制定解决措施，决定过程要求公开、高效，最后要进行立案归档。

（二）民主协调机制

农民自发成立的“五老理事会”补充并延伸村支部和村委会的职能，监督着“两委”的权力运行；有助于强化村务管理的监督制约机制，保障村民的知情权和监督权，协调村里的纠纷矛盾。“五老理事会”由老干部、老党员、老退伍军人、老教师、老模范的代表组成，这些人因其资历和声望在村里具有一定的权威性，经他们出面协调的事情往往能得到有效解决。他们在村级公共事务上是管理员，在处理邻里及家庭矛盾上是调解员，在村级重大项目建设及重大资金使用上是监督员，在了解社情民意上是信息员，在党的政策及法律法规上是宣传员。“五老理事会”作为农村社区管理的润滑剂，在村干部和村民之间形成了一个缓冲地带，有效化解了邻里矛盾，促进了农村社区的和谐稳定。

（三）民主监督机制

“五老理事会”和“民主听证会”共同构成了J村民主监督机制。村务“民主听证会”是J村农村居民参与民主管理、民主决策、民主监督的实现形式。通过召开“民主听证会”，村干部就村里准备进行的重大决策征求村民的意见，是实现村民对村务的知情权和监督权的有效途径。同时，村干部向村民报告工作，促进村干部加强理论知识和业务知识学习，提高解决实际问题的能力；迫使他们增强自我约束、自我监督的意识，实现长效监督机制。J村通过实行村务民主听证制度，促进了农村生产的发展和社会稳定，增进了村“两委”班子凝聚力和战斗力，密切了党群干群关系，增强了村民民主和责任意识，提高了村务决策的科学化、民主化水平。

三、意　义

（一）有利于公民意识的培养

公民意识的核心在于平等自主的观念，参与政权获得自治的权利。“自治”是公民社会追寻的政治目标和存在形态。公民意识的产生推动自治制度的建立，同时，地方自治的推行又有助于公民意识和权利观念的发展。洛克在《政府论》中说过，政府没有别的目的，只是为了人民的和平、安全和公共福利。政府所拥有的权力来自人们签订社会契约自愿或不自愿地让渡出自己的一部分私人权力。

农村社区管理归根结底要依靠农村社区居民，其实现前提有三：一是包括政府和社会在内的农村社区内部各利益相关方的民主观念和意识；二是农村社区居民的主体意识和参与行动；三是农村社区居民形成共同利益并追求维护和增进共同利益的意识、机制和行为[①]。J村农村社区管理的实践，鼓励农村群众实行自我管理、自我服务、自我监督，很好地培养了社区居民的公民意识与民主实践能力，促进居民广泛地参与到社区的建设中来。

（二）有利于保障村民自治的权利

村民自治是我国农村村民直接行使民主权利、实行自我管理、自我监督、自我服务的民主形式，我国宪法规定：“中华人民共和国的一切权力属于人民”，为了确保人民当家做主，规定了一条基本实现形式和途径就是基层群众自治制度。宪法第一百一十一条规定：“城市和农村按居民居住地区设立的居民委员会或者村民委员会是基层群众性自治组织。”其特点是在农村和城市基层建立村民委员会或者居民委员会，作为群众的自治性组织，由群众自己管理自己，同时参与国家社会事务的管理，推动公共政策的发展，促进公民社会的构建。自20世纪70年代末建立至今，村民自治取得了巨大的成绩，对于保持农村地区社会的稳定发挥了重要的作用。然而，当前我国村民自治也面临着不少的问题，一是村委会的选举、监督、罢免问题，二是村“两委”之间的矛盾，三是城市化对村民自治的影响等等J村打造“一室两会”村级民主管理机制，以“说事恳谈室”作为村民参与社区建设的重要

① 罗中枢、王卓：《公民社会与农村社区治理》，社会科学文献出版社2010年版。

渠道、以“五老理事会”、“民主听证会”作为村务管理的监督协调机制，保障了村民自治权利，同时有助于化解基层社会矛盾，有效地规范了基层民主管理运行。

（三）有利于强化社区的自治功能

当前社区建设遭遇的重大挑战之一是行政化倾向严重，弱化了社区自治组织的自治功能。J村从社区老干部、老党员、老退伍军人、老教师、老模范中推选出代表组建“五老理事会”，参与涉及全体村民利益的重大事项的决策，维护本村本组治安，调解村组之间、邻里之间以及家庭内部的各种矛盾纠纷，监督村里重要工作进展情况及资金使用情况，了解掌握社情民意，积极开展党的政策、时政要闻、法律法规、社会新风的宣传活动等等，“五老理事会”成为社区自治的重要力量。开设“说事恳谈室”，举办“民主听证会”鼓励社区居民广泛参与村内各项事务的管理、监督。“一室两会”农村社区管理模式的形成，强化了农村社区组织的自治功能，巩固了农村基层民主。

第六章　民族地区养老保障管理创新

第一节　我国养老保障制度的发展沿革与现状

公平，是人类所追求的理想目标，是社会管理的内在要求。“十八大”报告提出，要坚持全覆盖、保基本、多层次、可持续方针，全面建成覆盖城乡居民的社会保障体系，“使发展成果更多更公平惠及全体人民”，这一要求体现了党中央对民生问题的高度重视和维护公平正义的决心。我国养老保障制度是社会保障制度的重要组成部分，构建一个老有所依、老有所医、老有所居、老有所养的养老福利和保障制度，是社会发展的要求，是实现社会公平的重要途径。

一、我国养老保障制度的建立

（一）养老保障的历史渊源

我国是崇尚“孝”的国家，以孝事亲是中华民族的传统美德，“孝”除了指敬老，即儿女的行为不应违背父母、长辈的意愿外，还包含着养老，对父母尽心奉养的内涵。在古代，以家庭养老为主。《礼记·曲礼上》记载：“六十耆，指使；七十曰老，而传；八十、九十曰耄……百年曰期颐。”意思是说，人到了六十岁就开始进入了老年，可以为师指挥他人，不必事必躬亲；七十岁时德成名就，应传交家事，委托子孙；八九十岁即是高龄老人了；到了百岁为人生极限，这时老人的生活待人养护，依赖子孙的供养和照顾。

除了子女对父母承担的奉养义务之外，国家为老年人提供制度上和经济上的保障。在我国古代，养老包含着两个方面的含义，其一指的是一种礼制，是各部门举行的特有的有关敬老的礼仪活动；其二指的是一种国家养老，由国家颁布各项法令，提供制度和物质支持，重点在于免除老年人徭役。如周代规定，若家中有八十岁以上的老人，则家中可以有一人不必服役；若家中有九十岁以上的老人，则全家都可以免除徭役。汉代废黜百家独尊儒术，崇尚仁爱和孝。在汉代，五十岁以上的老人免除徭役，九十岁以上的老人的家属也免除徭役。汉代“以孝治天下”，十分重视养老问题：首先，颁布了一系列养老的法令，如《受粥法》规定，九十岁以上的老者，除了自己可以享受国家的保障之外，连同子、孙、妻、妾也可以得到政府的食物救济，不会挨饿；再如，汉代颁布的《王杖诏书》规定，不论城乡，不分官民，凡七十岁以上者，都可以得到皇帝赐予的手杖。持此杖者，可享受相当于600石俸禄的官吏待遇。八十岁以上的老人，每月赐米1石，酒5斗，肉20斤；九十岁以上的，每人加赐帛两匹。为鼓励养老，老人的子孙也可以享受减免赋税的优待，如果家中有八十岁以上的老人，则可以免掉两个子孙的人头税；愿意赡养孤寡老人的人，也可以享受免税的待遇。到了唐代，养老除了物质上的保障，还强调精神上的慰藉，如唐代的礼制规定“色养”，“色”即是尊重、顺从，即子女除了一般性的物质供给外，还要尊重和顺从老年人的意愿。除此之外，养老院也不是在现代才有的，据史料记载，在南北朝就建立了“孤独园”，唐朝建立了“普救病坊”，宋朝设立了“居养院”等等，这些机构用于收留、救济、赡养孤寡老人。

（二）近代养老保障制度的建立

新中国成立后，党和政府十分重视老年人的养老问题，表现为：

1. 制定养老保障的政策和法规

明确规定我国开始实行劳动保险制度的第一部政策是1949年9月颁布的新中国临时宪法——《共同纲领》，1951年以前，全国共有1213个公营企业实行了劳动保险，覆盖职工1427519人①。1951年2月26日，政务院颁布了中国第一部专门的社会保险法规——《中华人民共和国劳动保险条例》，《保险条例》中明确规定了实施范围、养老待遇等，1953年政务院对《保险条例》进行修改，扩大了实施范围，放宽了给付条件，细化和提高了养老待遇标准，根据国家社会与经济状况的变化，《保险条例》不断丰富和补充。20世纪50年代，国家相继颁发了《国家机关工作人员退休处理暂行办法》、《关于工人、职工职退处理的暂行规定》，在计划经济的背景下逐步建立起了一个现收现付制的养老保险制度，促进了当时经济与社会的发展，保障了退休职工的基本生活，但统一的保障制度尚未建立。

“文化大革命”动乱引发的十年浩劫严重地破坏了我国的经济、社会、文化、政治的发展，改革开放前十年养老保险制度建设处于停滞阶段，“文化大革命”把有关劳动保险、职工福利事业中的方针政策、规章制度，都当作修正主义的东西横加批判，劳动保险被批判为“修正主义”的东西，被根本否定；1968年，管理社会保险的专门机构即内务部被撤销，中华全国总工会也被迫停止活动，劳动保险基

① 中国社会科学院、中央档案馆编：《中华人民共和国经济档案资料选编：劳动工资和职工保险福利卷》，中国物价出版社1949年版。

金从 1969 年开始也不再筹集。

改革开放以来，我国不断丰富和完善老龄政策法规体系。党中央、国务院及相关部门相继出台《中华人民共和国老年人权益保障法》、《关于加强老龄工作的决定》、《中国老龄工作七年发展纲要》、《中国老龄事业发展“十五”计划纲要》、《中国老龄事业发展“十一五”规划》、《中国老龄事业发展“十二五”规划》、《关于加强老年人优待工作的意见》、《关于加强基层老龄工作的意见》、《关于全面推进居家养老服务工作的意见》、《关于加快发展养老服务业的意见》等一系列法规文件。各省、自治区、直辖市总计出台 228 部与老龄工作相关的法规文件，内容涵盖了老龄事业发展规划、机构建设、老年人优待、老年人权益保障、养老服务等方方面面，形成较为完善的老龄政策体系，为老龄工作的开展提供了政策支持。老龄政策从无到有，在探索中逐步建立，在创新中不断完善，使老龄事业逐步走上正规化、法制化轨道。

2. 成立老龄工作的专门机构

我国于 1982 年成立了专门的老龄工作机构——中国老龄问题全国委员会，它是一个社会团体联盟，由多个政府部门、群众组织、研究机构、新闻机构专门负责研究老龄化问题。进行全面规划，组织和协调，监督和检查，并参与国际老龄化有关问题的研讨会会议，展开双边或多边技术援助和技术合作。此外，还研究老年医学和老年心理学、老年社会学、老人的知识，研究如何继续发挥技能的作用，完善老年人的医疗保健事业，并在社会各界广泛倡导尊重老人的社会风尚。1999 年，成立了全国老龄工作委员会，它属于国务院助管全国老龄工作的议事协调机构，其主要职责包括以下 5 个方面：一是研究、制定老龄事业发展战略及重大政策，协调和推动有关部门实施老龄事业发展规划；二是协调和推动有关部门做好维护老年人权益的保障工作；三是协调和推动有关部门加强对老龄工作的宏观指导和综合管理，推动开展有利于老年人身心健康的各种活动；四是指导、督促和检查各省、自治区、直辖市的老龄工作；五是组织、协调联合国及其他国际组织有关老龄事务在国内的重大活动①。目前全国已基本建立起省（自治区、直辖市）、地（市、州、盟）、县（市、区、旗）、乡镇（街道）各级老龄工作委员会及其办事机构，村（居）民委员会有专人负责老龄工作，初步形成从中央到地方的工作网络。

3. 重视思想道德建设

自汉代以来的绝大多数历史时期，封建统治者一直以儒家思想为主导，儒家思想中特别强调“仁爱”，重视孝道伦理。子女的成长得益于父母的养育，在父母年老的时候子女也必须赡养父母，以报答父母的养育之恩。《孝经》曰：“身体发肤，受之父母，不敢毁伤，孝之始也；立身行道，扬名于后世，以显父母，孝之终也。夫孝，始于事亲，中于事君，终于立身。”敬父母、忠君主是古代“孝”的重点。

① 全国老龄工作委员会办公室：《中国老龄工作年鉴（1981—2002）》，华龄出版社 2004 年版。

古代所说的不孝，通常是指对家庭关系和社会关系的破坏。如《孟子注》中说道："阿意曲从，陷亲不义，一不孝也；家贫亲老，不为禄仕，二不孝也；不娶无子，绝先祖祀，三不孝也；不孝之中，无后为大。"其中所说最大的不孝是"无后"，其中所言的不孝没有明确提到有关不养的问题。历朝历代关于惩处不孝也不乏法律条文。除了汉代"以孝治天下"之外，同样十分推崇孝道的唐朝对于"不孝罪"有着较明确的规定。《唐律》中将"不孝"列为"十恶不赦"的重罪的第七位，指出不孝行为有若干具体表现："谓告言，诅祖父母、父母，及祖父母、父母在别籍异财，若供养有阙，居父母丧身自嫁娶，若作乐，释服从吉，闻祖父母、父母丧匿不举哀，诈称祖父母、父母死。"① 可以说，孝文化对古代经济社会发展和文化传承十分重要，孝文化是家庭养老的重要精神纽带，对维护国家稳定和社会稳定起到了十分重要的作用。2000 年 6 月，以江泽民同志为核心的党中央第三代领导集体在《中央思想政治工作会议上的讲话》中指出，"德治以其说服力和劝导力提高社会成员的思想认识和道德觉悟。"党的"十六大"明确要求要"建立与中华民族传统美德相承接的社会主义思想道德体系"。养老保障是关乎社会每一个成员切身利益的事情，在国家提供基本保障的同时，还需要强化"孝文化"中的积极意义，重视道德教育，形成"尊老、敬老、养老、爱老"的良好社会氛围，才能真正实现"老有所居、老有所乐"。

（三）我国养老保障制度的探索

改革开放以来，中国一直在不断探索建立一个既符合养老保障制度建设的一般规律，又与中国的需求及能力相适应的养老保障模式，自 1986 年国有企业以合同制代替终身雇佣制以来，我国养老保险制度大致经历了 3 个探索阶段：

1. 初步探索时期（1986—1996）

1986 年颁布的《国营企业实行劳动合同制暂行规定》中，废除了国有企业的终身雇佣制，规定国家、企业、个人按一定的比例共同筹集养老保险基金，退休金从共同出资的保险基金中划拨。这一规定标志着我国新的社会保险办法的建立。1991 年，国家颁布了《关于企业职工养老保险制度改革的决定》，决定中指出："要逐步建立起基本养老保险与企业补充养老保险和职工个人养老储蓄性养老保险相结合的制度。改变养老保险完全由国家、企业包办下来的办法，实行国家、企业、个人三方共同负担，职工个人也要缴纳一定的费用。"经过 5 年的探索，至此，国家基本养老保险、企业补充养老保险、职工个人储蓄性养老保险三者相结合的多层次养老保险制度被确定下来了。基于社会主义市场经济体制建设的要求，1995 年国务院下发了《关于深化企业职工养老保险制度改革的通知》，《通知》将养老保险制度改革的目标定位为"建立起适应社会主义市场经济体制要求，适用城镇各类

① 彭法：《清代孝观念研究》，中国人民大学出版社 2009 年版。

企业职工和个体劳动者，资金来源多渠道，保障方式多层次，社会统筹与个人账户相结合、权利与义务相对应、管理服务社会化的养老保障体系。”到1996年，全国已有约8000万职工，包括大多数国有企业职工、80%的集体企业职工以及30%的非公有制企业职工参与了退休基金缴费。但是，由于这一阶段社会统筹管理及企业、个人缴费意识与能力的不足，养老金征缴十分困难，少缴不缴现象十分普遍。据统计，到1995年年底，全国欠缴养老保险费的企业已近5万户，累计拖欠总额已超过50亿元。

2. 深入探索阶段（1997—2005）

社会统筹和个人账户相结合、将私有制企业职工纳入参保范围。经过1986—1996年的改革试点，建立起了社会统筹与个人账户相结合的养老保险制度方案，企业职工养老保险制度改革取得了新进展。然而，这个阶段的改革还存在着基本养老保险制度不统一、企业负担重、统筹层次低、管理制度不健全等问题，针对以上问题，国务院在1997年下发了《关于建立统一的企业职工基本养老保险制度的决定》，改革的重点是建立起社会统筹和个人账户相结合的城镇职工养老保险制度。企业职工按本人缴费工资的11%纳入个人养老保险账户，其余部分从企业缴费中划入，个人账户储蓄额不得提前支取。在1995年下发的《关于深化企业职工养老保险制度改革的通知》的基础上还对企业缴纳基本养老费的比例做出了明确规定。规定指出，企业缴纳基本养老费的比例一般不得超过企业工资总额的20%（包括划入个人账户的部分）；个人缴纳基本养老保险费（以下简称个人缴费）的比例，1997年不得低于本人缴费工资的4%，1998年起每两年提高1个百分点，最终达到本人缴费工资的8%①。有条件的地区和工资增长较快的年份，个人缴费比例提高的速度应适当加快。除此之外，还要求将养老保险的覆盖范围逐步扩大到城镇所有企业及其职工。1999年，中国养老保险的覆盖范围从国有企业职工扩大到了外商企业、城镇私营企业职工；2002年，城镇灵活就业人员也被纳入了覆盖范围。

实现职工养老保险全国并轨。1998年，国务院发布了《关于实行企业职工基本养老保险省级统筹和行业统筹移交地方管理有关问题的通知》，进一步统筹了养老金的缴纳与发放，实现了职业养老保险的全国并轨。2000年的《国务院关于完善城镇社会保险体系的试点方案》在辽宁全省和其他各省（自治区、直辖市）进行社会保险改革的试点，重点解决养老保险制度改革中的转轨成本问题，同时规定企业缴纳的20%的养老保险不再划入个人账户，而是全部形成社会统筹；将个人缴费比例从5%提高到8%，个人账户完全由个人缴费形成。

继续扩大基本养老保障的覆盖面、改革养老金的计发办法。2005年12月，针对个人账户没有做实、缴费办法不尽合理、覆盖范围不够广泛等问题，在总结东北三省完善城镇社会保障体系试点经验的基础上，国务院颁布了《关于完善企业职工

① 游飞宇：《中国养老保险基金资本化运营》，对外经济贸易大学2002年硕士学位论文。

基本养老保险制度的决定》，决定要求改革的内容包括：一是要扩大基本养老保险的覆盖范围，将非公有制企业、个体工商户和灵活就业人员重点纳入企业职工基本养老保险，规定城镇个体工商户和灵活就业人员参加基本养老保险的缴费基数为当地上年度在岗职工平均工资，缴费比例为20%，其中8%记入个人账户，退休后按企业职工基本养老金计发办法计发基本养老金。二是改革基本养老金计发办法。《决定》要求，从2006年1月1日起，个人账户的规模统一由本人缴费工资的11%调整为8%，全部由个人缴费形成，单位缴费不再划入个人账户。

3. 深入改革阶段（2006年至今）

为了进一步扩大养老保障的覆盖面，解决农村人口的养老保障问题，2009年，我国开始开展农村社会养老保险试点；紧接着在2011年陆续启动了城镇居民社会养老保险试点，城乡养老保险在制度上实现了全覆盖。

为保障社会公平、促进就业以及有效应对劳动力异地流动带来的养老保障困境，2010年1月1日国务院办公厅转发了人力资源和社会保障部、财政部制定的《城镇企业职工基本养老保险关系转移接续暂行办法》，《办法》主要解决：养老保险跨省转移接续问题、异地权益认同问题、农村进城务工人员的退保问题、管理服务方便群众问题。《城镇企业职工基本养老保险关系转移接续暂行办法》的出台对实现全国养老保险制度的统筹、实现城乡区域的统筹发展、促进劳动力的自由流动从而推动工业化和城镇化的进程具有深远影响。同年10月，《社会保险法》颁布实施，《社会保险法》中规定要逐步实现基本养老保险基金的全国统筹，其他社会保险基金逐步实行省级统筹。

2012年6月14日，国务院转发了人力资源和社会保障部、发展改革委、民政部、财政部、卫生部、社保基金会共同制定的《社会保障“十二五”规划纲要》，《纲要》指出：要进一步扩大社会保障覆盖面，缩小城乡、区域、群体之间的社会保障待遇差距。《纲要》还强调养老保险的可持续发展，要以农民工为重点，妥善解决人员流动过程中社会保险关系转移接续问题，实现制度的有效衔接。此外，还提出了弹性延迟领取养老金年龄的研究建议。

二、我国养老保障制度的现状

我国城镇基本养老保险制度改革经过20多年的探索，积累了宝贵的经验，为养老保障事业加快发展提供了丰富的实践基础，取得了初步成效。

（一）养老金“三支柱”模式基本建立

我国自1991年正式确立了国家基本养老保险与企业补充养老保险、职工个人储蓄性养老保险相结合的“三支柱”养老保险模式以来，经过20多年的实践摸索，“三支柱”模式逐步建立并取得了一定的成效：第一，基本养老保险取得明显成绩。

截至2011年年底，全国参加城镇基本养老保险人数28391万人，较2001年城镇职工参保人数翻了一番；农村参保人数32643万人，较2001年农村参保人数增长了5倍。从基金规模上看，2011年全年城镇基本养老保险基金总收入16895亿元，比2001年增加了14406亿元；基金总支出12765亿元，比2001年增加了10444亿元。基本养老保险基金累积结余从2001年的1054亿元增加到2011年的19497亿元，基金的抗风险能力明显提高。第二，企业年金稳定发展。2007年至2011年建立企业年金的企业规模自3.2万户增加到4.49万户，增长数量1.29万户，平均每年增加0.26万户；缴费职工人数自929万人增加到1577万人，增加缴费人数648万人，平均每年增加129.6万人；基金总量自1519亿元增加为3570亿元，平均每年增加410.2亿元。第三，个人储蓄性养老保险增长势头良好。商业保险是个人储蓄性养老保险的重要组成部分，2001年至2010年，我国商业保险保费从316亿元增长到1212亿元，实现年均增长16%。

（二）新型农村社会养老保险试点成效显著

新型农村社会养老保险也称“新农保”，与以前开展的农村养老保险相比，主要“新”在养老保险的筹资渠道和支付结构上。新农保资金的筹资渠道包括个人缴费、集体补助和政府补贴，支付结构为基本养老金和个人账户养老金。为了加快建立覆盖城乡居民的社会保障体系，逐步解决农村居民老有所养问题，使我国农民60岁以后都能享受到国家普惠式养老金，自2009年起，我国开始开展新农保试点，同年新农保覆盖面达到11.8%；2011年7月，新农保的覆盖面扩大到62%；2012上半年，新农保在全国所有县级行政区全面铺开；2012年10月，全国新型农村和城镇居民社会养老保险工作总结表彰大会在京召开，温家宝同志在会上指出，我国覆盖城乡居民的社会养老保障体系已基本建立。

（三）养老保险待遇不断提高

随着经济的发展，我国养老基金支出也在不断提高，2007—2011年，城镇养老金支出从5965亿元增加到12765亿元，基金支出翻了一番；农村养老金支出从40亿元提高到588亿元，基金规模增加了十几倍。全国城镇养老金待遇从2007年的12041元增加到2011年的18701元，每年平均增幅约为2000元。同时，连续8年增加企业退休人员养老金，调整后的养老金待遇为1700元。

（四）养老保险制度的全覆盖

2009年，我国新农保试点启动，年满60周岁的参保农民可按月领取养老金；2011年城镇居民养老保险试点启动，年满60周岁的参保居民可按月领取养老金。到目前为止，全国已经有4.32亿城乡居民被纳入这两项制度当中，其中参保缴费3.14亿，领取基本养老金1.18亿。这两项制度覆盖人群加上城镇职工2.95亿的参保人群，目前我国养老保险制度覆盖人群已经超过了7亿人。

（五）老年社会福利待遇水平不断提高

老年社会福利包括老年津贴、老年服务及发展性服务。根据民政部发布的《2009年民政事业发展统计报告》，截至2009年年底，我国各类老年福利机构有38060个，床位共266.2万张，收养各类人员210.9万人。与2008年相比，在机构数量、床位、收养人数上都有了较大提高。截至2011年9月，我国已有14个省份建立了80岁以上高龄老人补贴制度，补贴按月发放，金额从40元到800元不等。

第二节　养老保障体系

一、西方发达国家养老保障体系

（一）养老金体系

1. “三支柱”型养老金模式

美国是实行“三支柱”社会养老保障模式的典型国家。“三个支柱”即国家强制的社会养老保险制度、雇主或企业养老金计划和个人储蓄养老金计划。

（1）社会养老保险计划也叫老年与遗嘱保险（Old - Age Survivors Insurance，OASI），是一项强制性、广覆盖、复合式的养老计划，是为了防止人们过早死亡和年老所带来的经济无保障而设立的公共保险计划。老年与遗嘱保险（OASI）是美国参保人数最多的一个险种，2010年已有1.63亿人参加了养老金计划，其中有5000万人受益。

（2）私有养老金计划。私有养老金计划也叫企业年金计划、雇主养老金计划等，是美国养老金计划的第二支柱。私有养老金计划的特点是雇主资助、完全自愿、延税优税，即雇主根据企业自身状况决定是否提供退休金及退休金的数额和种类；政府对于实施私人退休金计划的企业给予优税待遇，允许延缓上缴税费。税收优惠政策在很大程度上促进企业建立年金制度，在经过130多年的发展后，如今美国几乎每个大中型公司都拥有自己的私有养老金计划。目前美国已有60%的雇员参加了私有养老金计划，基金规模达到13.34万亿美元，是政府强制养老金计划的5.1倍，占养老金总资产的64%，占美国GDP的比重为91%。

（3）个人储蓄养老金计划（Individual Retirement Account，IRAS）。是以个人自愿投资为基础，将投资的资金用于投资人退休后的养老保障，提高退休后的生活质量，资金在投资人退休后方可使用；它是一种长期性的资金投资，具有一定的风险性。美国政府通过设计相应的优税免税政策，鼓励个人进行退休养老储蓄。

2. 中央公积金型模式

新加坡是实行中央公积金模式的典范。新加坡中央公积金制度建立于1955年，是为了解决当时贫困人群的养老问题而建立起来的带有强制性的养老储蓄计划，其目的是为雇员提供充足的资金以保障他们退休后的生活及生活质量。

（1）公积金的缴纳。新加坡的每个雇员都必须按月向自己公积金户口中缴纳一定比例的个人工资，缴纳率根据经济的变化而变化。总体而言，新加坡中央公积金缴纳水平基本维持在30%—36%。政府通过强制缴纳的高比例公积金，掌握了大量的现金储备，一方面降低了外汇市场的风险，另一方面也实现了个人的财富积累。

（2）公积金的管理。如果说美国等福利国家的社会政策主要是基于社会保险和收入转移支付，那么新加坡的中央公积金制度就是基于资产的社会政策，是一种资本积累机制，也可以看做是为保持经济增长的融资。新加坡中央公积金计划由中央公积金局进行统一管理，公积金由新加坡货币管理局和新加坡政府投资公司进行集中投资，即个人公积金账户不做主动投资，而是由中央公积金局进行集中投资，大部分资金用于购买新加坡政府债券，公积金成员从中获得利息。

（3）公积金的受益领取。新加坡政府一直在积极倡导中央储备基金代表个人退休受益的理念，从目前的情况来看，CPF账户的持有者在年满55岁时，可以领取其普通账户和特殊账户中综合储蓄部分的50%。从2009年到2013年，保障受益的支取限额将以每年10%的比例递减。从2013年开始，只有达到中央储备基金最低数额和医疗储蓄最低数额要求的特殊账户和普通账户余额可以被支取。除此之外，新加坡对公积金的使用有着严格的立法，如男女年龄在55岁以下除了按指定用途或出国定居之外，不能提取现款；在年龄超过55岁时，最多也只能提取余额的一半现款，另一半用作个人的各种福利性开支。

（二）养老服务体系

1. 家庭养老

新加坡政府推行的以强制储蓄为原则的中央公积金制度为老年人的生活提供了一定的经济保障，而政府一直提倡和鼓励的家庭养老模式的成功经验更值得借鉴和学习。新加坡政府的中央公积金制度以强制储蓄为原则，为老年人的晚年生活提供一定的经济保障，其促进和鼓励家庭养老模式的成功经验是值得借鉴和学习的。

忠孝仁爱是儒家思想的核心，也是新加坡的治国之纲。政府通过大力宣传忠孝仁爱，营造出尊老爱老的社会环境氛围。第一，为了保持三代同堂的家庭结构，新加坡于1994年制定了奉养父母法律，成为世界上第一个对赡养父母立法的国家。新加坡法律规定，凡拒绝履行赡养义务或资助贫困的年迈父母者，法院将判决对其罚款一万新加坡元或判处一年有期徒刑①。第二，房屋租赁优惠政策。三代同堂的家庭在租赁房屋时，给予价格优惠和优先安排；除非与父母或 50 岁以上的人共同居住，单身的年轻男女不得出租或购买住房。第三，申请人若要享受遗产税收优惠待遇，条件是必须与父母或身患残疾的兄弟姐妹同住。第四，为了提高赡养老人的热情，新加坡还推出了一系列的津贴计划，以鼓励儿女与老人共同生活。

2. 社区养老

社区养老在美国养老服务体系中的地位十分重要，为政府提供了重要的支持，对老年人物质、精神、文化上的大部分照顾都是以社区为单位实施的；美国政府在公共政策方面的具体事务也经常交由社区执行②。根据社区服务类型，美国的养老社区可以分为生活自理社区（Independent Living）、生活协助社区（Assisted Living）、专业护理社区（Skilled Nursing）、持续照顾社区（Continuing Care Retirement Communities）。生活自理型社区内主要是身体健康、希望得到社会服务与交往的老人，社区为其提供膳食、家政、24 小时居家和医疗在内的服务。生活协助型社区内主要是需要日常生活协助和需要一定医疗护理的居民，除生活自理社区提供的服务外，还包括洗衣及日常生活援助。专业护理型社区主要面向身心极度衰弱或身患疾病的老人，除生活协助社区提供的服务外，还包括 24 小时医疗护理。持续照顾社区，综合前几种服务人群和服务内容，提供社区服务根据社区类型有所差异。

社区养老的主要做法是：第一，在社区里建立全托制的“退休之家”、日托制的“托老中心”，为老年人提供就餐、阅读、健身、保健、活动的场所。第二，开展“互助养老”活动，促进老年人的交流。第三，由政府出资，雇佣家庭保健护士为老年人提供上门服务。

二、我国养老保障体系

（一）养老金体系

目前，我国 60 岁以上的老年人口已达 1.45 亿，近 10 个人中就有 1 个老年人，今后每年还将以 3.3% 的速度增长。预计到 2050 年，老年人口将达到 4.2 亿。由于人口老龄化程度的提高，人口负担系数（也称抚养系数，每 100 名劳动年龄人口需要负担的非劳动年龄人口数）逐年上升，可以预见，越来越多的家庭面临着老年人口的养老问题。为了解决养老难题，我国建立起了多层次的养老保障体系，一是政府提供的基础型社会保障；二是企业与雇员共同出资的养老金计划；三是个人出资

① 胡灿伟：《新加坡家庭养老模式及其启示》，《云南民族学院学报》（哲学社会科学版）2003 年第 5 期。

② 马荣真：《试析美国养老模式对我国的借鉴意义》，《山东省工会管理干部学院学报》2011 年第 5 期。

的商业养老保险和个人储蓄。

1. 国家养老保险

国家养老保险是养老保障制度的核心组成部分，是国家根据相关的法律和法规规定，在劳动者达到国家规定的解除劳动义务的劳动年龄界限，或因年老丧失劳动能力退出劳动岗位后给予一定物质帮助以保障职工退休后基本生活的一种社会保险制度。

我国基本养老保险主要实行的是现收现付制与部分积累制的养老金筹资模式。现收现付制概括地讲就是在职的一代赡养已退休的上一代，在职的交费直接用于支付当期退休者的退休金。它根据每年养老金的实际需要，从工资中提取相应比例的养老金，本期征收，本期使用，不为以后使用提供储备。此模式体现了代际间的收入再分配。由于老龄化带来的问题日益增多，这种现收现付的模式给政府带来的财政压力增大。部分积累制介于现收现付制和完全积累制之间，其中养老金一部分来源于现收现付制，一部分来源于完全积累制。统筹的资金用于保障个人基本生活需要，个人账户的积累用于提高退休人员的生活水平，从理论上来讲，这种积累方式体现了公平与效率的统一。

当今世界各国采取的养老金给付方式有 DB 模式即待遇确定型模式与 DC 模式，即缴费确定型模式。

（1）待遇确定型（Defined benefit，DB）。在 DB 模式下，社保计划发起人或管理人（公营或私营部门）向参保者做出承诺，保证养老金收益按事先约定的发放，也就是参保者在退休后每月领取的养老收益是事先确定好的。

（2）缴费确定型（Defined contribution，DC）。在 DC 模式下，参保者每月的缴费固定，但退休后每月领取的养老收益是不确定的，因为缴费资金将用于投资，收益总额是缴费和投资收益的总和，而投资收益是不确定的，投资的风险由参保者自行承担。

我国养老金给付方式是待遇确定型模式（DB 模式），在 DB 模式中由于未来的收益是事先确定好的，参保者对年老的生活能有所预见，实行这一支付模式有利于增强社会成员的安全感，减少社会矛盾冲突，维护社会稳定。DC 模式侧重于效率，有利于调动社会成员的当前工作积极性，促使他们为了退休后更好的生活而努力工作。

2. 企业年金制度

企业年金是指在政府强制实施的公共养老金或国家养老金之外，企业在国家政策的指导下，根据自身经济实力和经济状况建立的，为本企业职工提供一定程度退休收入保障的补充性养老金制度①。即职工在达到法定退休年龄后，可以定期获得除国家养老金之外的退休收入。企业年金制度是我国养老保障体系的第二支柱，是

① 邓大松、刘昌平：《中国企业年金制度研究》，人民出版社 2004 年版。

养老保障体系中的重要组成部分，它有利于提高职工退休后的养老金水平，提升职工退休后的生活质量。企业年金具有以下性质与特点：

第一，企业年金是一种补充性的养老保险，是企业及其员工在参加基本养老保险的基础上，自愿建立的补充养老保险制度。作为养老保险体系“第二支柱”，企业年金填补了基本养老保险的空白，提高了职工退休后的生活水平。

第二，由企业自主建立。世界上大多数国家采用的都是非强制性的企业年金计划，企业年金的缴费水平、待遇、模式、运营可根据企业自身的实际情况自主选择。根据我国相关法律法规的规定，“依法参加基本养老保险并履行缴费义务、具有相应的经济负担能力、已建立集体协商机制”的企业可以依法建立企业年金。

第三，企业年金的资金来源于企业和员工的共同缴费，待员工退休后一次性或定期领取。企业年金采用的是企业和个人共同缴费的方法，缴费分为个人缴费部分、企业缴费部分、个人年金税费、企业年金税费。根据我国 2004 年颁布的《企业年金试行办法》，企业缴费每年不超过本企业上年度职工工资总额的十二分之一。企业和职工个人缴费合计一般不超过本企业上年度职工工资总额的六分之一。

第四，国家给予一定的税收优惠。在企业年金计划中，政府不是直接参与者而是监督者，通过提供税收优惠政策鼓励符合资格的企业建立企业年金。

第五，实行市场化的投资运营。市场化运作是国际上普遍使用的养老金运行方式，有助于企业年金的增值。

1999 年，我国在国务院颁布的《关于企业职工养老保险体制改革的决定》中，首次将企业补充养老保险纳入了养老保障体系；2004 年国家劳动和社会保障部颁布了首部企业年金专门法规——《企业年金试行办法》，自此企业补充养老金制度正式更名为企业年金制度。我国企业年金制度经过十多年的探索，从参与企业、参与人数到基金累积都有了较大发展：据劳动和社会保障部统计，2001 年我国企业年金计划人数 560. 33 万人，参与企业 1. 6 万家，基金累积 191. 9 亿元；2011 年，参加企业年金计划人数达到 1577 万人，参与企业 4. 5 万家，累积基金 3570 亿元。我国企业年金经营模式日趋多元化，截至 2007 年，我国有包括银行、保险公司、信托公司、基金管理公司在内的 49 家金融机构获得了 61 个企业年金管理资格，其中受托机构 12 家，账户管理机构 18 家，托管机构 10 家，投资管理机构 21 家，企业年金市场竞争格局初步形成。

3. 个人储蓄

个人储蓄性养老保险是职工根据自己的实际收入水平，定期或不定期地向保险机构投保，以保障自己在退休后的基本生活水平的养老保险手段。① 个人储蓄养老保险可以分为保险型退休计划和非保险型退休计划。保险型退休计划是商业年金保险的购买；非保险型退休计划是银行、信托公司来对个人储蓄进行管理。个人储蓄

① 胡逢云：《社会保障实用手册》，上海辞书出版社 1995 年版。

性养老保险是我国养老保障体系的重要组成部分，具有以下几个特点：自由性。个人储蓄性养老保险对参保对象的年龄、职业没有任何限制，个人自愿投保，自由选择经办机构。缴费额度无限制。与基本养老保险、企业年金不同，个人储蓄养老保险不受缴费额度的限制。

（1）缴纳。个人储蓄性养老保险主要由个人进行缴纳，国家在政策上予以扶持。有参保意愿的个人，可以根据自己的实际收入情况，在银行开设个人账户，按规定选择不同档次的缴费标准，银行按照等于或高于同期城乡居民储蓄存款利率计息，个人缴费计入当地社会保险机构在有关银行开设的养老保险个人账户，所得利息也一并计入个人账户。在劳动力跨地区流动时，个人养老储蓄账户也随之转移。

（2）给付。个人储蓄性养老保险金一般情况下不得提前领取。在退休后，职工可以凭借《退休证》等证明到当地社会保险局办理相关手续后，凭个人账户将储蓄性养老保险本金和利息一次性支取或分次支取。职工未到退休年龄而因故死亡的，记入个人账户的储蓄性养老保险金由其指定人或法定继承人继承。

（3）管理、经办机构。社会劳动保障局是我国个人储蓄性养老保险的管理部门，商业保险公司是个人储蓄性养老保险经办机构。社会劳动保障局对个人相关资料进行登记管理，商业保险公司在非营利的基础上运行养老保险金。实际上可以引入竞争机制，实行分散化的代管。

（二）我国养老服务体系

1. 居家养老

居家养老是在我国社会经济发展的大背景之下提出的新型养老方式。居家养老主要是以社区服务机构和卫生医疗服务机构为基础，以各类社会养老服务机构、家政服务机构为依托，建立城乡居家养老服务网络，为老年人提供生活照料、疾病护理、情感慰藉、精神文化生活等服务。居家养老具有以下几大基本特征：

第一，养老功能的全方位性。居家养老旨在整合社会和社会组织的各种服务资源，为老年人提供文化、娱乐、保健、医疗等多项服务，满足老年群体的吃、穿、住、行、医、护及心理咨询等多种层次的需求。

第二，养老资源的多元化。政府是居家养老的主要资金支持者，由于养老涉及的范围广泛，不能仅仅依靠政府这一单一主体供给，可由政府部门、非政府组织（NGO）、商业部门以及社区居委会共同支持。非政府组织是当前中国居家养老服务供给的主力，主要负责上门服务的供给；社区居委会作为社区组织机构，能提供、反馈老年人的信息，监督居家养老服务供给，同时提供部分养老服务，主要是精神慰藉。

第三，养老体系的多层次性。居家养老强调政府、市场和社会、家庭等多主体共同参与，目标是提供多层次全方位的养老产品和服务。

第四，福利性。福利性是居家养老服务的根本特质，是其发展运行过程中必须遵循的基本准则。

2. 机构养老机构养老是政府和社会为老年人提供的专业社会机构服务，老年人在机构内居住、医疗、保健、学习、娱乐、休闲，接受全方位的物质和精神服务。我国的养老机构大概可以分为以下几种：

（1）老年公寓。老年公寓是指专供老年人集中居住、符合老年体能心态特征的公寓式老年住宅，具备餐饮、清洁卫生、文化娱乐、医疗保健等多项服务设施，是综合管理的住宅类型。老年公寓入住费用较高，主要向生活尚能自理的老年人开放。老年公寓在经济发达的大中城市比较普遍。

（2）养老院。养老院是指专为老年人提供日常生活照料、文化娱乐、康复训练、医疗保健等综合性服务的社会福利机构。按照养老院的隶属关系，我们可以将养老院划分为公立、私立、公办民营等类型，不论是哪种类别的养老院，由于它的福利性，与老年公寓相比，收费标准大多较低，面向的老年人群体也更加广泛。

（3）敬老院。敬老院是指以街道、乡镇无生活来源、无劳动能力、无赡养人的老年人以及“五保老人”入住为主，同时为社会老年人提供托养服务的养老机构。[①] 敬老院收养群体主要是生活困难的五保老人（吃、穿、住、医、葬），主要由国家进行供养，以解决他们的基本生活问题。

（4）托老所。托老所是指由社会服务中心、社会福利院等机构主办的，提供老年人日托、全托、临时托的养老福利机构。我国托老所主要集中在大中城市，收养的对象主要是白天无人照顾，生活能自理、部分自理、不能自理的老人。与养老院相比，托老所的设施比较简单，工作人员只需具备一些基本的知识和技能，相对而言收费也比较低。

（5）老年护理院。老年护理院以丧失自理能力而需要特殊护理的老年人为服务对象，主要提供生活照料、康复训练、理疗护理。与普通的养老机构相比，老年护理院具备较为完善的医疗设施，它既提供老年人日常的生活照料，又具备疾病预防、治疗、护理、临终关怀等服务功能。

第三节 民族地区养老保障现状、问题以及对策

随着我国老龄化步伐的加快，民族地区也纷纷进入老龄化阶段。然而，民族地区养老保障条件差、起步晚、底子薄，解决好民族地区的养老保障问题，是维护民族团结、社会公平，构建社会主义和谐社会的必然要求。

① 曾庆敏：《老年立法研究》，社会科学文献出版社 2011 年版。

一、民族地区养老保障面临的现实挑战

（一）未富先老

中华医学会党委书记饶克勤同志在2012年世界卫生日上指出，发达国家经济发展与老龄化同步，进入老龄社会时人均GDP一般在5000到10000美元以上，而中国是在尚未实现现代化、经济还不发达的情况下提前进入老龄社会，即“未富先老”。发达国家的人口是“先富后老”，而我国则是“未富先老”，这一点在民族地区表现得更为突出，大多数人还没有致富就进入老年了。一些民族地区老龄化程度高、速度快，但经济社会发展水平相对落后。广西壮族自治区是全国较早进入人口老龄化阶段的地区，1996年全区65岁以上人口占总人口比例达到7.06%，按照国际标准，已经开始进入到了人口老龄化阶段。截至2010年年底，广西60岁以上的老年人口为633万，占全区总人口的13.59%。广西财政收入属于全国中下等水平，经济社会发展水平不高，面临着“未富先老”的困境时还存在着“未保先亏”的现象。2007年，广西全区当期基本养老保险征缴总额为82.41亿元，基金支出总额为86.85亿元；到了2009年，基本养老保险征缴总额增加到128.26亿元，同时基金支出总额也增加到147.38亿元，当期基金缺口从2007年的4.44亿增加到了2009年的19.12亿元。养老需求旺盛而财政供给难度大，人口老龄化速度明显超越当地经济发展程度，给当地社会经济发展带来不少挑战：首先，人口老龄化使劳动年龄人口比重下降，老年赡养比重上升，使劳动年龄人口的经济负担日益沉重。其次，老年人口属于单纯消费型人口，同时也是劳动力人口所提供税收的享受者，老年人口的比例增大无疑会使税基缩小，税收减少，储蓄率下降，投资比例降低，单纯消费增加，不利于扩大积累，增加投资，进而影响到我国经济的持续稳定发展。再次，人口老龄化使政府用于老人的财政支出增加，政府负担加重。最后，随着人口老龄化步伐加快，还会引发老年人社会保障、老年人健康、老年人就业等一系列社会问题。除此之外，人口老龄化对我国现行的现收现付的养老金制度产生巨大压力。

（二）情况复杂，解决难度大

民族地区老年人口增速快，养老覆盖面增大，财政负担加重，老年人口的服务事业和福利设施难以满足城乡老年人养老的需求，养老服务体系滞后于养老服务需求，可谓“未备先老”（穆光宗，2012）。很早就进入老龄化阶段的广西壮族自治区，面临着养老设施严重不足的困境。2010年，首府南宁市国办养老福利机构只有一所，6城区中，只有两个城区拥有养老机构（国办），这些机构基本是超负荷运

行，其余 4 个城区的国办养老机构建设处于空白状态。同时，正常运行的民办养老机构只有 31 家，这些民办养老机构规模较小，设施比较简陋，存在着管理不规范、人员素质不高、发展后劲不足等问题。

据 2011 年云南省第六次全国人口普查数据显示，云南 60 岁及以上人口 508.7 万人，已占到该省总人口的 11.07%，其中 65 岁及以上的老年人 350.6 万人，占总人口的比例为 7.63%，这意味着云南已经进入了老龄化社会。由于云南省社会经济发展水平与全国相比较低（云南人均 GDP、人均农民纯收入仅及全国的 53% 和 65%），财政的支付能力比较弱，供给与需求的矛盾日益加大；同时，云南是一个多民族的省份，少数民族人口比例较高，受传统“家庭养老”观念的影响，云南省少数民族老年人的收入来源有相当大的比重均来自于劳动收入和家庭成员的供养，在云南，少数民族的养老保险参保率较全国和本省汉族的养老保险参保率水平低，仅分别及全国及云南省汉族参保率的 68.54% 和 79.82%，同时云南少数民族养老保险参保率城乡差异明显。

由于部分少数民族地区经济文化水平发展相对落后，存在对政策的理解不准确、政策的执行不到位等问题。如 2011 年云南有 5 县市未足额发放养老金，滞发补助资金，迪庆藏族自治州“虚列支出”1.8 亿余元，财政收入 2000 余万元未纳入预算管理，出借国库资金 7000 余万元，未及时拨款 149 万元以及往来账目清理不及时等。

（三）家庭结构转变带来的冲击

家庭养老是中国传统的一种养老模式。家庭养老即由家庭成员，包括子女、配偶、兄弟等亲属对老年人提供经济支持、劳务支持和精神慰藉。“养儿防老”的传统思想在农村地区根深蒂固，即下一代对上一代进行赡养。在民族地区，家庭养老的观念根深蒂固，家庭养老仍然是民族地区农村养老模式的主要选择。受我国城市化和经济社会快速发展的影响，“身份制”和“户籍制度”松动的影响，农民不愿再被束缚在土地上，争相流入发达的地区，寻求更多的发展机会。农村年轻劳动力的转移，使农村“空巢”老人的数量日益增加，传统的家庭养老受到了巨大的挑战：生活质量降低，生活照料“真空化”，同时“色养”即精神上的慰藉缺失了。此外，老年人赡养水平随着家庭供养能力的下降而下降。传统的家庭养老的资源主要来源于子女的支持，但随着计划生育政策的推行与城乡人口迁徙的浪潮，“四二一”家庭结构成为普遍现象，“空巢”家庭的比例也在逐年上升，同时在农村地区，土地保障的作用正在逐渐降低。家庭结构的转变给养老服务和养老模式带来不小的挑战。

（四）面临顶部老龄化和底部老龄化的双重夹击

有两种情况可以导致人口年龄结构中老年比重的增加。一种是老年人数量增加，致使其在总人口中的比重增加，这种情况表现在人口年龄金字塔上是金字塔顶部增长，称作顶部增大引起的老龄化，简称顶部老龄化。另一种是年轻人比重减少，使老年人比重相对增加。这种情况表现在人口年龄金字塔上是金字塔底部缩小，称作底部缩小引起的老龄化，简称底部老龄化。民族地区现在的人口老龄化，主要是金字塔底部收缩少儿人口增长减慢引起的老龄化，底部老龄化是生育率下降的即时结果。此外，由于民族地区经济的快速发展，医疗卫生的进步，老年人平均寿命延长，民族地区老龄化现状同样呈现出顶部老龄化特点。从总体上看，民族地区人口老龄化过程的快速发展，将成为直接影响经济社会发展的重大问题。

二、民族地区养老保障存在的问题

近年来，随着我国民族地区经济的快速发展，养老保障制度建设也取得了很大的成绩。然而，由于历史、社会、经济等诸多方面的原因，民族地区的养老保障仍存在很多问题。

（一）养老保障水平不高

目前，受经济发展水平与历史因素的影响，我国民族地区的基本养老保障水平不高，主要表现在养老保险覆盖率、覆盖面、保险待遇上。

1. 覆盖率

据《中国统计年鉴 2011》统计数据，若以参保职工人数占城镇就业人数的比例来计算，截至2010年年底，广东省、辽宁省的养老保险覆盖率已达到了100%，浙江、河北、山东也到达90%，而西部城市如西藏、云南、新疆的覆盖率仅为13%、20%、50%，省区间覆盖率差距达到了80多个百分点。

2. 覆盖面

在一些少数民族地区，特别是农村地区，与养老保障相关的项目主要是“五保”供养、养老救济与抚恤、新农合等，养老储蓄、商业养老保险并未普及。而在我国沿海发达地区，如广东、江苏等地已将城镇集体企业纳入了基本养老保障覆盖范围。

3. 待遇

我国大部分地区的养老保障待遇受所属区域的经济发展水平、人口、政策的影响，表现出明显的地区差异。除人口较少的西藏、宁夏、青海外，其他民族地区的养老保障水平均低于全国平均水平。民族地区养老保险制度主要由个人缴费、集体补助、政府补贴三部分构成。个人缴费实行的是阶梯式的缴费标准，由于民族地区群众养老保险的参保意识不高，在经济上自我支持能力不足，大多数缴费都集中在较低档次的标准，从长远来看，难以发挥养老保障的作用。

（二）城乡养老保障差距大

我国是农业大国，2010 年人口普查结果显示，截至 2010 年年底，我国农村人口为 67425 万人，占全国人口的 50.32%，农村地区的养老保障问题一直是我国社会保障工作的重中之重。农村家庭结构转变对传统家庭养老的冲击，土地保障功能弱化，自然、市场、劳动风险不断扩大，都给农村养老保障带来不小的挑战。我国农村参保人数增长较快，2011 年参保人数 32643 万人，较 2007 年增长 530%；养老保险覆盖率也有了较大提高，然而农村人均养老金年收入增长速度较慢，农村与城镇养老金收入水平还存在不小的差距。在民族地区，城乡养老保障差距也较为明显。2010 年，宁夏城镇职工参保人数 77.3 万人，占全区城镇总人口的 26%；农村新农保参保人数 24.7 万人，占全区农村总人口的 7.5%。城镇职工年人均养老金 1600 元，农村新农保人均发放仅为 63 元。

（三）个人账户"空账"运行问题

我国基本养老保险采用的是"统账结合"的模式，即社会统筹账户与个人账户相结合。社会统筹账户由国家和企业共同筹集，个人账户由个人缴费形成。在实际执行中由于社会统筹账户与个人账户未分开记账，当社会统筹账户的资金不能足额支付退休人员养老金时会出现挤占挪用个人账户资金、造成个人账户有账而无线的现象，这种现象就是养老金个人账户"空账"现象。[①] 2010 年我国个人账户记账额 1.9 万亿元，其中做实账户 2039 万元，存在 1.7 万亿元的缺口；2011 年我国个人记账额 2.5 万亿元，其中做实账户 2703 万元，存在 2.25 万亿元缺口（郑秉文，2012）。2011 年收不抵支的省份有 14 个，收支缺口达到 767 亿元。其中广西、新疆兵团出现了负结余，一些民族地区也处于收不抵支的边缘。个人账户"空账"现象形成的原因主要有以下三点：第一，"统账结合"的养老保险制度是在 20 世纪 90 年代我国养老保险制度改革后形成的，在此之前参加工作及已退休的职工并没有建立起个人账户，以至于出现个人账户中"中人"少账，"老人"空账。第二，当期退休人员领取的养老金来自于同期在职职工的缴费，在"新人"缴费额累积不足的情况下又面临着退休人口的大量增加，同时又没有新的资金注入，造成了入不敷出的问题。第三，统筹层次低、地区之间发展严重失衡、统筹单位和统筹基金之间相互割裂[②]也是造成个人账户"空账"的重要原因。

（四）养老保障统筹层次低

养老保险的统筹即是对养老金实行统一收缴、统一管理、统一支配。我国养老

① 王艳芳等：《个人账户"空账"运行问题探讨》，《法制与社会》2009 年第 2 期。

② 王艳芳等：《个人账户"空账"运行问题探讨》，《法制与社会》2009 年第 2 期。

保险制度改革经过十多年的发展，统筹层次经历了企业统筹、县级市统筹到省级统筹的演变，统筹层次的不断提高，一方面，有利于养老保险关系在不同的统筹地区的流动，促进全国劳动力市场的统一；另一方面，保障参保者的合法权益，提高公众的参保率；此外，还有利于解决农民工大规模退保等问题。然而，我国目前养老保险仍以市、县统筹为主，据 2012 年审计署社保审计报告显示，我国只有 6 个省真正实现了省级统筹，我国民族地区养老保险仍处在较低的统筹层次。统筹层次低，第一，养老金的管理主体分散，管理主体一分散，管理成本就高，监管起来也困难，管理效率低下和腐败的风险就大大提高，造成养老金的损失。第二，若统筹仅仅停留在县、市、省一级，基金规模小、基金的自我周转能力弱，阻碍了养老金在不同地区不同收入群体之间的调配，养老保险的共济功能无法得以有效的发挥。

（五）养老机构不足，服务设施水平低

随着我国“空巢”家庭和“四二一”家庭的增多，传统的家庭养老面临着巨大的挑战，不少老人将选择养老机构安度晚年。然而，据民政部统计，截至 2010 年年底，我国养老床位总数约为 320.8 万张，每千名老人拥有床位数仅为 18 张，远低于发达国家每千名老人拥有约 60 张床位的水平，不少老龄人口集中的地区如北京，存在“一床难求”的现状。民族地区经济发展水平落后，养老机构的数量明显不足，截至 2012 年 8 月，云南省有养老服务机构 770 个，养老床位 5.25 万张，每千名老人拥有床位数仅为 10 张。与此相对的是，2009 年，我国养老床位利用率仅为 78.9%，养老机构设施布局和结构的不合理导致在养老服务供不应求的情况下还存在着养老服务浪费的现象。

我国养老机构的服务设施、质量有待进一步提高。一是缺少专业护理人员，我国目前从事养老服务行业的护理人员仅为 22 万人，其中有上岗证的仅两万人。大多数护工都缺乏专业知识的培训，除了一些基础护理之外，也缺乏对老年专科疾病的护理、心理抚慰、康复指导等方面的培训。二是硬件设施条件差。部分民族地区农村的养老机构硬件设施简陋，供养标准明显低于城镇地区，基本只能停留在提供吃、穿、住等简单服务的阶段。

三、完善民族地区养老保障的建议

（一）提高民族地区养老保险的参保意识

一方面，提高农村人口的参保意识。第一，下派熟悉养老保险业务的工作人员到各个乡村，深入到每家每户进行养老保险知识的讲解，让他们知道养老保险的优越性。第二，利用乡镇广播，将养老保险新政策传播到村庄的各个角落，加强农村人口对于养老保险的信赖。第三，举办关于养老保险的主题活动，如知识竞赛、文

艺会演，以喜闻乐见的方式让农民了解养老保险的意义。

另一方面，提高企业的参保意识。一是要提高企业法人代表的参保意识，督促他们履行对员工的养老保障义务，保护员工的合法权益。对拖缴、欠缴、少缴养老金的企业逐个进行审计，找出拖缴、欠缴、少缴的原因，并根据有关的法律政策规定进行处理。二是要加强宣传，让企业员工充分认识到养老保险对其长远利益的保障意义，促使其主动参与到养老保险中来。

（二）统筹民族城乡养老保险

1. 完善农村养老保险的制度建设

农村人口的养老保障一直以来都是我国养老保障事业的薄弱环节，为实现统筹城乡的养老保险，应加强农村养老保险的法制建设、明确政府责任、建立多层次的保险体系，大力推进民族地区农村的社会养老。

2. 扩大养老保险制度的覆盖面

现阶段我国城乡养老保险覆盖水平较低，扩大养老保险制度的覆盖面是各地政府在养老保险工作中的重要任务。要统筹城乡养老保险，必须首先完善失地农民以及农民工的养老保险，使之与城镇养老保险的发展水平相一致。目前，应重点解决农民工、失地农民和乡镇企业职工的养老问题，不断扩大新型农村养老保险制度的试点范围，努力满足各群体对养老保险的需求。

3. 推进养老保险制度的信息化建设

养老保险制度的管理手段和管理方式是影响养老保险制度在城乡之间与地区之间互通的重要因素。因此要加强养老保险制度的管理，提高管理的水平和效率，借助现代化的信息手段，整合城乡之间的资源，统一管理工具，实现标准化、规范化的管理。

（三）加快推进养老保险全国统筹

1. 缩小各地间的区域差异

由于我国各地区经济发展水平、基本养老保险制度存在较大差距，养老保险的全国统筹不可能一步到位；同时，各地区原有的政府、企业、个人之间的利益格局不易被打破，成为养老保险全国统筹的一大障碍。在加快推进全国统筹之前，要以省级统筹和区域统筹为过渡，区域统筹运行一段时间后，随着中部和西部经济水平的提高，东部、中部、西部三个区域的差距逐渐缩小，全国统筹的基本养老保险基金就能水到渠成。

2. 明确中央和地方政府的责任与权利

在财政体制上，我国中央和地方政府属于“分灶吃饭”，地方政府需要考虑到当地的经济、社会和文化的发展，寻求自身利益的最大化。当中央的政策可能会对地方利益造成影响的时候，地方政府会选择不主动、不配合的态度。所以要进一步规范管理，加大力度打破区域利益、政府各部门利益、个人利益格局。为了平衡中央与地方政府之间的利益，需要明确二者之间的责任和权利，对养老保险方面的责任和义务进行合理的划分。

3. 实现养老保险经办机构的垂直管理

养老保险经办机构的垂直管理就是指经办机构的人权、事权都统一到中央一级，上级部门掌握下级部门的人事任免权，并负责管理下级部门的执行情况，下级部门执行上级部门的命令①。养老保险经办机构的垂直管理有利于消除地区分割，实现“人、财、事”与基金收缴、支付、使用的统一管理。

（四）做实养老保险个人账户

1. 明确养老保险个人账户的法律地位

首先，要提高养老保险的立法层次。目前有关养老保险制度的规范大多是一些部门规章和地方性的政策法规，立法层次较低，缺乏统一的约束力强的单行法律，是造成个人账户“空账”的原因之一。所以，要加强立法，制定出在全国层面上的更加具有强制力的法律，构建出多层次的养老保险法律体系。其次，通过立法，明确个人账户的权威地位，划清国家、企业、个人之间的权限和责任，使个人账户的运行有法可依、有法可循。

2. 加强养老保险个人账户的监管

在我国绝大多数省份并未建立起有效的养老金监管机制，监管力量的薄弱是导致个人账户“空账”问题的重要原因之一。各地要提高对养老保险个人账户的监管意识，建立相应的监管机构，内外结合，形成多部门多层次养老金监管的组织结构，避免养老金被擅自挪用等寻租腐败现象产生。

3. 建立养老保险个人账户的多渠道筹资机制

中央和地方财政的投入对弥补养老金缺口具有很大帮助，但是若仅靠加大财政支付来做实个人账户，就我国当前的经济发展水平而言并不现实。因此，要拓宽养老保险个人账户的筹资渠道：第一，划拨国有资产填补养老金的隐性债务。第二，发行福利彩票筹集基金。第三，利用一些重大资源收益如土地资源、能源资源收益来补充养老金。

4. 提高个人账户基金的运营效率，实现养老金的保值增值

我国养老金一边面对着巨大的支付压力，一边面临着贬值的风险，所以，要加速推进养老金的管理运营。一是提高养老保险的统筹层次，实现养老金的集中管理和集中投资运营。二是探索多元化投资运营模式，优化投资组合，提高养老金的投资收益率。

---

① 刘洁：《中国基本养老保险全国统筹的制约因素和实现方式》，西北大学2010年硕士学位论文。

（五）健全养老保障服务体系

1. 供给主体多元化

为满足不同群体老年人的不同需要，应借助政府组织和社会组织的力量，构建多元化的供给模式。一是政府应发挥主导作用，提供养老服务事业的政策、资金支持。二是借助社会力量，鼓励民间资本参与养老机构的建设，鼓励非营利组织承担相应的助老爱老活动。

2. 提高养老机构的软件和硬件设施水平

一是扶持居家养老服务机构的发展，不断开发和完善居家养老的服务水平和服务内容，为居家养老服务事业提供保障。二是加大投入社区养老基础设施的建设，提高托老所、日间照料中心、养老服务中心的设施建设水平，增强社区养老服务的供给功能。

3. 加强养老服务的制度建设

一是加强专业化队伍建设，形成养老护理员持证上岗和岗前培训制度。加强志愿者服务队伍的培训，提高他们的专业技能。二是制定和完善有关养老服务质量、服务产品、服务环境监测、服务安全卫生、服务设施、服务规范、服务资质的标准化措施。

案例分析：吴忠市新型农村养老保险实施情况分析①

一、基本情况

吴忠市地处宁夏平原腹地，毗邻陕西省、甘肃省、内蒙古自治区，总面积2.02万平方公里，辖利通区、红寺堡区、青铜峡市、盐池县、同心县。截至2011年，全市总人口137.20万人，其中非农业人口41.19万人，占总人口的30%；农村人口96.01万人，占总人口的70%，其中回族人口71.8万人，占总人口的51.17%。2009年，吴忠市盐池县被列入宁夏首批新型农村社会养老保险的3个试点县之一。宁夏逐步扩大新农保的试点范围，2010年吴忠市利通区、红寺堡区、同心县等被纳入新农保试点。

① 资料来源：王丽平课题“民族地区社会保障问题研究”调研资料。

二、新型农村养老保险的实施情况

（一）养老金待遇水平

吴忠市养老金待遇由基础养老金和个人账户养老金两部分组成，支付终身。如，利通区基础养老金标准每人每月 55 元，自治区财政承担 33 元、利通区承担 22 元，承担比例分别为 60% 和 40%。除此之外，利通区还制定了鼓励缴费的措施：凡缴费年限达到 15 年以上的，缴费每增加一年，达到领取养老金条件时，月基础养老金每月增加 5 元，所需资金由利通区财政补贴。

（二）经办管理

民生保障服务中心、民生保障服务站是农村地区新农保的经办机构，采用社会化服务的方式，负责新农保的参保、登记、初审、发卡、基金管理等服务工作。市社会保险经办机构负责对各乡镇民生保险服务机构承担新农保登记、缴费申报、基金收缴、转移接续等业务进行指导、监督，对各乡镇民生保障服务机构业务人员进行培训和业务考核。

（三）基金管理和监督

吴忠市人力资源和社会保障局负责新农保基金的管理和监督。在基金管理方面，市人力资源和社会保障局制定新农保基金管理的各项制度、业务流程、内控制度和基金稽核制度。在基金监管方面，人力资源和社会保障局对基金的筹集、上解、规划、发放进行监控和定期检查、定期披露。财政、监察、审计部门各司其职加强监督，确保基金安全。市社会保险经办机构和各乡镇、村民委员会定期对村内参保人缴费和待遇领取资格进行公示，接受群众监督。

三、现阶段新农保工作面临的主要问题

（一）工作人员不足，经办机构力量薄弱

一是各镇（办、乡）及村新型农村社会养老保险经办机构不完善、人员不足、资料管理不规范、相关系统软件常出错等问题普遍存在，有些地方经办机构力量不强，尤其是乡、村两级多为临时性的机构，无统一名称、无人员编制，办公场地、设施缺乏，经办机构人员力量较弱；二是具体经办人员政策理解不到位，工作能力有待提高；三是村级专管员待遇偏低，业务水平低，积极性不高，缺乏工作责任心。村一级多由村干部担任协管工作，多为中老年留守人员，文化素质不高。目前

多地因为人手严重不足，工作人员中事业单位编制人员比例较低，工作人员多为公益性岗位人员。人员流动性大，影响工作效率。

（二）相关部门协作不够，影响工作顺利开展

调研中发现，有的试点县相关部门还存在相互扯皮、推诿现象，不易形成合力，不利于新农保工作的整体推进。例如：有的地方公安部门不愿意提供户籍人口信息；有些部门未办事就先提经费、待遇要求；信用社不愿多设网点，农保部门协调困难；承担“新农保”业务的代办金融机构系统不完善，导致返工、重复录入等情况时有发生，加大了工作量，降低了工作效率。公安机关户籍管理与“新农保”工作对接不到位，制约了“新农保”工作进度。因征地拆迁导致部分农民“农转非”无法参保等，都直接影响了“新农保”工作的有序开展。

（三）中青年农民积极性较低，难以实现参保全覆盖

目前，由于新型农村社会养老保险待遇偏低，保障水平低，中青年农民，特别是青年农民参保积极性不高。这部分农民大多认为，缴费时间较长，待遇标准不高，对社会保障的预期较低，参保行为审慎，存在较明显的观望态度。同时，新型农村社会保险不带强制性，讲求的是农民自愿参保。因此，实现制度的全覆盖存在一定的难度，因此社会保险所应遵循的大数法则也无法实现，不能有效地分散风险，实现均衡负担。

四、对策建议

（一）提高经办机构服务能力和服务水平，建立健全新农保工作服务体系

宁夏回族自治区各级新型农村社会养老保险经办机构承担了新型农村社会养老保险大量具体的工作，肩负着新型农村社会养老保险业务向下延伸的重任，是制度的执行者和推动者。

第一，着力打造一支政治素质高、业务能力强、人员稳定的专业队伍，真正提高新农保工作效率和管理水平。将新农保工作作为为农民办实事的工程纳入经济社会发展规划中，加强各级人员培训、考评工作，尤其要吸引大学生村官担任村级协办员。对农保部门实行目标绩效管理，在具体的工作中，强化工作责任，完善奖惩办法。实行县级领导和科局级干部包干制，建立乡干包村、村干包组、组干包户的工作机制，确保新农保工作真正落实。进一步加强新型农村社会养老保险经办人员的业务能力、政策法规和操作流程等方面的培训，促进各级经办机构管理能力和服务水平的全面提升。

第二，保障工作经费。各级人力资源和社会保障部门要加强建立健全新型农村社会养老保险经办机构，机构人员和工作经费纳入同级财政预算。改善办公条件和场所，整合乡镇资源，在不增编制的情况下，重组乡镇社保站，切实解决办公场地和办公条件问题。

第三，加强地方政府领导，进一步规范新农保经办管理体制，实现经办工作精细化。将包括组织机构、人员配置、信息网络系统建设和使用等经办管理工作重心下移，规范参保人员从申请、核定、缴费到待遇发放等一系列的管理流程。在经办成本的控制上，可通过银行与社保部门合作，节省经办力量，集中有限资源，着力提升服务质量。在内控机制上，激活银行风险管理机制，不断改进社会化发放方式，帮助社保部门把关。①

第四，加快乡镇社保站的网络平台建设，建立一站式的服务体系。建立统一的新型农村社会养老保险信息系统，将数据集中存放于市级数据中心，有利于全市的数据集中管理，确保养老金待遇按时发放，减少信息系统的重复投资，能够更好地实现从参保缴费、集体补助、财政缴费补贴到养老待遇的审核、发放等整个经办流程的统一管理。与此同时，合理布局信用社网点，开辟新农保服务绿色通道，改善服务态度和质量。在各村设点就近集中办理新农保业务，让农民不出村就能办理各项手续。在确保基金运作安全的前提下，简化程序，解决农村老人领取难、缴费不便的问题，对外出务工人员，在其指定代理人的情况下，可允许代缴保费。

（二）加大部门协调配合力度，形成顺利推进工作的合力

第一，主要部门牵头，发挥上级单位的统筹协调作用。新型农村社会养老保险工作的有效运行需要强有力的领导和完善的组织保障，建议成立以县市区主要领导担任组长、各相关部门负责人为组员的县级领导小组，理顺各部门之间的关系。区政府办可随时召开“协调会”，协调解决工作中出现的一些紧急问题。各级人力资源和社会保障部门要切实肩负起新型农村社会养老保险主管部门的职责，主动协调有关部门做好新型农村社会养老保险的统筹规划、政策制定、统一管理和经费安排等各项工作，加强与各部门的沟通，加强与县（市、区）的联系，做好统筹协调工作。

第二，各职能部门配合协作，保证工作顺利进行。新型农村社会养老保险工作涉及公安、计生、银行、财政、民政、国土、统计、审计等相关职能部门。为保证各职能部门各司其职、各尽其责、通力协作，各级政府应将新农保试点工作纳入各职能部门年度目标考核并明确各职能部门职责。在推进新农保试点工作中，各职能部门在提供农业户口人员的相关资料、核查比对农村相关群体的收入状况和其他保

① 何晖：《新型农村社会养老保险试点的微观考察及启示——以湖北省10个试点县为例》，《农村经济》2011年第12期。

障待遇情况以及保证新农保政府补贴资金及时、顺畅、足额发放等方面应给予大力支持，保证新农保试点工作顺利开展和目标任务的按时完成。

第三，公安机关要加大户口补办、更正和审核力度。目前，各地都在不同程度上存在着适龄参保农民的户籍问题，这将严重影响新农保工作的顺利推进和按时完成。公安机关若按照常规工作方式，很难在短期内解决这个问题，因此，公安机关可按照特事特办的原则，采取措施解决具体问题，加大工作力度，尽快解决户口管理上存在的各种问题，为新农保试点工作顺利开展扫除障碍。

第四，创新工作方法，建立调研制度。要深入农村调查研究，及时总结好的经验和做法，为全面推广新型农村社会养老保险奠定坚实的基础，对试点过程中发现的新问题，应研究提出解决办法。各县（市、区）要建立每月调度制度，及时掌握试点进度。组织调研检查，深入各县（市、区）指导政策落实，督促资金到位。

（三）加强政策宣传，积极推动符合条件的农村居民自愿参保缴费

可以针对农村居民居住分散、社会保障意识相对较弱的特点，采取灵活多样的方式加大宣传力度。通过实施全方位、多角度、深层次的广泛宣传，使广大老百姓理解并接受新型农村社会养老保险这一新鲜事物，逐步使老百姓理解、接受并积极自愿参加新型农村社会养老保险。

第一，组织动员各级干部和社保机构工作人员等各方面力量，深入基层、走村串户，宣讲新型农村社会养老保险的重要意义、基本原则和各项政策，及时解答农民提出的疑问，打消农民心中的顾虑，消除老农村社会养老保险带来的不利影响。

第二，充分利用好广播、电视等大众化媒体，广泛开展新型农村社会养老保险政策宣传。在启动宣传前要制订具体的宣传方案，制作专题宣传片，针对农民生活习惯，可以在电视、广播上集中播放专题宣传片。

第三，各村组张贴新型农村社会养老保险宣传口号、画图，各经办机构、乡镇劳动保障站以及金融服务机构经办窗口摆放新型农村社会养老保险的传单和小册子，让新型农村社会养老保险政策家喻户晓。

第七章　民族地区就业服务管理创新

第一节　就业服务概述

就业服务是指以政府就业服务部门为主体，以社会中介组织为补充，为劳动者实现就业和用人单位招用劳动者提供的社会服务，是对劳动力的供方和需方提供相关社会服务工作的总称，它是劳动力市场运行机制和国家劳动政策实施体系的一个重要组成部分，是人力资源市场运行机制的重要组成部分。①

一、就业服务的职能与模式

（一）就业服务的职能

就业服务的主要职能，是向劳动者求职就业和用人单位招聘用人提供帮助，包括政策咨询、职业介绍、职业指导、求职和招聘信息发布、劳动保障事务代理、劳务派遣等内容，以提高供求双方选择的成功率，促进人力资源的合理流动和有效配置。就业服务主要为两类主体服务：第一，为求职者服务。充分和合理的就业服务对整个经济都是有益的，公共就业服务既要着眼于失业群体，也要服务于就业群体；不仅解决失业问题，还要实现劳动力的合理配置。第二，为失业者服务。这类机构的服务对象更多地局限于失业者或领取各类社会津贴的弱势群体。这类机构通常将公共就业服务和失业救济金的发放和管理相结合，促使失业者积极主动地寻找工作。

（二）就业服务的运作模式

就业服务系统不仅是劳动力市场的重要组成部分，也是调节劳动力市场的重要

① 张华初：《我国公共职业介绍服务的发展现状与政策措施》，《经济研究参考》2003 年第 2 期。

工具，中国现行的就业服务运作模式是在就业服务管理机构的组织下，以公共、私营就业服务组织为核心，为各类求职者与用人单位之间实现劳动力的配置提供服务。总体而言，现行就业服务的运作模式实现了服务形式多样化，使大部分劳动力实现了合理配置，但是仍然存在着各自为政、相互分割，各自封闭、自成体系，缺乏联系、信息不畅等问题。在运行中主要是以公共就业服务为主，私营就业服务处于辅助地位。就业服务系统的构建目的在于促进公共就业服务与私营就业的协调配合，提高中国就业服务工作的效率。

二、就业服务相关理论

（一）非自愿失业就业理论

英国经济学家凯恩斯（John Maynard Keynes）将国民经济产出水平与就业水平联系起来，以有效需求不足来解释非自愿失业存在的原因，提出国民经济产出水平的常态不足造成充分就业未能实现的全新观点，同时提出政府干预以解决就业问题的建议。凯恩斯认为，在完全竞争条件下，实际达到的均衡收入水平常常要低于充分就业的收入均衡水平，失业的存在是必然的和普遍的。

一方面，随着收入的增加，边际消费倾向递减，消费的增加总跟不上收入的增加，引起消费需求不足；另一方面，随着投资的增加，资本边际效率下降，同时由于流动偏好的作用，利息率的下降受到限制，从而对资本家投资的诱惑力减弱，造成投资不足。正是由于消费需求和投资需求所构成的有效需求低于社会总供给水平，从而导致实际就业水平低于“充分就业”水平。要解决失业问题，只有政府通过各种政策对市场进行干预，才能刺激需求，扩大就业，减少失业。凯恩斯主张通过扩大财政赤字、采取适度的通货膨胀和福利政策等措施来扩大有效需求，从而使市场总供给等于总需求和实现充分就业。

（二）服务管理理论

服务体系在发展过程中必须结合服务对象对服务方式、理念等进行创新，以适应社会需求。特别是在这个过程中处于公共管理服务地位的就业服务更需要根据服务对象特征的改变，及时调整服务战略。从公共管理理念看，服务是公共管理的终极价值，在公共管理体系中，公共管理的制度、体制、过程等都还会有着服务价值所派生出来的次生价值，从而构成以服务为核心的公共管理价值体系。

就业服务系统的创新，不是其中某一要素的创新，而是多个要求及其相互关系的创新，它是一个综合的、相互关联的系统开发过程。除了对体现就业服务供需关系的劳动力市场进行创新、技术与专业创新，还要对组织进行创新，包括：新的管理体制与支持系统：服务过程中各种活动的职责分配、流程再造，新的服务理念的引入和营销战略计划等。中国的劳动力市场的发展跟不上经济发展的速度，相应的，就业服务系统在劳动力市场、体制与制度、文化与管理、战略、技术与专业服务、组织等方面都还需要进一步改进和提高。

（三）人力资源管理理论

1. 宏观人力资源管理

宏观人力资源管理是对社会人力资源的管理，是政府在全社会范围内为有效开发和合理配置人力资源而采取的各种措施，是政府的一项重要管理职能。宏观人力资源管理的内容包括：宏观的人力资源状况预测及计划、战略制定，就业政策的制定与就业服务管理，社会人力资源投资与投资政策制定，收入政策及其调节机制的设定，社会人力资源保护，组织并协调劳动力的输出与输入，协调人力资源的使用和配置，人力资源管理法规的制定与实行等。不同的国家由于各自所处的经济发展阶段不同、社会和文化背景不同，其进行人力资源宏观管理的重点也有所不同。我国仍处于社会主义初级阶段，人力资源宏观管理的重点是放在完善劳动力市场、提高劳动者素质、控制人口和维护劳动者平等权利等方面。

2. 微观人力资源管理

微观人力资源管理是指对企事业单位内部人力资源实行有效的开发和利用，改善企事业单位的氛围，提高社会和经济效益。所谓人力资源的开发，就是通过人力资源的投资、培训、招聘和选择以及保护等环节，提高人力资源的生产力，挖掘人力资源的潜力，保护人力资源的再生能力。所谓人力资源的利用，则是通过人力资源的计划、激励、绩效评估、沟通与核算等环节，使人力资源得到最充分有效的使用，避免其浪费与摩擦，并且从中形成健康向上的竞争氛围与组织文化。

三、我国就业服务的发展

中国劳动和社会保障部刘丹华将中国就业服务的发展历程划分为四个阶段：20世纪50年代，计划经济体制时期的就业服务；20世纪80年代，就业服务初创；20世纪90年代，就业服务体系迅速发展；20世纪90年代后期以来，公关就业服务制度建立完善。

（一）计划经济体制时期的就业服务

新中国成立后，面临的一个最大问题，就是历史遗留下来的大量失业人员。中国政府在就业上要解决的首要问题就是开展失业救济，有计划、分步骤地安置失业和无业人员。1950年3月中央明确提出，各级劳动局要设立劳动介绍所，帮助失业工人办理失业登记和就业介绍。同年6月，政务院颁布了《关于救济失业工人的指示》，规定“在招雇新工人和职员时，由当地劳动部门设立的劳动介绍所统一介绍”。

1952年7月，国家政务院发布《关于劳动就业问题的决定》，宣布国家对职工实行统一调配政策，在全国范围内进行了全面的劳动就业登记。对登记的失业工人、求职的旧军官和旧官吏、失业的行商摊贩、资方代理人、破产的小工商业主、求职的家庭妇女等统一介绍工作、安置职业，随着国民经济的恢复与发展，社会各类劳动力逐步得到安置。

1956年新中国完成了社会主义三大改造，消灭了私有经济，确立了社会主义公有制的按劳分配原则，同时也基本消灭了失业现象，建立了高度集中的劳动力计划管理体制，有计划地招收劳动力（计划安排就业），有组织地调配劳动力，保证在业职工不失业。在“大跃进”之后，国民经济调整，社会闲散劳动力逐年增多，个体经济受到限制，我国就业面临严峻的形势。

1962年中央批转劳动部《关于加强城市闲散劳动力的安置和管理工作的意见》，重新强化统包统配制度，再次规定对社会需要就业的劳动力进行统一登记，实行统一计划、统一招收、统一调配，严格规定任何单位和部门不经劳动力介绍所介绍，不准从社会上吸收新工人（包括临时工），同时开始动员上山下乡，以缓解城镇就业压力。

我国长期实行高度集中的计划经济体制。计划经济体制下“统包统配”的劳动就业制度历时40年之久，这种制度的主要特点是对劳动力的计划配置、统包就业、行政调配，即实行国家统一计划、统一招收、统一调配的就业体制，在这种就业体制下，中国基本上不存在一般意义上的劳动力市场，也不存在现代意义上的就业服务体系，是一种高度集中的计划就业服务管理模式。

（二）改革开放初期就业服务的初创阶段

20世纪70年代末，正值我国劳动力增长的高峰期，加上大量上山下乡知识青年返城，造成劳动力供求严重失调，使得传统的就业制度再也无力延续下去，在整个经济体制改革的推动下，国家不失时机地改革了劳动就业制度。1980年全国劳动就业工作会议上提出“在国家统筹规划和指导下，实行劳动部门介绍就业、自愿组织起来就业和自谋职业相结合”的“三结合”就业方针。

1981年10月，中央又发出《关于广开门路，搞活经济，解决城镇就业问题的若干规定》，充分肯定了“三结合”就业方针，强调要把解决就业问题和调整所有制结构、产业结构密切结合起来。“三结合”就业方针的实际意义，在于它突破了传统计划经济中“统分统配”的就业政策，为转轨时期就业服务机制的转变奠定了制度性基础。

1982年开始在部分地区试点实施劳动合同制。在巨大的就业压力面前，出现了一种新型的社会经济组织——劳动服务公司，这是一种由劳动部门倡导，集安置就业和培训为一体的组织形式。劳动服务公司受到社会各方面的欢迎，并在全国范围内迅速普及。劳动服务公司从创办集体经济事业开始，逐步承担起组织管理社会劳动力、促进就业的多种职能，成为就业服务体系的雏形。在这一阶段，劳动服务公司的主要服务对象是城镇失业人员，主要的服务内容包括组织就业、就业指导、就业训练以及兴办集体服务事业。与此同时，劳动部门还开办了一些专业性的职业介绍机构，社会上也出现了一些由公民个人开办的职业介绍机构。劳动人事部在 1982 年发布了《关于劳动服务公司若干问题的意见》，提出“有步骤地在城市和就业任务繁重的县城建立劳动服务公司”。

（三）就业服务体系快速发展阶段

20 世纪 80 年代中期，随着整个经济体制改革的发展，生产力各要素相继进入市场，促进了劳动就业制度的进一步改革，劳动合同制发展迅速，国民经济的持续高速增长也为就业工作创造了一个相对宽松的环境，劳动力市场的培育和发展在探索中前进，与此相适应的就业服务体系得到大力的发展。

1986 年 10 月，国务院颁布劳动制度改革四项规定后，劳动部门开办的职业介绍机构呈现出大力发展的局面，专业性的职业介绍机构开始合并。人事部门、工会系统、妇联、其他事业单位以及公民个人开办的职业介绍所也在这一阶段得到迅速发展，1987 年以后，全国开始建立劳务市场，并把巩固、发展职业介绍所作为劳务市场的基础建设，从而使中国就业制度向市场过渡和就业服务迅速发展迈出了重要的一步。

1989 年，国家第一次提出了“劳动就业服务”的口号，主要包括对社会劳动力的组织管理和调节；劳动力供求信息的传递和交流；对劳动者进行职业介绍和就业咨询；向用工单位输送合格劳动力；组织推动发展集体经济，广开就业门路；开展就业训练、转业训练；向失业人员提供社会保障，使中国就业的市场取向更加明显。

1990 年 12 月，国家又第一次把劳动就业服务概括为职业介绍、就业训练、待业保险、生产自救四项主要任务。国务院于 1990 年颁布了《劳动就业服务企业管理规定》，1992 年 12 月，国家又进一步把上述四项任务作为主要内容的就业服务体系建设，规定为培育和发展劳动力市场的主要目标，并作为劳动部门职能转变的主要任务。为了进一步加强对劳动就业服务企业的管理以及对职业介绍的规范，同年又颁布了《境外就业服务机构暂行规定》、1993 年发布了《关于民办职业介绍机构管理问题的通知》。

1992 年，全国城镇新增就业 700 多万人，由劳动部门主办的职业介绍所介绍的就业岗位达 1.3 万个，全年为 8 万多人提供了就业服务，城市待业率稳定在 2.3% 左右。1992 年前 9 个月，劳动部门为约 30 万人提供了保险和救济，累计帮助 3 万人实现再就业。[1] 至此，我国初步形成了以劳动部门开办为主体、以社会开办为补充、覆盖大部分城乡用人单位和劳动者的职业介绍网络，初步建立起以职业介绍、失业保险、就业训练、生产自救等事业为基础的就业服务体系。

（四）就业服务体系逐步完成阶段

为了加强对各种就业服务行为的规范和管理，劳动部 1994 年颁布了《职业指导办法》、《就业训练规定》，1995 年又颁布了《职业介绍规定》、《就业登记规定》，1996 年颁布了《企业职工培训规定》和《职业技能鉴定规定》。1998 年，国务院领导提出劳动力市场建设科学化、规范化、现代化的“三化”（简称“老三化”）要求，是在国有企业下岗职工再就业工作刚刚开始，针对当时劳动力市场建设难以适应市场就业服务工作状况提出的要求，对指导全国劳动力市场建设工作起到了重要的作用。

2000 年劳动和社会保障部发布了《劳动力市场管理规定》，2002 年又颁布了《境外就业中介管理规定》等等，其中《劳动力市场管理规定》成为当时规范劳动力市场的基本规范。2002 年 3 月劳动和社会保障部颁布《关于进一步加强劳动力市场建设完善就业服务体系的意见》，提出“充分利用社会各类资源，加快就业服务体系建设”。2002 年 9 月，中共中央、国务院颁布了《关于进一步做好下岗失业人员再就业工作的通知》，明确提出在街道和工作任务重的乡镇可设立或确定负责劳动保障事务的机构。2003 年胡锦涛总书记在全国再就业工作座谈会上提出“进一步探索和完善再就业服务的运行机制，实现就业服务体系的制度化、专业化、社会化（简称“新三化”），尽可能为下岗失业人员提供更好的服务”。劳动和社会保障部为贯彻落实总书记就业服务“新三化”的工作要求，于 2004 年 6 月下发了《关于加强就业服务制度化、专业化和社会化工作的通知》，要求各地将推进“新三化”作为强化就业服务的主要措施，充分发挥现有服务体系及设施的效能，大力开展人本服务，使就业服务水平再上台阶。

到 2006 年年底，全国共有劳动保障部门办的县区以上各类职业介绍机构 37450 个，其中公共职业介绍机构 24777 个，全年公共职业介绍机构介绍成功 1845 万人次，就业训练中心 3212 个，民办培训机构 21462 个，全年共培训 1905 万人次。境外就业中介机构 454 家，通过这些机构介绍仍在国外和港澳台地区就业的人员共 10.5 万人，其中 2006 年赴境外就业人数为 5.6 万人。[2] 95% 以上的街道已建立劳动保障工作机构，80% 以上的社区配备了劳动保障工作人员，初步形成较为完善的市州、区县、街道、社区四级就业服务网络，将就业服务延伸到农村，延伸到了基层。

---

① 国家统计局：《1996 年中国统计年鉴》，中国统计出版社 1996 年版。

② 劳动部、国家统计局：《2006 年统计年鉴》，中国统计出版社 2006 年版。

第二节　我国就业服务的现状

一、我国就业服务的分类

（一）公共就业服务

1. 公共就业服务的概念

公共就业服务是一种公益性服务活动，主要由政府设立的公共就业服务机构提供，也可以由政府向其他市场服务机构购买。即公共就业服务是政府通过设立公共就业服务机构，为劳动者提供免费的就业服务，为就业困难人员提供就业援助。政府提供公共就业服务的主要目标是弥补人力资源市场的缺陷，保障劳动者特别是就业困难人员的合法就业权益，构建更加公平有效的市场，从而促进人力资源合理流动和合理配置。

时至今日，公共就业服务在世界各国政府实施就业计划、落实就业政策、有组织地对劳动者和用人单位，特别是就业困难群体的就业援助方面始终扮演着不可替代的角色，并在规范劳动力市场秩序、调节劳动力市场价格和促进社会充分就业中发挥着重要的调节作用。世界各国主要通过立法，将公共就业服务机构与政府和有关方面的关系以及相应的管理模式予以明确。

2. 公共就业服务的职能

公共就业服务的主要职能包括：一是开发劳动力市场信息系统，收集管理劳动力市场供求双方的信息、劳动力市场工资指导价位信息；二是进行求职和招工登记、职业指导，并开展职业介绍和工作安置的职业中介活动；三是参与失业补助金的管理和发放；四是组织实施劳动力资源调查和就业、失业状况统计工作，采取措施，促进劳动力在行业间、地区间流动；五是参与就业政策和就业服务计划的制订；六是组织就业技能培训；七是对失业原因、劳动力市场和就业结构变化进行分析管理、调整计划，对职业介绍以及有关工作的改进等问题开展持续和定期的研究；八是对残疾人、青少年、失业的复员退伍军人等特殊群体实施优先扶持和重点帮助的就业援助；九是开展劳动保障事务代理。

3. 公共就业服务的管理模式

公共就业服务的管理模式，大致可分为三种：

第一，劳工部门所属机构。公共就业服务机构作为国家劳工部门的一个司局级单位，在地方设置相应机构，比如澳大利亚和日本。在这种模式下，公共就业服务机构的职权、行为、组织框架、管理方式等均取决于政府意志，经费投入纳入劳工部门的总体预算，工作人员属公务员。

第二，自主公益性事业机构。公共就业服务机构具有法人资格，实行独立核算，比如加拿大、德国、法国、爱尔兰、英国、瑞典等国家。在这种模式下，公共就业服务机构的职权、资金来源、内部管理、外部监督管理以及与雇佣者组织、工人组织的合作，均由政府以立法形式确定。

第三，集体协议和双边管理机构。公共就业服务机构是根据雇佣者组织和工人组织签订的具体协议创办，而不是由政府组建的。在这种模式下，公共就业服务机构承担了国家赋予的部分行政职权，但完全独立于行政部门，管理上实行雇佣者组织和工人组织代表共同参与的双边管理，通过接受政府监督，政府以政令的方式协调它与其他部门的关系。比如法国“全国工商部门就业联盟”就是根据雇佣者组织和工会组织于 1958 年签订的一项集体协议而建立的，总部设理事会，由雇佣者和工人代表对等组成，理事会主席由双方轮流担任。

（二）私营就业服务

1. 私营就业服务的概念和分类

私营就业服务是一种经营性服务活动，由各类职业中介机构提供。国际劳工组织早在 1949 年通过的第 96 号公约中，把收费职业介绍所分为营利机构和非营利机构两种。营利机构是指为劳动者找到工作或为雇佣者找到劳动者提供中间服务，并从双方或其中一方获得相应的直接或间接物质利益的机构；非营利机构是指向雇佣者或劳动者收取一定的服务费用，但不追求物质利益的机构。营利的职业介绍所大多由私人开办，而非营利的职业介绍所主要由各社会团体和公益性组织创建。

2. 私营就业服务的职能

私营就业服务的主要职能包括：对求职和招工进行登记；收集和整理劳动力市场供需双方信息，并向求职者和招工单位公布；进行职业指导和咨询；推荐岗位，并协助求职者与雇佣者签订劳动合同；劳动事务代理和劳动力派遣等。私营就业服务通过在劳动力市场中的不断竞争，在努力实现自我发展的同时，也为公共就业服务旨在提高服务效率和水平的改革提供了借鉴，从整体上促进了就业服务的发展。

3. 私营就业服务的管理模式

尽管法律赋予的地位和相应的管理模式不同，但多数发达市场经济国家和部分发展中国家对私营就业服务机构的法律规定与国际公约大同小异，主要集中在四个方面：一是需要审批，二是接受监督，三是具备条件，四是限定范围。其管理模式大致可分为以下五种：

第一，普通法地位模式。私营就业服务机构和其他社会中介服务组织一样，只需在商业注册部门注册，并向税务部门缴税，即可获得合法身份。美国采取了这种管理办法。丹麦从 1990 年 7 月、瑞典从 1993 年 7 月也分别实行了这种制度。

第二，注册机构地位模式。私营就业服务机构需在劳工部门登记注册，按照有关规定经营与运作，并接受劳工部门的监督管理。只有在私营就业服务机构违反法规的情况下，劳工部门才对其起诉，但无权颁发或撤回从事该行业的执照。在巴西和哥伦比亚等国实行这一制度。

第三，享有许可机构地位模式。这是国际劳工组织第 96 号公约所主张的制度。就业服务机构开业前，需向政府主管部门（一般是劳工部门）申请经营有关业务的权利。如果当局认为该机构符合条件，就向它颁发营业执照，执照需要定期续延。在违反规定时，可随时被吊销。澳大利亚、英国、瑞士以及所有批准了第 96 号公约的国家都实行该制度。

第四，享有特许机构地位模式。这种就业服务机构一般存在于对职业介绍服务实行政府垄断的国家。政府将特定行业或特定对象的一部分就业服务垄断权出让给私营就业服务机构，并在特许细则中对私营就业服务机构的权利和义务作出规定。政府主管部门发现违规行为，可随时或在预先通知情况下收回特许经营权。

第五，特约机构地位模式。政府就业部门或机构委托私营就业服务机构来行使它的职能，在规定时间内，向特定对象、特定行业或特定地区提供就业服务。具体操作上，双方通过缔结协议，明确各自的目标、权利和义务，协议撤销和延续的条件也在协议范围之内。

二、我国就业服务的主要内容

就业服务的核心内容包括职业介绍服务、职业培训服务、劳动力市场信息建设、劳动力市场调整计划管理和失业补贴管理。当今的就业服务更加强调支持性的内容，这些内容包括正确地评估劳动者的能力，开发其劳动技能，并有效地鼓励其自谋职业。在工业化的市场经济国家，对支持性就业服务内容的投入已经远远超过了核心内容。

（一）职业介绍服务

职业中介是公共就业服务最为传统的服务项目，主要工作是建立雇主和求职者之间的信息联系。显然，这一职能其他私营职业介绍所也能完成，但公共就业服务对保证劳动力市场中最弱势群体的利益有直接的责任。因此，大多数国家都保留了这种公共介入形式。职业中介的一般内容包括登记求职者和岗位空缺，信息披露，建立雇主和求职者的联系，为求职者提供帮助（如培训）等。

职业介绍为劳动力市场供给方和需求方的相互匹配提供了一个操作平台，它是就业服务的核心内容，如何让职业介绍机构更有效地促进就业，是劳动力市场中的一个重要问题。劳动力市场与其他生产资料市场一样，是机制与载体的统一体，二者不能分割。

职业介绍机构及职业介绍服务正是劳动力市场机制的主要载体，是劳动力市场的有机统一体，这决定了职业介绍服务在培育和发展劳动力市场中的作用。对市场载体在市场运行中的作用，人们最初并没有充分认识到。在自由市场经济时代，西方一些经济学家就认为，供给会创造需求，市场能够靠其机制自动达到平衡，国家不需要进行干预，也不需要市场服务。然而，严重的失业问题使政府不得不考虑发展市场载体，进行市场服务。

目前，几乎所有的市场经济国家都建立了一套包括公立和私营在内的职业介绍服务机构，保证了劳动力市场的良性运行。在职业介绍服务系统中，公立职业介绍所作为一种"综合性"、"多功能"的事业型机构在我国的职业介绍服务体系中发挥主导作用。我国的公立职业介绍机构、就业培训中心、失业保险属于就业服务体系的三大支柱。职业介绍机构是劳动力市场的重要载体。

伴随着改革开放，我国职业中介市场得到了快速的发展，2005 年年末全国共有各类职业介绍机构 35747 所，比上年末增加 1857 所，其中公共职业介绍机构 2467 所，全年公共职业介绍机构介绍成功 1538 万人，比上年增长 15. 1% 。[①]

（二）职业培训服务

由于目前我国完全市场化的就业渠道并没有建立起来，所以高失业的现象在很大程度上属于结构性失业和摩擦性失业。针对以上情况，应运用人力政策，改善劳动力的供给结构，解决结构性失业。人力政策是指政府通过对劳动力进行重新教育和培训，提高其就业适应能力，达到改善劳动力供给结构的效果。市场经济国家人力政策的主要内容是加大人力资本投资力度，如增加教育和培训的财政支出、建立培训中心、开发就业技能培训项目，通过对人力资本进行投资使劳动力得到重新的教育和培训，把非熟练工人培训成有一定熟练技术的工人，把不适应职业岗位要求的失业者培训成能够满足企业需要的劳动者，提高人们适应新技术变化的能力，以缓解因劳动力供求结构失衡造成的失业问题。[②]

在职业技能培训方面，加强职业教育和职业技能的培训可以实现一举三得：一是可以降低劳动参与率，减少劳动供给；二是可以缓解结构性失业的矛盾，促进经济结构调整；三是可以促进失业者就业，减少在职者的失业。[③] 促进城乡统筹就业，改进就业服务，强化职业培训目前主要作了三类调整：一是免费职业介绍和职业培训补贴的对象范围增加了厂办大集体企业下岗职工、进行失业登记的其他人员以及进城登记求职的农民工；二是把培训免费改为培训补贴的方式，并根据培训质量和

---

① 劳动和社会保障部、国家统计局：《2005 年度劳动和社会保障事业发展统计公报》。

② 国务院发展研究中心社会发展研究部、劳动和社会保障部国际劳工与信息研究所联合课题组：《就业问题的国际经验》，《科学决策》2004 年第 3 期。

③ 宋丰景：《高技能人才培养模式的思考》，《中国培训》2004 年第 7 期。

培训后就业情况给予补贴，这样更符合地方的工作实际；三是对持《再就业优惠证》人员通过初次技能鉴定的（限国家规定实行就业准入制度的指定工种），还可给予一次性的职业技能鉴定补贴，主要目的是帮助生活困难人员更好地提高技能，稳定就业。①

我国的职业培训包括就业前培训、转业培训、学徒培训和在职培训，涵盖了初级、中级、高级技师职业资格培训和其他适应性培训等层次。国家通过发展高等职业院校、高级技工学校、中等专业技术学校、技工学校、就业训练中心、民办职业培训机构、企业职工培训中心等职业培训机构，努力形成全方位、多层次的职业教育和培训体系，加强对城镇新生劳动力、下岗失业人员、农村转移劳动力和在岗职工的培训。其中就业训练中心是培训新生劳动力和失业人员的基地，以实用技术和适应性培训为主。我国政府把再就业培训作为促进下岗失业人员再就业的常规性制度确立下来。

（三）劳动力市场信息建设

劳动力市场信息是指公共就业服务机构在政府、企业行政工会的协助下，尽可能地收集有关国内和各产业、行业及地区的就业市场状况及其可能的发展趋势信息，并进行分析，使公共当局、有关雇主和普通大众能够迅速、系统地得到这类信息。作为公共就业服务机构，可以定期对劳动者及雇用单位进行调查以取得数据，并对数据进行分析、综合、解释和发布。这种职能是私营职业介绍所很难具备的，而当局、大众、雇主又十分需要这些信息以帮助他们进行各自领域中的正确决策。

因此，公共就业服务机构对劳动力市场的信息分析和发布是非常必要的。劳动力市场信息网是把现代化、信息化手段融入职业介绍工作，提高就业服务质量、规模和档次的关键。我国劳动力市场经过科学化、规范化、现代化“三化”建设，全国劳动力市场信息网络初步形成，就业服务网络也得到了加强。在我国“金保工程”是一项以实现劳动保障业务的全过程信息化管理为目标的电子政务工程。“金保工程”的建设内容主要包括社会保险和劳动力市场两大子系统。其中劳动力市场信息系统的建设是增强我国对就业的宏观调控能力，加强就业服务的一项重要的电子政务工程。

从2002年劳动和社会保障部明确提出将“金保工程”作为“一号工程”并于当年10月全面启动以来，我国劳动力市场信息化建设已取得了质的飞跃。经过三年的建设，目前32个省级单位全部实现了与劳动保障部联网，66%的地市级以上城市实现了与本省数据中心的联网；在全部地级以上城市中，城域网已经覆盖到62%的经办机构，有条件的地区网已延伸到街道、社区，比如上海等城市公共就业服务机构就做到了全市联网。我国的劳动保障信息化建设已经步入了以“全面提升

---

① 莫荣：《2006年就业市场环境分析》，《中国劳动》2006年第1期。

劳动保障行政能力和服务水平”为目标的新阶段。

（四）劳动力市场调整计划管理

劳动力市场调整计划管理指公共就业服务机构通过各种手段进行干预，来缓解失业或其他劳动力问题给社会造成的深刻影响。劳动力市场调整计划有不同的目标：调剂劳动力短缺，重新介绍劳动力进入工作环境，克服再就业的社会障碍和教育障碍，克服雇主拒绝弱势群体或长期失业者的障碍等。总之，这些手段的主要目的是提高求职者的就业能力，并帮助他们就业。目前主要使用的调整计划形式有：求职帮助、培训与教育计划、直接创造就业计划等。

（五）失业补贴

失业补贴是指对失业者提供的收入支持，由失业保险和失业救济两种补贴构成。它主要由公共就业服务机构进行管理和发放。失业保险是一种根据个人以前的缴费对损失的收入有权得到补偿的制度；失业救济是给予无收入者的补偿，它基于最低的收入标准，对申请人进行评估后给予补贴。现在，很多国家在以前消极的失业补贴政策中都附加了其他的一些就业政策，如协助领取补贴的人重新就业，对领取补贴的人进行持续资格认证和求职认证等，以保证失业补贴政策不会成为供养“懒人”的政策。

三、当前我国就业服务面临的机遇与挑战

（一）当前我国就业服务的发展机遇

《就业促进法》明确了各级政府设立公共就业服务机构、健全公共就业服务体系的责任；明确了公共就业服务的基本制度和保障措施；明确了公共就业服务的具体任务和行为规范，明确了今后的发展方向。法律的出台，标志着我国公共就业服务和公共就业服务机构已经取得了法定的地位。

由于就业工作急需，受到各级政府重视。2002年以来，各级公共就业服务机构在就业工作中承担重任，成为实施积极就业政策的主要工作载体。2008年以来，为应对金融危机对就业的影响，公共就业服务机构利用点多面广的优势，面向高校毕业生、农民工和城镇就业困难群体，组织了一系列全国性的专项服务活动，并深入街道、乡镇、社区，有针对性地开展服务，对稳定就业局势起到了不可替代的作用。各级政府越来越重视公共就业服务体系建设。2009年6月3日，国务院常务会议专题研究部署金融危机形势下的就业工作，明确要求“加强公共就业服务体系建设，建好乡镇、村和街道、社区的公共就业服务工作平台，建立健全公共就业服务信息网络，提高就业服务能力和水平”。

经过20多年发展具备了坚实的基础。一是根据中央关于"各级政府要建立公共就业服务制度"的要求，近年来，公共就业服务制度已在全国建立，免费服务已扩展到全体劳动者，相关具体制度也正在完善中。二是20多年来，随着就业工作和人才工作的开展，我国已经建立了覆盖省、市、县（区）、街道（乡镇）和社区的公共就业服务网络体系。截至2007年年末，全国共有县级以上公共就业服务机构10846家（包括政府设立的劳动就业服务机构和人才交流服务机构），街道、乡镇公共就业服务机构32892个（分别占全部街道乡镇的99%和82%），并在8.7万个社区（占全部社区的90%）聘请了专门工作人员。此外还有就业训练、创业服务等服务实体。在服务场所、设备设施、信息系统、人员队伍等方面都具备了很好的基础。三是两个系统的服务机构围绕各类服务对象的需求，积极开拓服务领域，加强服务功能，创造了各具特色的经验，形成一批优秀服务窗口。

大部制改革消除了体制障碍，提供了全面发展的良好时机。人力资源和社会保障部的组建、各级政府机构改革为人才交流服务机构与劳动就业服务机构整合为统一的公共就业服务机构体系奠定了基础，也是全面贯彻落实《就业促进法》、建立健全我国公共就业服务体系的大好时机。

（二）当前我国就业服务面临的挑战

严峻的就业形势使公共就业服务面临艰巨任务。当前，金融危机尚未见底，就业形势依然严峻，高校毕业生等群体还面临就业困难，急需大量的服务工作；我国就业压力长期存在，总量矛盾和结构性矛盾相互交织，使服务的难度加大；客观形势对公共就业服务提出了更高的要求。

当前我国就业服务的手段、功能、效率和队伍素质还难以适应需要。在我国服务总体投入不足的情况下，城乡差距明显，县、乡、村三级公共就业服务在基础建设、覆盖范围、服务内容和服务水平等方面还很落后，转移就业的农村劳动者和进城务工的农民工较少享受到公共就业服务；政府现有人才交流和劳动就业服务机构中，近一半为自收自支或差额拨款单位，全额拨款单位也只能保证基本人员经费和工作经费，难以充分开展公益性服务；由于服务功能、手段短缺和激励机制不健全，服务效率和质量存在较大差距，难以满足人民群众的迫切需求。

第三节　民族地区就业服务的现状及问题

一、民族地区就业及就业服务现状

（一）民族地区就业的现状

当前，少数民族人口就业仍以第一产业为主。由于劳动技能和自然条件的限制，少数民族所从事第一产业生产大多是传统式的农牧业和养殖业，其生产效率低下，就业人口收入增长缓慢。2001 年，民族自治地方农民人均纯收入为 1331 元；非农业劳动力全年人均纯收入约为 5440 元；兼业劳动力全年人均纯收入约为 4180 元。同时应当注意的是，少数民族适龄劳动人口数量增长迅速。少数民族新增劳动力作为农村富余劳动力队伍中的一部分也在向城市流动，大多数少数民族流动人口集中在第三产业就业，如饮食服务业、批发和零售贸易行业、卫生行业、修理和搬运行业、运输行业、家庭服务行业等。一部分少数民族流动人口也在建筑业、制造业等第二产业部门就业。不同职业的少数民族流动人口收入呈现出较大差别。

（二）民族地区就业服务的现状

1. 职业介绍所

在许多少数民族地区，基本形成了以政府开办的市、区（县）、街道三级职业介绍为主，社会上规模不等的职业介绍机构为辅的服务网络。政府开办的职业介绍机构已经具有一定的社会影响，职业介绍工作初见成效。

2. 劳动就业服务企业

劳动就业服务企业是一种受到政府和单位扶持的、进行生产自救性质的集体经济组织，产生于 20 世纪 70 年代末。当初的首要功能是安置“文化大革命”时期积压的大批待业青年和城镇失业人员。众多的劳动就业服务企业在其发展过程中，能够把经济效益和安置就业的社会效益结合起来，把失业人员组织起来，发展生产、广开门路，开创了利用劳动力资源推动经济发展、通过劳动积累创造就业岗位的新路子。近二十年来，劳动服务企业先后安置了很多人就业。

3. 再就业服务中心

再就业服务中心的建立保障了国有企业下岗职工的基本生活，促进了再就业，成为少数民族地区实施再就业系统工程的一项重要措施。再就业服务中心正在由原来的一两个行业扩展到所有列入兼并、破产、再就业计划及建立现代企业制度的行业，并逐步覆盖凡是有下岗职工的每一个国有企业。当然，由于我国多年实行计划分配体制，市场型的劳动就业服务还是新事物，市场型的就业服务体制还远远没有建立起来。

二、民族地区就业服务的问题分析

从我国就业服务体系的发展历史来看，就业服务的内容经历了从消极保护劳动者到积极开发劳动力资源和调节劳动力市场的过程，就业服务的主体经历了从规范私营就业服务主体到禁止私营就业服务主体，再到允许鼓励发展多种私营服务主体的过程，形成了以公共就业服务主体为中心、多种服务主体相互协调发展的就业服务主体体系，在这种指导思想下形成了中国现行的就业服务运作体系，它是辅助实现我国劳动力灵活就业的重要运作体系。但是如前面分析，现阶段民族地区就业服务体系在具体运作过程中主要面临以下问题：

（一）政府职能缺位

1. 公共就业服务机构职能定位不清晰

目前，民族地区公共就业服务机构大多数具有混合职能，既有政策制定、政策监管职能，又从事公共服务和经营性服务。其工作人员有的参照公务员管理，有的按照事业单位管理，还有部分实行企业化管理。这种职能定位的“滥”、“乱”状况，致使公众把社会公益服务机构与社会民营中介机构混为一谈。公益性服务与经营性服务两项业务的交叉，导致公共就业服务机构在实际运营中，面临着既要提高公共就业服务质量，又缺乏资源的尴尬局面。

2. 政府投入不足

目前，民族地区公共职业介绍机构普遍存在经费缺口。一方面，公共就业服务对象越来越广，公共就业服务机构的人员和投入不能满足社会需求。公共就业服务机构主要为进城务工农民和失地农民、下岗失业人员、高校毕业生以及其他特殊困难群体提供基本的、免费的公共就业服务。而在实践中，由于资源投入上的不足，制度安排上的缺陷，公共就业服务机构所提供的服务尚不能满足社会群众日益增长的公共就业服务需求。另一方面，政府人才服务机构开展公共服务的经费严重不足。政府举办的公共就业服务机构是公益性就业服务机构，基本上都是提供免费服务，而各省市公共就业服务机构大多数为自收自支，全额拨款单位也只能保证基本人员经费和工作经费，难以充分开展公益性服务。

3. 就业、再就业政策宣传力度不够

宣传对于开展公共就业服务来说非常重要。首先，若未宣传到位，一项政策就等于一纸空文，可能完全落空。民族地区公共就业服务部门在进行相关政策宣传中，虽然能运用多种方式和途径进行宣传，也花费了不少时间和精力，但因为事前未对宣传工作进行效果评估，也未针对低文化层次的受众采用较为通俗易懂的语言和文字，未将多种政策分门别类进行有针对性和深入的宣传，宣传只是点到为止，形式是多样了，但宣传并不到位，效果也不理想。其次，民族地区公共就业服务部门往往重视事前的宣传工作，忽略了对事中和事后的宣传，特别是事后的宣传而以一项政策给人们真正带来了实惠为宣传点，应该是最能吸引人和最具说服力的，忽视了事中和事后的宣传，政策宣传效果就大打折扣了。

（二）就业服务管理机制不健全

1. 就业服务的多部门管理体制

这种管理体制使就业服务体系被分割成多个独立的系统，统一的劳动力市场也被分割。如劳动保障部门主要管理城镇下岗失业人员再就业，组织人事部门管理大中专毕业生、复员退伍军人就业，农业部门管理农村剩余劳动力转移就业，残联管理残疾人就业等等。由于不同部门的发展目标、指导思想和发展规划不同，相互之间缺乏沟通和协调，就业服务体系的发展缺乏统一的规划，劳动力市场的整体性被破坏，管理体制和组织结构不适应。各部门往往对局部利益考虑较多，缺乏现代组织竞争与合作的“双赢”或“多赢”意识，缺乏对组织联盟整体利益共享和风险共担机制的研究，因而影响了组织参与联盟的积极性。同时，出于“宁做鸡头，不做凤尾”的传统观念，每个组织都希望以“我”为中心，缺乏与联盟组织的平等对话，制约了联盟组织的建立和发展。

2. 公共就业服务机构与其他经营性职业中介机构合作能力较低

公共就业服务需求具有多元化、多层次特点。就服务类别来看，有自助服务、一般服务和强化服务；就服务层次来看，有全国性人力资源调配、市场信息传播和就业政策发布，也有地方性的就业安排和指导；就服务主体来看，有政府公共就业服务机构、经营性职业中介机构和其他非营利性组织。这样的就业服务格局才能提供高质量的服务。但是，我国民族地区当前的就业服务市场基本还是政府垄断，运行效率低下，同时经营性职业中介机构和其他非营利组织力量弱小且不规范，二者难以有效合作，难以形成多元化、多层次的竞争性市场，限制了公共就业服务功能的发挥。

3. 资金和组织管理问题

根据其他国家的经验，公共就业服务机构发展的趋势是半事业型组织机构，在协助政府完成就业干预的同时，利用自身的资源，开展个性化、自助性的收费服务，一方面满足市场的需要，另一方面也使自身更好地开展工作。但由于民族地区就业服务机构建设起步较晚，存在许多问题，主要是：第一，劳动保障部门内部机构之间权责划分不明确，严重影响就业服务机构的组织管理工作，更不用说进行深层次变革；第二，在就业服务机构的各项硬件及软件资源建设方面，资金投入严重不足，这既影响到就业服务机构对弱势群体的服务质量，也影响就业服务机构进一步开展其他收费业务。

4. 劳动力市场信息系统不完善

由于就业服务机构的设立和管理部门不统一，相互之间缺乏信息交流，信息不能及时共享，再加上缺乏建立全国统一劳动力信息网络的硬件条件，无法建立统一的劳动力市场信息系统。此外，由于认识上的不足以及人才的缺乏，就业服务机构也很少主动搜集各种劳动力信息，影响了求职者对劳动力市场发展趋势和就业形势的科学预测和分析。信息系统基础薄弱，信息流不畅。就业服务系统管理既是一种管理模式也是一种组织管理信息系统，所以它的实现以组织信息化和社会信息化为基础。但是我们的信息化还存在地区之间、行业之间的差距，在信息技术基础设施如计算机通信网络、计算机应用普及方面的落后，复合型管理人员、信息技术专业人员等人力资源方面的匮乏以及观念上的陈旧和闭塞。

（三）就业服务机构能力缺陷

1. 就业服务内容单一、流程不畅并缺乏创新

职业介绍、职业指导、职业培训和失业保险之间缺乏有机联系，不能形成有机的整体。比如：职业指导不能向用人单位和劳动者提供有针对性的劳动力市场信息和政策咨询，不能结合劳动力市场需求为求职者设计合理的职业计划；职业培训不能充分考虑当前就业的需要和劳动力资源现状，职业培训工作不能适应现实就业岗位对劳动力技能水平和素质的要求，职业培训和就业脱节；失业保险没有发挥应有的向失业人员提供救济和促进就业的作用，出现大量隐形就业等。就业服务的流程没有形成紧密衔接、高效良性的循环系统，同时也缺乏创新的服务内容来满足市场的不同需求。就业服务机构“各司其政”，从劳动力求职到就业岗位的各环节分散操作，各自为政，缺乏协同。结果造成信息沟通不畅、推诿扯皮、管理资源浪费及管理效率低下。

2. 公共就业服务介绍项目与劳动者需求不吻合

公共职业介绍机构所提供的主要就业服务项目与劳动者需求不吻合，而且其他就业服务项目与劳动者需要差距较大。在民族地区，劳动者使用频度和需求频度最高的服务项目是职业介绍服务，但档案与人事关系管理和代缴社会保险是公共职业介绍机构的主要服务内容，因此公共职业介绍机构所提供的主要就业服务内容与劳动者需求不吻合。此外，在职业指导与测评、政策咨询、创业服务、职业培训和招聘会方面，现有服务与劳动者需要差距较大。因此，民族地区公共职业介绍机构当前不能满足劳动者的就业服务需求。

3. 就业培训体系及运作方式尚有不足之处

民族地区公共就业服务部门始终将加强就业、再就业培训作为促进就业再就业的一项非常重要的工作来抓，在就业再就业培训上取得的成绩也是显著的。而在就业再就业培训上，公共就业服务部门也与其他相关部门配合良好，合作密切。但是

总的来说，培训工作还存在着一些问题和不足之处：一是虽然与以往相比，培训课程增加了新的内容，也可由被培训人自主选择，但培训内容仍然主要集中在某几种传统课程上，不能满足不同层次和类型的人的意愿，存在“一刀切”和“简单化”的现象；二是培训时间短，效果不够理想；三是培训主要委托有关政府部门开展，但合作对象有限，在确定合作对象时未形成有效竞争，由于培训经费限制且本地培训师资不足，师资力量难以得到保证，影响了培训效果。

4. 就业服务机构没有有效发挥“一站式”就业服务优势

就业服务机构在促进就业方面的优势之一是能为劳动者提供“一站式服务”，即把职业介绍、职业指导、职业培训、失业保险的管理与发放等职能集中在一起，提供一条龙式的服务。但是，民族地区目前的职业介绍、职业指导、职业培训和失业保险基本上都各自运作，彼此之间缺乏有机的联系和良好的协调。同时，也有不少的失业人员，一方面领失业救济金，另一方面却从事有报酬的工作，即“隐性就业”，民族地区公共职业介绍机构对这一现象却很难进行监管。

第四节　完善民族地区就业服务的思考

一、国外就业服务体系建设的经验借鉴

（一）建立和完善劳动力市场信息网络

在发达国家，政府非常重视就业服务信息网络建设，以帮助失业人员尽快找到合适的工作岗位。信息网一般由政府投资建立的公共信息网和非政府机构建立的私营信息网两部分构成。在美国，为了在劳动力供求之间建立起有效的联系，政府机构与民间力量都建立了大量的就业辅导机构提供职业介绍和就业服务。由政府出资建立的美国就业总署已经在全国形成了一个就业服务网络系统。目前美国已建起了企业、求职者、职业介绍机构等共同参与的信息网络系统。该系统由相互连接的4个数据库网络构成，目前公共信息网络已遍布50个州，主要包括劳动力信息储备网、职业信息网和学习交流网。职业信息网向用工单位及求职者提供雇佣双方需求、职业特点咨询、就业结构变化分析以及经济发展预测等方面的信息。学习交流网主要为用工单位和个人进行人力资源开发提供各类培训信息。

（二）建立与完善“一站式服务”

“一站式服务”，即将职业培训机构和失业保险服务并入职业介绍中心合署办

公，并与社会上的其他机构建立合作伙伴关系，为求职者和用人机构提供方便、快捷、高效的服务。服务内容从过去单纯地提供职业指导和咨询，拓宽到为求职者提供学习和培训方面的服务，同时将参加学习和培训作为领取失业救济金的重要条件。美国将“一站式服务”写进《劳动力投资法案》。一站式服务的内容包括：职业指导、培训咨询、职业介绍、申领失业金一系列相关服务。在英国，提供一站式服务的地点是社区职业中心，失业津贴管理机构的工作人员也联署办公，旨在提供综合性服务，方便失业者。如对年龄较大、技能老化、失业时间超过半年以上的求职者提供面对面服务；对失业超过一年以上的长期失业者、残疾人或其他特困群体提供一对一的跟踪服务。

（三）加强政府与就业服务机构的合作

加强政府与就业服务机构的合作，有助于提高就业服务质量。许多发达国家在州和市一级，除行政主管部门外，设有三方性的职业培训委员会或职业培训咨询委员会，职责主要是在培训的重大问题上加强协商、共同管理。美国“伙伴培训机制”的做法是，由全美460个职业培训行业委员会分别同联邦政府签订培训合同，然后再由各委员会把合同转包给各培训机构。培训成果将决定其今后是否能够继续保留培训资格和获得培训承包合同。德国的三方合作职业培训制度是以德国特有的“双轨制”职业教育为基础的，集中体现了雇主、雇员和政府三大社会力量的协商与合作机制。法国、丹麦等国实行政府、雇主和工会组织相互协调与密切合作的培训管理体制。瑞典、加拿大等国实行的“政府购买培训成果”机制，有效地调动了社会培训机构参与职业培训的积极性，提高了培训质量和就业率。

（四）加大就业培训资金投入

在经合组织国家实施的各类劳动力市场政策中，支出最大的项目是对失业人员进行转岗培训。为使职业培训更加贴近企业和社会的实际需要，国外筹措培训经费的主要措施，一是政府财政拨款，二是征收培训税，三是由企业、个人或团体集资建立培训基金。英国财政部每年拨付的职业培训经费高达30亿英镑，约相当于其年度财政收入的1%；德国政府1994年用于职业培训的经费高达80亿马克，其筹集培训经费的办法采取现收现支，不足部分由国家财政兜底；法国政府1994年拨付的职业培训经费高达170多亿法郎；澳大利亚政府1995年财政预算委员会职业培训拨付的专款为26亿澳元，且规定以后每年递增7%，远远高于其经济增长率；1997年瑞典政府用于劳动力市场的总支出约为90亿美元，其中用于加强职业介绍服务和就业培训方面的资金占2/3。①

除了扩大就业培训费用的支出外，很多国家还采取一系列积极培训措施，以保

① 马永堂：《国外促进就业的政策措施》，《中国劳动》2004年第9期。

证这些资金能最大限度地发挥作用。具体做法是，国家拨付的职业培训经费由劳动部门所属的职业介绍中心掌握。职业介绍中心根据培训需要向社会培训机构购买培训课程，学习结束后由职业介绍中心介绍工作。这样既有利于促进培训质量的提高，也有利于促使培训与就业紧密结合，同时还大大减少了培训经费的管理层次与开支。

二、完善民族地区就业服务的建议

（一）坚持区域统筹和城乡统筹的方向

1. 坚持区域统筹方向

在区域方面，东中部民族地区保持平台的稳定运行，并且不断提高服务质量，成为基层公共就业服务工作的坚固堡垒。西部省份的民族地区以及尚未建立公共就业服务基层平台的东中部民族地区，多数存在财政资金不足的状况，可采取县级及以上对口部门负责提供经费，同级政府协同管理的办法，推动平台建设。

2. 坚持城乡统筹的方向

在城乡方面，已经建立乡镇公共就业服务基层平台的民族地区，应致力于就业服务平台功能的完善。根据地方政府的财力状况适度增加编制，提高工作人员待遇，稳定工作人员队伍，根据工作量的大小适度增加工作经费。有条件的地区可以将平台延伸到村，在村设立协管员。没有建立乡镇平台的民族地区，如果确无建设公共就业服务平台的需求，可暂不建立。存在需求的民族地区，可由上级对口部门负责提供经费，或者暂时设立协管员。此外，国家应该加大对财政困难地区的转移支付力度，并且可以考虑安排专项经费支持这些地区的平台建设和运营。

（二）明确民族地区就业服务中政府的职能

1. 进一步完善民族地区就业服务体系

首先，针对进城农民工大量增加、就业服务不足的问题，劳动力输入地城市公共就业服务机构应开设对外地农民工免费服务的窗口，加强对他们的职业介绍服务；输出地公共就业服务机构要积极组织订单培训，与用人单位建立劳务协作关系，为进城农民工提供劳务输出一条龙服务。要扶持发展劳务派遣组织，引导农民向城市有效转移就业。其次，应完善街道社区劳动保障工作网络，重点做好就业困难群体的再就业援助。各地要依托街道社区劳动保障平台，建立健全对大龄困难群体再就业援助的制度，摸清就业困难人员底数，大力开发公益性岗位，提供常年的帮助和便捷的服务，切实帮扶一批困难群体人员实现再就业。此外，民族地区政府应继续加大劳动力市场信息开发工作的力度，把职业培训作为就业服务促进就业的重要措施。

2. 加大民族地区就业服务的政策支持与资金投入力度

目前，中央和各省市对就业问题高度重视，但一些市县关注的中心还是经济发展，对就业问题的认识和重视程度不够，更谈不上对公共就业服务体系的建设了。另外，促进就业的政策针对性和力度不够，对公共就业服务机构工作的开展很不利。一些公益性的再就业服务机构资金投入严重不足。因此，民族地区各级政府应进一步贯彻灵活性、针对性的要求，以多样化政策促进就业服务；就业服务投入应纳入公共财政支出框架，再就业培训、公共就业服务、创业支持、困难群体的再就业援助等都应是资金投入的重点。在公共就业服务体系的建立中，还应进一步理顺责权机制，将扩大多少就业岗位、再就业成功率等指标作为考核依据，并落实到各个部门。

3. 实现民族地区公共就业服务援助就业困难群体制度化

公共就业服务的主要职能之一是为那些在劳动力市场上如果没有帮助就会陷入不利境地的人们提供专门服务。从长远看，我国制度转型、结构调整、技术变化过程中都将会产生一批就业困难群体，他们年龄大、缺乏技能，有些体弱多病或家庭有特殊困难，难以适应一般的就业岗位。公共就业服务必须承担起为这部分人服务的职能，为此，必须使公共就业服务援助就业困难群体制度化。一是机构编制正规化，要配备足够的工作人员，并保证公共就业服务机构的相对独立性。二是经费投入制度化，首先要保证人头费，其次要将业务经费列入财政预算。再次要加大预算投入，保证对下岗失业人员免费服务和落实对困难群体援助措施的资金来源。三是建立公共就业服务机构的审核评估制度。

4. 加快民族地区公共就业服务信息网络化建设

公共就业服务信息网络化建设是指把信息化手段融入公共就业服务中，提高就业服务质量、规模和档次。目前，我国劳动力市场信息网络初步形成，民族地区就业服务网络也得到了加强。但是，与发达国家相比，我们的民族地区就业服务网络还比较落后，应继续加大建设的力度：首先，改变现有职业信息封闭的状况，建设全国自下而上的劳动力市场信息网络。其次，加强基础建设，在服务网络延伸的基础上，大力培养和发展信息员队伍，完善信息采集、流通、分析的制度和机制，构建现代化的信息系统。再次，加强对信息的分析，建立劳动力市场职业供求分析信息和工资指导价位信息发布制度。最后，解决我国的就业弱势群体往往不能在家中进入互联网的问题。

（三）加强民族地区就业服务管理力度

1. 加强政府对就业服务机构的调控管理

劳动力市场有别于其他一切市场的特殊性在于：劳动力市场交换的是劳动力，能出让的只能是劳动力的使用权，而不是所有权，这就决定了对劳动力的交换通常不是一次性易物行为，而必须是维持相当一段时间的契约行为。我国劳动者是社会主义国家的社会主体，因而其对法律保护有很高的要求。在运行中，市场机制作用于劳动力市场，供需双方追求其经济目标时，必然要受到尊重和保护劳动者这一社会目标的制约。因此要逐步形成并完善劳动力市场主体必须共同遵守的法律、法规，从法治的高度规范市场行为。其次，在市场条件下要重点加强合同管理，为规范市场主体之间关系、解决市场矛盾提供依据。再次，要在全面提高执法队伍素质的基础上加大执法监察的力度，全面查处非法中介、劳务诈骗及其他各种劳动力市场违法行为，为保护劳动者的合法权益，也为劳动力市场的有序运作创造公平的竞争环境。

2. 加强网络信息库管理，收集岗位空缺信息

公共就业服务工作人员需要有空缺工作岗位登记和求职者登记信息才能进行撮合。其中关键是要想方设法收集岗位空缺信息。大多数雇主并不向公共就业服务机构通报其岗位空缺信息，但是，公共就业服务需要岗位空缺信息才能帮助求职者寻找到工作。因此，公共就业服务体系收集得到尽可能多的适合求职者技能的岗位空缺信息至关重要。一方面要定期走访企业或是通过电话、信函、传真等方式收集空岗信息，更好地了解雇主的用人困难和需要，也鼓励企业直接登记用人要求；另一方面要为企业提供咨询和信息服务，协助企业寻找、筛选符合要求的求职者，帮助企业确定合理的工资水平和提出恰当的工作要求；此外还要为企业提供劳动力市场信息分析等。同时，空岗信息变化迅速，需要定期核实，及时删除已经填补的空岗信息，做实人力资源市场信息库，保证信息的可信度。

3. 加强民族地区公共就业服务基层平台管理

建立民族地区公共就业服务基层平台运行规范，是提高民族地区公共就业服务基层平台服务质量的重要手段，是着眼于公共就业服务基层平台长远发展的重要任务。具体来说，应该尽快制定基层平台工作制度，从工作方法、工作程序、工作评估等方面将基层平台工作制度化。同时，尽快从国家层面明确界定基层平台的职责以及城乡平台下不同岗位的具体职责，做到有据可依、有据可查，避免工作中的缺位和越位现象，保障工作人员和工作对象的合法权益。

4. 就业服务机构应加强内部管理制度建设

就业服务机构应着手建立从业人员职业准入制度、培训制度、激励机制和绩效管理体系。首先，根据公共就业服务的各类职位要求，建立公共职业介绍机构从业人员任职资格体系以及职业培训体系，提高从业人员素质。其次，在提高工资待遇的同时，将工资与公共就业服务绩效管理体系结合起来，形成有效的激励机制。为此，可借鉴国外发达国家的经验，建立公共就业绩效管理体系，具体做法是：第一，绩效评价要法制化、制度化。第二，绩效评价实施主体可采用以客户为导向的360度反馈法。第三，设置明确、可量化的绩效评价指标，如求职者总人数、求职者登记率、职位空缺的登记率、职位签约率、特殊困难群体就业安置率等。

（四）充分发挥就业服务机构的作用

1. 整合民族地区就业服务机构资源

一是整合县级以上综合性公共就业服务机构，统一更名为公共就业服务中心或分中心，承担为劳动者求职就业、用人单位招聘用人和专业技术人员流动提供公益性就业服务的职责。二是继续发挥专业性公共就业服务实体的作用。目前的就业训练、创业服务等专业性公共就业服务实体继续保留，名称不变，具体职能按照分工进一步调整完善，继续发挥作用。三是进一步加强基层公共就业服务平台建设。将现有街道、乡镇劳动保障事务所统一更名为人力资源和社会保障事务所，社区劳动保障工作站统一更名为人力资源和社会保障工作站，承担基础性人力资源社会保障服务、就业援助和人力资源动态管理工作。四是各级公共就业服务机构实行统一的公共就业服务标识。总之，在整个落实就业政策的过程中，虽然公共就业服务机构是主要的载体和依托，但职业中介服务机构也是一支非常重要的力量。

2. 明确民族地区公共就业服务机构职能

在民族地区通过试点，将公益性服务和经营性服务分开管理。选择市场发育成熟的地区，试点将经营性业务转让、外包给私营中介机构，让公共就业服务机构主要承担政策指导、依法监管职能和公益性服务。同时也可以逐步将部分公益性服务转包给私营中介机构，这样，一方面可以引进竞争，另一方面也可以更好地满足公众对公共就业服务的需求。

3. 加强民族地区就业服务提供中的三方合作机制

解决城镇就业问题不单是政府的职责，还需要社会各方面的协同配合，政府不能也不可能包办一切。政府要制定城镇就业的政策法规，把握就业结构，扩大就业市场，尤其在体制转轨时期，更要加强宏观指导和监督。对一些具体的事项，可借鉴西方国家的经验，推动社会中介组织来做。可以将部分职业指导与职业中介服务外包给私营企业，以满足公众的就业服务需求。尤其是那些就业服务市场比较发达的地区，可以选择一些比较有实力的公司，将职业指导与就业中介服务的业务部分外包。这样，不仅可以及时满足公众的就业服务需求，而且还可以对现有的公共就业服务机构形成一定的竞争压力，从而促使其提高服务质量。同时，政府还可以利用这种政府机构与私营企业并存的就业服务格局试点研究具有中国特色、符合我国实际的公共就业服务运作模式。

4. 坚持民族地区就业服务“一站式”的发展方向

“一站式”服务，就是把职业介绍、失业保险等与就业服务有关的服务系列化，实行集中管理，这样在方便求职者的同时，也能提高就业服务机构的工作效率。“一站式服务”主要针对长期领取失业救济金的人员和结构性失业群体。“一站式服务”的程序是：就业服务机构向政府提交任务书。政府对其资格进行审查，主要考核其以往提供服务的质量和效果以及现在提供就业服务的能力。审查合格后，政府与就业服务机构签订合同，在提供资金支持的同时监督其运行。就业服务机构一方面要为失业人员提供技能和求职培训，另一方面要与雇主、企业建立联系，帮助求职者寻找工作。对于最困难的求职人员，就业服务将提供“一对一”的帮助。要提高职业介绍工作的服务质量和效率，就要提高职业介绍工作人员的素质，加强对他们的培训。可以对职业介绍的成功率进行考核，并将其与职业介绍机构工作人员的报酬挂钩，建立有效的激励机制。

案例分析：云和县就业服务管理体系分析

云和县地处浙西南，居丽水市中部，位于瓯江上游。全县面积 984 平方公里，其中林地面积 121 万亩，耕地 7.3 万亩，水域 5 万余亩，素有“九山半水半分阳”之称。全县辖 10 乡 4 镇、170 个行政树、842 个自然村，现有人口 11.2 万。云和县是移民大县，是全省 8 个少数民族重点县之一，还是“中国木制玩具城”、浙江省革命老根据地县、浙江省生态示范县、全国科技进步先进县、国家级卫生县城、省级文明县城和省级教育强县等称号和荣誉。

一、云和县就业情况

实施“小县大城”发展战略近 10 年来，云和县城市化水平有了很大提高，2008 年达到 60%。但随着城市化水平的提高，被征地农民大量涌现，失去土地的依存，人们必然会去寻找就业的出口；同时，在该县“下山转移”兴造农民新村等政策下，大量农民下山转移，全县 11 万人口，近 7 万集中在县城学习、工作、生活，一半人口需要在县城就业。这些新问题，都给当地就业工作带来了新的压力。

由于云和县企业以中小企业为主（据《2008 云和统计年鉴》：国有及工业总产值在 500 万元以上企业 97 家，500 万元以下企业 1409 家），2008 年的国际金融危机对其冲击颇大。截至 2009 年 9 月，仅在云和县经贸局登记倒闭的企业便有 12 家，据该局有关科室负责人介绍，实际数字应该还远不止这些。部分企业生产经营遇到困难，就业岗位流失，用工需求下降，尤以玩具企业、服务业最为明显。2009 年 2 月年末和 2007 年年末相比，该县增加企业 103 家，减少从业人员 2700 人；2008 年 1 月至 2009 年 2 月末该县关停和积极性裁员的企业数为 9 家，减少员工 2000 余人；2009 年以来，解除或终止劳动关系的有 211 人。由此可见，该县企业减员人数逐步增加，就业难问题更加突出。而大中专毕业生、返乡农民工等群体的就业也凸显了新矛盾、新问题。可以说，在金融危机影响尚未完全消退的情况下，当前及今后一个时期，云和县的就业形势仍然严峻，面临新的挑战。

二、云和县就业服务的经验

（一）全面实施积极的就业政策

对于符合条件的城镇“零就业家庭”和农村低保家庭人员，给予各项就业援助和优惠，并实行就业援助补贴、职业培训补贴、岗位补贴、社会保险补贴、生产扶持补贴等“五项补贴”，全年办理“五项补贴”800余人38.4万元。2006年至2009年，共发放“4050”灵活就业人员社保补贴、再就业困难人员一次性生活补助、被征地农民“4050”人员阶段性生活补助金、城镇“零就业家庭”和农村低保家庭人员“五项补贴”等共计1401.93万元。2009年落实帮扶困难企业各项政策，该县一方面积极为企业提供技能提升免费培训和创业能力培训，实施职工素质提升工程，组织企业在岗培训790人，深受企业欢迎；另一方面加强全县重点企业失业动态监控，落实困难企业培训补贴和岗位补贴，先后认定困难企业共三批28家，覆盖职工2360人，共落实困难企业岗位补贴和社保补贴249.1万元。失业保险基金中帮扶困难企业资金支出比例在全省位居前列，可见帮扶力度较大，对稳定就业形势起了积极作用。

（二）对就业困难人员开展专项就业援助

对城镇“零就业家庭”和农村低保家庭人员等就业困难人员实施就业专项援助。一是鼓励就业困难人员自谋职业、家庭就业、临时就业、社区就业、小时就业、阶段就业等，二是切实抓好就业再就业扶持政策的落实，积极落实就业困难人员的社保补贴、岗位补贴，发挥促进就业资金作用，对于符合条件的城镇“零就业家庭”和农村低保家庭的人员，分别免费发放《再就业优惠证》和《农村低保人员就业援助证》，给予各项就业援助和优惠，并实行就业援助补贴、职业培训补贴、岗位补贴、社会保险补贴、生产扶持补贴等“五项补贴”，进一步促进就业困难人员实现再就业。2006年至2009年就业困难人员实现就业380人。

（三）开展推进高校毕业生就业创业专项就业服务工作

积极调研，由县政府出台《云和县进一步加强普通高校毕业生就业工作的实施意见》，落实高校毕业生就业创业政策。集中一段时间通过报纸、电视、上街服务、分发资料等多种渠道认真开展宣传活动。就业处工作人员分小组前往县各机关、企事业单位，联系筹募见习岗位178个。在全县举办“云和县2009年高校毕业生就业见习专场招聘会暨高校毕业生就业政策咨询服务活动”，为本县户籍的高校毕业生就业牵线搭桥，也是全市开展该项服务活动的唯一一个县。本次活动吸引了1100余人进场咨询、招聘和报名免费创业培训，共有17家企事业单位提供178个见习岗位，经双方洽谈达成初步意向127人。

（四）加强职业技能培训

注重培训工作的实用性，按市场需求开设各类培训课程，如针对外省来云和务工人员主要集中在玩具行业的情况，开展了玩具加工专业的就业技能培训。积极开展各类培训的宣传。培训对象主要为下岗失业人员、农村劳动力和各类登记求职人员。主要以给定专业和自报专业相结合的方式由参加培训人员自主选择专业报名；也接受企业委托培训，以增强培训的针对性，提高就业率。具体培训工作一般委托给具有培训资质的机构进行，与其签订培训协议。将培训工作与技能鉴定结合起来，培训结束组织考核，凡是在培训期间按期参加、结业考试成绩合格的，发放经县劳动保障部门认定的职业资格等级证书，作为劳动技能等级凭证。据跟踪了解，该县的超市经营人才创业培训取得了不错的效果，参加培训人员无一例外地在培训后开办了各种规模的超市，有了自己的事业，更通过创业带动了一批人的就业。

（五）利用人力资源市场做好就业服务工作

一是做好日常管理工作，接受求职登记、招聘岗位登记及劳动就业政策咨询，市场内一块屏幕滚动播放空岗信息，借人力资源市场这个平台牵线搭桥，促进职业交流。二是以举办人力资源招聘洽谈会为媒介，促进职业交流。该县每年年初均举办人力资源洽谈会，2009年还举办了“云和县2009年高校毕业生就业见习专场招聘会暨高校毕业生就业政策咨询服务活动”及“农民工就业服务大型联动专场招聘会”。因活动前的岗位招募、宣传等组织发动工作做得比较充分，进场求职人数众多，每次招聘活动均能达到预期效果。

三、云和县完善就业服务管理的建议

（一）加强乡镇及社区公共就业服务基层平台建设

保障乡镇劳动保障救助站人员编制，在社区悬挂劳动保障服务站牌子，为乡镇和社区劳保站配备专职工作人员。加强人员相关业务知识培训。在乡镇和社区劳保站设立劳动保障服务窗口、固定的信息、公示和宣传栏，配备电脑等相关设备，以便实现信息共享。做到“机构、人员、经费、场地、制度、工作”六到位，有关人员、工作经费均纳入财政预算。[①] 在加强社区工作人员队伍建设的基础上，建立社区就业状况动态管理制度，即月联系或访谈等制度。

① 刘丹华：《新形势下公共就业服务发展探究》，《中国劳动保障》2009年第9期。

（二）强化信息化手段建设

按照“金保工程”要求，加强公共就业服务信息化建设。加快“云和县就业网”建设步伐，尽早启用业务信息系统，在全县各公共就业服务站点间实现信息共享和业务操作电子化；在服务网络扩展的基础上，也大力加强和大众媒体、私营职业介绍机构等的合作，加强相关就业信息的收集、分析、发布，完善信息管理，尤其要加强对信息的研判和分析，特别是需求比例和岗位分布等的分析，以更好地指导劳动力流动，并为职业咨询等服务提供基础依据；要形成用人单位、求职者、职业介绍机构等共同参与的格局，建立公共就业服务信息服务制度，形成联通城乡、全县共享的公共就业服务信息网络。

（三）提升人员服务能力和水平

建设一支专业的干部队伍对提高公共就业服务质量起着非常关键的作用。而目前该县公共就业服务机构的工作人员基本上属于“半路出家”，即使从事相关工作之后，也未接受过专门的有关方面的系统培训，工作素养与当前就业形势对公共就业服务的要求及人们需求还有相当一段距离。首先要按一定的服务对象比例配备工作人员，充实就业服务队伍力量。其次，以机构职能、服务对象需求为导向，加强公共就业服务机构从业人员素质能力建设。要全面加强工作人员队伍专业化建设，对公共就业服务机构的管理人员、从事职业介绍和职业指导等工作人员及乡镇、社区劳保站工作人员都要提出明确的要求，并通过多种形式和渠道的专门培训及业务辅导等，提升他们的业务水平和工作能力。建议国家或全省逐步开始实行公共就业服务专业岗位持职业资格证书上岗制度。① 要制定服务标准，规范服务操作：要求有关工作人员全面树立“以人为本”的服务理念，为各类服务对象提供多元化满意的公共就业服务；要设立公开举报电话，接受舆论和公众监督，以服务对象满意度为衡量服务的最终标准。②

（四）加强公共与私营就业机构之间的合作

由于公共就业服务机构服务对象庞大，任务繁重，工作人员和经费相对紧张，可借鉴国外经验，视情况加强与私营就业服务机构之间的合作，来分担部分就业服务的压力，并以私营就业服务机构工作方式灵活、效率高的特点来弥补公共就业服务的不足。如将公共就业服务机构的重点服务对象框定在就业困难人群上；大力发展各种民办劳动介绍机构，为要求较高或有特殊要求的求职者或用工单位提供个性

① 凌先有：《加拿大的就业体系》，《水利发展研究》，2004 年第 12 期。

② 劳动和社会保障部：《加强就业服务制度化专业化和社会化工作要点》，《中国劳动保障》2009 年第 9 期。

化的职业指导、求职技能辅导等服务；在技能培训上进行合作，购买培训成果；通过私营就业服务机构发布就业信息，帮助公共就业服务机构收集就业信息等。同时做好私营就业服务机构的准入审批工作，做好监管工作。云和县因县小经济实力弱，职业介绍机构等私营就业机构还未得到发展，因此，首先必须出台相关扶持政策，在把好入门关的基础上，鼓励私营就业机构队伍的壮大。

第八章　民族地区医疗保障制度创新

第一节　医疗保障制度概述

医疗保障制度是医疗保障的具体运行体现。它最初建立是在19世纪的德国俾斯麦时期，是指国家和社会团体对劳动者或公民因疾病或其他自然事件（如生育、伤残等）及突发事件造成身体与健康损害时，对其提供医疗服务和对其发生的医疗费用给予经济补偿而实施的各种制度的总称。医疗保障制度可以有几种基本的实现方式，如医疗救助、医疗保险或免费医疗等方式。

一、医疗保障的相关理论

（一）疾病风险理论

疾病风险是指疾病发生及其所造成健康损失的不确定性，它是一种纯粹风险，也具有可管理性。除具有一般风险的特性外，它有其自身的特点：一是疾病一旦发生，只会造成健康损害和经济损失，没有任何可能获得的利益或好处；二是疾病风险具有较强的不确定性。[①] 与其他风险相比，疾病风险具有较大的随机性及不可预知、不可避免性，人们很难预测自己是否会生病、生什么病等；三是其复杂性，包括起因的复杂性和造成危害的复杂性；四是疾病风险具有连带性。疾病风险往往不仅给个人健康带来损害，还会给家庭甚至社会造成危害，如传染性疾病风险等；五是疾病风险不具有完全补偿性。健康和生命很难用金钱来衡量，只能对造成的经济损失部分进行适度补偿。

---

① 靳娟利：《制度边缘人口的医疗保障问题研究》，武汉科技大学2007年硕士学位论文。

（二）医疗保险需求理论

医疗保险需求与医疗保健需求的不确定性有关。医疗部门的一个重要特征是医疗保健需求具有极大的不可预见性。消费者能否得到医疗补偿取决于在保险期间是否患病，也就是说消费者缴纳了保险费并不意味着一定会得到医疗补偿，因此消费者在决定是否购买、购买多少保险时就面临着不确定性。基于这种不确定性，对于医疗保险的需求分析是建立在不确定条件下的消费者行为理论基础上的，其核心是消费者做出包含着不确定因索的选择时，总是遵循预期效用最大化的原则。① 在不确定条件下，理性的消费者将选择使其预期效用最大化的那种选择，预期效用通常被定义为每种选择的效用乘以其发生的概率，即效用的期望值。消费者在作出是否购买保险的决策时总是试图使其预期效用最大化，为此，他可以在两种方案中做出选择：一是购买医疗保险，代价是支付一定的保险费；二是自我保险，这样就面临两种可能性，一种是以较小的可能性患病而蒙受大笔损失，另一种是以较大的可能性不患病。消费者将对这两种情况的预期效用进行对比，以测定哪种选择可以使他获得较高的效用水平。②

（三）社会保障的公平性理论

公平是社会保障制度的核心理念和基本价值目标。社会保障制度属于公共产品、公共资源在公共领域的分配，维护社会公平是社会保障制度安排和政策实践的出发点和归宿。虽然不同国家的社会保障模式实现的公平程度存在差异，但社会保障制度的初衷和运行过程，都是以公平为基本原则的。社会保障的公平性体现在其保障范围、保障待遇和保障过程的公平性上。即，在国民保障范围内，没有性别、职业、民族、地位等方面的差异，所以成员权益平等：为国民提供基本生活保障，满足基本生活需要；实现资金筹集、给付的过程性公平原则。

医疗保障的公平性是指社会成员有同等的机会享有医疗保障，在因疾病而招致健康和经济损失时能公平地获得卫生服务和享有经济补偿，不会因其拥有的社会权利不同而出现差别；任何享有医疗保障的人在遭遇疾病风险时都有同等的就医机会，得到按医疗保险制度规定的经济补偿，其享受医疗保障的范围和水平不应该取决于收入的多少，而取决于疾病治疗的需要和社会医疗保障制度的规定。③ 我国城乡居民基本医疗保险的性质是社会医疗保险，而公平和社会效益是评价社会医疗保险的基本原则，这就决定了在其发展和完善的过程中自始至终离不开对公平性的探讨。

---

① 和春雷：《社会保障制度的国际比较》，法律出版社 2001 年版。

② 吕学静：《各国社会保障制度》，经济管理出版社 2001 年版。

③ 马斌、汤晓茹：《关于城乡社会保障一体化的理论综述》，《人口与经济》2008 年第 3 期。

二、医疗保障制度的分类

（一）按照筹资方式分类

医疗保障项目按照筹资方式不同，大致可以分为：税收筹资、社会医疗保险费筹资、私营医疗保险费筹资和健康储蓄账户筹资四类。

1. 税收筹资的医疗保障项目

这种医疗保障项目以税收为主要筹资来源，但是税收的种类各式各样，既有直接税和间接税等不同收取方式的税收；也有中央税和地方税等不同层面的税收以及一般税和契约税等不同类型的税收。税收往往是实行国民健康服务的医疗保障体系的主要筹资来源，也是实行其他医疗保障体制国家医疗保障筹资的补充来源。例如英国、葡萄牙、西班牙、波兰、希腊都是以国家税为主要筹资来源；丹麦、芬兰、挪威、瑞典、意大利和保加利亚则以地方或地区性税收为主要筹资来源。

2. 社会医疗保险费筹资的医疗保障项目

社会医疗保险费并不依据个体的风险水平征收，而是由相应政府机构或与政府关系紧密的机构依据个人收入情况按照一定比例予以征缴，具有按缴费主体缴费能力征收的特点，这种保险费通常是强制的，并且都由雇主和雇员分担。社会医疗保险费的征缴机构可以是单一的国家健康保险基金，以克罗地亚、爱沙尼亚、匈牙利和斯洛伐克等国为代表；也可以将这种征税责任赋予独立的医疗保险基金、国家健康保险基金的地区性分支机构、地区或职业性医疗保险基金和保险协会等。

3. 私营医疗保险费筹资的医疗保障项目

以私营医疗保险费筹资的医疗保障项目在各国的作用不同，在部分国家是主体医疗保障制度筹资来源，如美国；在大部分国家这种筹资方式的项目只是主干医疗保障项目的有益补充，例如欧洲私营医疗保险大致可以分为替代型、待遇补充型及选择和内容补充型私营医疗保险三种。

4. 健康储蓄账户方式筹资的医疗保障项目

以健康储蓄账户方式筹资的医疗保障项目，是通过设立专门的健康储蓄账户，由个人或家庭定期存入一定份额的资金，当个体及其家庭遭遇疾病时，由该健康储蓄账户内所积累的资金支付医疗费用。以这种方式筹资的主要目的是避免道德风险和私营医疗保险市场的逆向选择，但是其具体成效在学术界存在争议。在国际实践中，新加坡是典型的将这一项目作为强制医疗保障项目的国家；美国的私营医疗保险市场也存在程度有限的健康储蓄账户计划。

（二）按覆盖人群分类

1. 劳动群体的医疗保障项目

劳动群体的医疗保障项目指主要为处于劳动状态的人口提供医疗保障待遇的医疗保障项目，部分覆盖劳动人口的医疗保障项目也为劳动人口的直系家属提供医疗保障。劳动群体遭遇疾病风险的可能性较一般群体更高，因此，最初的医疗保障项目大都以劳动群体为保障对象。从国际实践上看，发展中国家的医疗保障项目大都以劳动群体为主要保障对象。

2. 非就业群体的医疗保障项目

非就业群体的医疗保障项目主要为处于非劳动就业状态群体提供医疗保障待遇。这种医疗保障项目通常是覆盖劳动群体的医疗保障项目的重要补充，主要为低收入群体或弱势群体等由于各种原因无法劳动的群体提供医疗保障待遇，例如我国的城镇居民基本医疗保险制度；美国为老年人提供保障的 Medicare 项目和为低收入群体提供保障的 Medicaid 项目。

3. 特殊人群的医疗保障项目

这种医疗保障项目主要以特殊群体为保障对象，通常指军人、警察、公务员等群体。从医疗保障国际实践上看，一些国家为保障国家职能的顺利实现，为关系到国家安全的人群提供专有的医疗保障计划，例如美国就建立了联邦政府负责筹资的向现役和退伍军人及其家属提供医疗保障待遇的军人医疗计划，其他各国也为警察、公务员、军人等特殊群体提供国家负责筹资、待遇水平更高的医疗保障计划。

4. 群体按照户籍划分的医疗保障项目。群体按照户籍划分的医疗保障项目为中国所特有，指的是以覆盖群体的户籍状态决定是否覆盖的医疗保障项目。例如新型农村合作医疗项目以农村户籍人口为项目保障群体；城镇职工基本医疗保险和城镇居民医疗保险项目则主要以城市户籍人口为项目保障群体。

（三）按政府、市场和社会承担的责任进行分类

1. 政府直接举办的医疗保障项目

这类项目是指由政府直接管理和经办的医疗保障项目。政府直接举办的医疗保障项目大致有两种：一种是国家健康服务医疗保障项目，如英国、加拿大和澳大利亚等国的医疗保障项目；另一种是覆盖特殊群体的医疗保障项目，这既包括覆盖公务员、军人、警察等国家工作人员的医疗保障项目，也包括覆盖老年人群体、低收入群体、弱势群体以及土著群体等特殊群体的医疗保障项目。政府直接举办的医疗保障项目带有明显的福利色彩，其实现方式主要是通过建立公立医疗服务机构，向上述人群直接提供免费或费用较低的卫生医疗服务；或由政府出资向医疗服务机构购买相应卫生医疗服务，上述群体到相应医疗服务机构享受服务。在这种体制下，政府既是医疗保障项目的筹资人，又是医疗服务的提供者。

2. 政府扶持、社会举办的医疗保障项目

政府扶持、社会举办的医疗保障项目，是指主要由社会负责兴办的医疗保障项目，政府在医疗保障项目运营和管理中并不承担主要责任，而仅仅履行扶持医疗保障项目发展和运行并监督相应社会组织行为的责任。比较典型的是德国、法国、日本和韩国的社会医疗保险项目。在这种项目下，政府的责任主要是制定社会医疗保险相关的规章制度，保障参保人、医疗保险机构以及医疗服务机构的合法权益，一般不提供保险资金或只给予一定份额的资金补贴。具体保险业务由非政府部门或医疗保险基金管理机构负责经办，这类机构通常受公法而非私法约束。

3. 政府监管、市场运作的医疗保障项目

政府监管、市场运作的医疗保障项目，是指医疗保障项目的运行和管理主要交由市场实现，通过市场机制提高项目运行的效率和结果，而政府只是负责监管市场，减弱乃至防止市场失灵情况的出现。在这种医疗保障项目下，政府的责任主要是制定法律法规和市场规则，监管保险市场，保护保险人和被保险人的合法权益，政府不承担保险契约范围内的任何经济责任。医疗保险公司按照市场规则经营管理，并和投保人共担风险。以这种医疗保障项目为主体保障项目的国家，也大多有政府直接举办的医疗保障项目作为补充，防止严重市场失灵现象的出现。

4. 政府引导、个人自保的医疗保障项目

政府引导、个人自保的医疗保障项目形式，最典型的是新加坡的健康储蓄账户项目。在这种制度下，政府要求国民为自己的健康负责，往往通过立法建立保障个人及其家庭健康的强制性储蓄账户，要求雇主或雇员定期存入部分资金。

（四）按照参加医疗保障项目的自愿性分类

1. 强制医疗保障项目

强制医疗保障项目是指国家通过立法，强制相应保障群体必须参加的医疗保障项目。强制医疗保障项目多由政府承担主要筹资和监管责任，符合标准的人群必须参加，如不参加将受到相应惩罚，通常是一国的法定医疗保障项目，如国家卫生服务、社会医疗保险等。

2. 自愿医疗保障项目

自愿医疗保障项目是指个体可以依据自身个性需求而自愿选择是否参加的医疗保障项目。通常为各种私营医疗保险计划，也有部分国家的医疗保障计划为自愿参加，例如我国的新型农村合作医疗。

三、国外医疗保障制度

从医疗保障的国际实践看，世界上各个国家的医疗保障制度各具特色。任何一个国家的医疗保障制度都不是由单一的医疗保障项目构成，而是由多个互补的医疗保障项目集合而成的，尤其是欧美等经济发达国家，经过了几十年乃至上百年的发展和演变，已经形成了一个庞大、复杂且相对完善的制度体系，是对各类不同人群以及不同需求的各种项目的组合。医疗保障体系中既有主体医疗保障项目，同时也有相应的补充医疗保障项目，目前西方发达国家的医疗保障制度主要有以下几种方式：

（一）国家医疗保险模式

在英国、加拿大、瑞典等西方福利型国家，主要实行国家医疗保险模式，通过税收提供全民健康计划，所有公民都是保险的享受者，有钱人需要特殊服务可以到私立医院。这种模式，充分体现了公平性和福利性，基金大部分来源于国家的财政预算拨款，具有较高的福利性，并覆盖全体公民。在英国，医务人员领取国家固定工资，报酬与付出劳动力多少无关，自费医疗病人仅占人口总数的5%。瑞典卫生保健服务经费2/3来自地方税收，1/3来自中央政府，医疗保险费用85%来自个人税收，15%来自国家。

（二）社会医疗保险模式

这种模式在德国、日本、韩国等许多国家实行，该模式坚持权利和义务对等的原则，资金主要来自雇主和雇员按一定的工资比例缴纳的保险费，政府也给予一定的财政补贴，体现居民互助共济、风险共担原则，在某种程度上避免了医疗资源的浪费。德国企业负担保险金的一半，缴纳保险金，不论老年人、青年人都一样。卫生经费占到国民收入的8.2%。

（三）健保双全模式

这种模式在新加坡、印度等国实行，采取强制储蓄方式，强制劳方或劳资双方缴费，以个人名义建立个人储蓄账户，促使医疗费用的控制。但对于低收入者来说，往往就得不到很好的医疗保障，或者是保障水平较低。

（四）商业医疗保险模式

商业医疗保险模式只有美国等少数国家实行，多投多保，少投少保，不投不保，权利和义务完全对等，公立和私立医疗机构都在市场上平等竞争。这种模式不具备法律的约束性和强制性，覆盖面较小，资金主要来自雇主和雇员自身，政府财政一般不出资，除了严格监管外，只负责为穷人、老人医疗买单。这种模式能满足中高收入者较高层次的需求，也能较好控制医疗费用的上涨。

四、我国医疗保障制度的特点

我国医疗保障制度的建立和发展经历了半个多世纪的探索和改革。从20世纪50年代初期的公费医疗、劳保医疗制度的建立，到1998年城镇职工基本医疗保险开始建立和不断推进改革；自1998年以来，经过十余年发展历程，我国已基本形成了具有中国特色的医疗保障体系。

我国医疗保障制度的建立，对分担公众看病就医负担、保障人民群众健康权益、促进国民健康水平的提高发挥了举足轻重的作用，相关的基本经验也得到了国际社会的高度赞誉。但由于目前经济发展水平低、城乡二元经济体系分割等诸多问题的影响，我国的医疗保障制度也存在总体水平不高、群体间差距大等问题。历史的、经济的、政治的因素及条件，都直接或间接地影响与制约着医疗保障体系的进程与发展，也决定了我国医疗保障体系的特点。

（一）医疗保障制度还处于较低水平

这是生产力发展水平和经济条件决定的。自1978年改革开放以来，我国国民经济得到了快速的发展，有些经济指标已进入世界前列，但由于底子薄、人口众多等原因，我国人均国民财富占有量依然较低。目前，我国各省、自治区之间人均GDP的差距较大，且难以缩小，只能努力缓解差距。近年来，东、中、西部差距扩大的速度虽然有所减缓，但是各个省、自治区内部不同市、县之间的差距以及人均GDP、物价水平的差异仍然比较大。在这样的经济与社会发展水平基础上建立的医疗保障体系，只能从解决最基本的医疗保障做起，且保障水平也比较低，医疗保障体系与各项制度的完善也才刚刚起步，还有待随着经济与社会的发展、地区之间经济与社会发展的实情，逐步提高。

（二）医疗保障制度带有明显的福利性

医疗保障的社会福利性，是由社会保障制度的国家核心支柱政策决定的，这就使医疗保障制度区别于其他的分配形式和保险形式。首先，它不同于按需分配：按需分配是社会最大限度地满足所有成员医疗保健全面的消费需要；而医疗保障只能逐步满足社会成员基本医疗消费需求。其次，它也不同于按劳分配：按劳分配是以社会成员劳动的数量和质量为前提和标准分配医疗服务消费品；而医疗保障以保障社会成员基本医疗为前提和标准分配基本医疗服务消费品。再次，它还不同于商业医疗保险：商业医疗保险是其机构以盈利为目的，根据自愿选择原则，与投保人之间建立的一种商业契约关系；而医疗保障中的社会医疗保险和为特定对象设立的医疗救助，均不得以盈利为目的，它是以政府为主体统一组织，以法律为依据在全体社会成员中强制实施的福利项目。

（三）我国医疗保障制度形式的多样性

目前我国多层次医疗保障体系还表现为多样性，具体分为以下三点。首先，多层次的医疗保障体系本身就要求其形式的多样化，且覆盖到所有社会成员。其次，不仅医疗保障体系中的每一项制度或项目均不同，且每一个制度在各地实施时其形式也具有多样性。例如，新型农村合作医疗统筹模式，目前就有大病统筹加门诊家庭账户、住院统筹加门诊统筹和大病统筹三种模式；而“新农合”的门诊补偿也分为家庭账户和门诊统筹两种形式。再次，灵活多样的就业形式客观要求有与之相适应的多层次、多方式的医疗保障体系。

第二节　我国改革开放以来的医疗保障制度

改革开放以来，随着社会主义市场经济体制的建立和农业社会向工业社会转型的不断加快，原有各项医疗保障制度多失去其依存的制度或组织基础，出现失灵情况，难以解决相应群体的基本医疗保障问题。一方面计划经济时期的医疗保障制度难以适应市场经济体制要求，难以落实；另一方面医疗服务机构收入难以保障，人民群众看病难、看病贵的问题凸显。在这样的宏观社会背景下，我国对以往的医疗保障制度进行了改革，探索具有中国特色的医疗保障制度。

一、城镇职工基本医疗保险制度

从20世纪80年代初开始，在中央有关部委的指导下，地方政府首先介入医疗保障制度改革的探索，主要做法是通过社会统筹方式对费用进行控制，总体呈现由公费医疗制度向适度自费制度的过渡。

1993年11月14日，中共十四届三中全会通过的《中共中央关于建立社会主义市场经济体制若干问题的决定》提出建立医疗保险制度。1994年，国家体改委、财政部、劳动部、卫生部共同制定了《关于职工医疗制度改革的试点意见》，经国务院批准，在江苏省镇江市、江西省九江市进行了试点，即著名的“两江试点”。“两江试点”初步建立了医疗保险“统账结合”（社会统筹与个人账户相结合）模式。在此基础上，1996年4月，国务院办公厅转发了国家体改委、财政部、劳动部、卫生部四部委《关于职工医疗保障制度改革扩大试点的意见》，进一步扩大了试点范围，探索出了更多“统账结合”的模式。1998年12月，国务院召开全国医疗保险制度改革工作会议，发布了《国务院关于建立城镇最基本医疗保险制度的决定》，决定在全国范围内建立覆盖全体城镇职工的基本医疗保险制度。以这一文件的发布为标志，我国城镇职工基本医疗保险制度进入全面发展阶段。

在这之后，完善城镇职工基本医疗保险的步伐一直没有停歇，覆盖范围不断扩大，各项管理日益规范。原劳动和社会保障部于2003年5月出台了《关于城镇灵活就业人员参加基本医疗保险的指导意见》，次年5月又出台了《关于推进混合所有制企业和非公有制经济组织从业人员参加医疗保险的意见》，将灵活就业人员、混合所有制企业和非公有制经济组织从业人员以及农村进城务工人员纳入城镇职工医疗保险范围。2006年开始，国务院有关部门连续发文，将农民工列为医疗保险制度覆盖人群，并提出在有条件的地方，可直接将稳定就业的农民工纳入城镇职工基本医疗保险。除此之外，相关部委还先后出台了《城镇职工基本医疗保险定点零售药店管理暂行办法》、《城镇职工基本医疗保险定点医疗机构管理暂行办法》、《城镇职工基本医疗保险用药范围管理暂行办法》、《城镇职工基本医疗保险业务管理规定》等规章，规范其具体管理。

二、城镇居民基本医疗保险制度

城镇职工医疗保险只为参保人提供保障的方式，使得原本可从公费和劳保医疗中获得保障的家属和子女失去保障；同时，城镇职工基本医疗保险制度只保障正规就业人群的特点，使得很多非正规就业人员难以参加进来，因而形成众多未被医疗保险覆盖的人群，参保和未参保的保障福利差距越来越大，社会不公平性日益显著。鉴于此，我国从2004年下半年起就已开始探讨建立城镇居民医疗保障制度，并在2005年进行了为期一年多的方案研究设计工作。同时，一些由地方主导的试点也在陆续展开。

2007年7月10日颁布的《国务院关于开展城镇居民基本医疗保险试点的指导意见》决定开展城镇居民基本医疗保险制度试点，并明确2007年要在有条件的省份选择2—3个市，进行建立以大病统筹为主的城镇居民基本医疗保险制度试点。试点从2007年下半年正式启动，2008年总结试点经验、继续推广，到2009年全国所有城市都已全面推开城镇居民基本医疗保险。

对试点城市的参保居民，政府按每年不低于人均40元给予补助，其中，中央财政从2007年起每年通过专项转移支付，对中西地区按人均20元给予补助。在此基础上，对属于低保对象的重度残疾的学生和儿童参保所需的家庭缴费部分，政府原则上每年按不低于人均10元给予补助，其中中央财政对中西部地区按人均5元给予补助；对其他低保对象、丧失劳动能力的重度残疾人，低收入家庭60周岁以上的老年人等困难居民参保所需家庭缴费部分，政府每年按不低于60元给予补助，其中，中央财政对中西部地区按人均30元给予补助。中央财政对东部地区参照“新农合”的补助办法给予适当补助。补助经费纳入各级政府的财政预算。

三、新型农村合作医疗制度

20世纪80年代初期，农村开展经济体制改革，开始实行家庭联产承包责任制，家庭重新成为农业生产的基本经营单位，集体经济在多数地区日渐式微，以集体经济为依托的合作医疗失去了主要的资金来源。此外，在“文化大革命”中推进与普及合作医疗时，也存在着形式主义、“一刀切”等问题，使得一些人把合作医疗当成“左”的东西而全盘否定。再加上合作医疗在运行过程中也存在着管理不善、监督不力等问题，导致合作医疗大面积解体，濒临崩溃，农民再次失去医疗保障，农民看病难问题重新成为摆在政府面前的一道难题。

进入20世纪90年代，我国进入建立社会主义市场经济体制阶段，“如何建立新时期的农村医疗保障”不可回避地摆在了面前。为此，中共中央、国务院及其有关部委不断发文要求恢复和重建农村合作医疗制度。2002年10月，中共中央、国务院颁布了《关于进一步加强农村卫生工作的决定》，明确指出要“逐步建立以大病统筹为主的新型农村合作医疗制度”。2003年3月1日，新修订的《中华人民共和国农业法》正式施行，它规定“国家鼓励支持农民巩固和发展农村合作医疗和其他医疗保障形式，提高农民健康水平”，发展和完善农村合作医疗制度从此有法可依。

2003年1月16日，国务院办公厅转发了卫生部、财政部和农业部所发的《关于建立新型农村合作医疗制度的意见》，要求从2003年起，各省、自治区、直辖市至少要选择2—3个县（市）先行试点，取得经验后逐步推开，到2010年，实现在全国建立基本覆盖农村居民的新型农村合作医疗制度的目标，减轻农民因疾病带来的经济负担，提高农民健康水平。新型农村合作医疗制度实行个人缴费、集体扶持和政府资助相结合的筹资机制，农民个人每年的缴费标准不应低于10元，有条件的乡村集体经济组织应对本地新型农村合作医疗制度给予适当扶持，具体出资标准由县级人民政府确定，鼓励社会团体和个人资助新型农村合作医疗制度。地方财政每年给予中西部地区参加新型农村合作医疗的农民的资助不低于人均10元。

2006年1月10日，七部委局联合下发《关于加快推进新型农村合作医疗试点工作的通知》，对“新农合”给予了充分肯定，要求进一步扩大试点，加大财政投入力度。2009年，根据新医改方案制订的《医药卫生体制改革近期重点实施方案》（2009—2011）发布，它要求提高“新农合”筹资标准和保障水平，到2010年，各级财政对“新农合”的补助标准提高到每人每年120元，将其最高支付限额提高到当地农村人均纯收入的6倍以上。

四、城乡医疗救助制度

在计划经济时期实行的农村“五保户”制度经过一定的改革完善，在这一时期继续发挥作用。1994 年，《农村五保供养工作条例》颁布，对符合条件的对象在吃、穿、住、医、葬方面给予生活照顾和物质帮助。2006 年，国务院颁布了新修正的《农村五保供养工作条例》，并于同年 3 月 1 日起实施。除农村“五保户”制度外，在各地探索医疗救助制度的实践经验的基础上，城乡医疗救助制度分别在 2003 年和 2005 年建立。

1. 城市医疗救助制度

2004 年我国正式实施社会医疗救助制度，主要是解决“三无”人员、特殊救济对象、低保无业人员、农村灾民、重点优抚对象等弱势贫困群体的看病就医难题，救助资金来源主要是财政支持和社会捐助。

2005 年 7 月国务院办公厅转发了 2005 年 4 月由民政部、卫生部、劳动和社会保障部、财政部联合发布的《关于建立城市医疗救助制度试点工作的意见》（以下简称《意见》），指出从 2005 年开始，用两年时间在各省、自治区、直辖市部分县（市、区）进行试点，之后再用 2—3 年时间在全国建立起管理制度化、操作规范化的城市医疗救助制度。为配合《意见》的实施，财政部、民政部联合发布《关于加强城市医疗救助基金管理的意见》，对城市医疗救助基金的筹集、发放、监管等进行了更为详尽的规定。

2007 年，为配合城镇居民基本医疗保险的试点实施，民政部等三部委再次发布了《关于做好城镇困难居民参加城镇居民基本医疗保险有关工作的通知》，对城镇困难人群参保及其难以负担的医疗费用提供补助。

2009 年，为贯彻落实新医改方案，民政部等三部委发布《关于进一步完善城乡医疗救助制度的意见》，提出“用 3 年左右的时间，在全国基本建立起资金来源稳定，管理运行规范，救助效果明显，能够为困难群众提供方便、快捷服务的医疗救助制度”。

2. 农村医疗救助制度

2003 年 11 月 18 日，为贯彻落实《中共中央、国务院关于进一步加强农村卫生工作的决定》，民政部、卫生部、财政部联合发布了《关于实施农村医疗救助的意见》（以下简称《意见》），指出“农村医疗救助制度是政府拨款和社会各界自愿捐助等多渠道筹资，对患大病农村五保户和贫困农民家庭实行医疗救助的制度”，提出“力争到 2005 年，在全国基本建立起规范、完善的农村医疗救助制度”。

为配合《意见》的实施，民政部和财政部于 2004 年 1 月 5 日还制定了《农村医疗救助基金管理试行办法》，提出县级人民政府要建立独立的农村医疗救助基金。此外，为进一步推进农村医疗救助制度的实施，解决制度实施以来遇到的问题，

2005年，民政部、卫生部和财政部再次发布了《关于加快推进农村医疗救助工作的通知》，要求“加大工作力度，确保完成预定工作目标”。各省（市、区）为贯彻《意见》的实施，纷纷制定了自己的实施办法，如北京市发布了《北京市农村特困人员医疗救助暂行办法》，陕西省出台了《陕西省农村医疗救助暂行办法》等。

五、商业医疗保险

一般认为，我国商业健康保险的起源可以追溯到20世纪80年代初，随着我国商业保险逐渐恢复，不少商业保险公司也开始经营商业健康保险业务。随着公费医疗制度和劳保医疗制度的逐步解体，城镇职工基本医疗保险的逐步建立，商业健康保险有了进一步的发展。1995年全国人大常委会正式通过了《中华人民共和国保险法》，它规范了商业保险活动，有力地促进了商业保险的发展。1998年，国务院颁布《关于建立城镇职工基本医疗保险制度的决定》，这为商业健康保险的发展拓展了空间。此外，关于城镇职工补充医疗保险的规定也进一步促进了商业健康保险的发展。

在商业健康保险的监管方面，1998年11月18日，中国保险业监督管理委员会正式成立，由它负责监督管理全国的保险市场，维护保险业的合法稳健运行。中国保监会先后颁布了《人身保险产品定名暂行办法》、《长期健康险法定分保条件》、《人身保险新型产品信息披露管理暂行办法》、《健康保险管理办法》等规章，进一步规范了商业健康保险市场。同时，保监会致力于我国健康保险的专业化经营。2002年年底中国保监会颁布《关于加快健康保险发展的指导意见》，以正式文件形式鼓励保险公司推进健康保险专业化经营；2004年中国保监会批准筹建人保健康、平安健康、昆仑健康、阳光健康、正华健康五家专业健康保险公司，这五家公司在2005年前后相继开业。此外，全国人大还根据时代发展不断修正保险法，分别于2002年和2009年对《中华人民共和国保险法》做出了修正。

第三节　我国医疗保障制度的现状及问题

一、我国医疗保障制度的现状

2009年《中共中央、国务院关于深化医药卫生体制改革的意见》提出，应加快建立和完善以基本医疗保障为主体，包括城镇职工基本医疗保险、城镇居民基本医疗保险、新型农村合作医疗和城乡医疗救助，以其他多种形式的补充医疗保险和商业健康保险为补充，覆盖城乡居民的多层次医疗保障制度。自此，中国特色的医疗保障制度基本形成。

（一）城镇职工基本医疗保险制度

首先，在制度建设方面，建立了“社会统筹医疗与个人医疗账户”相结合的社会医疗保障制度。其次，在政策体系与管理方面，形成了包括医疗政策、管理、多层次医疗制度和医药卫生体制配套改革四大政策制度，建立了一支约有七万名医保管理人员的队伍和社会化管理的医疗保险行政与经办管理体系。再次，覆盖范围不断扩大，全国基本医疗保险参保人数逐年增多。

截至2010年年底，中国城镇基本医疗保险参保人数为43263万人，其中城镇职工基本医疗保险参保人数为23735万人，参加城镇居民基本医疗保险人数为19528万人，参加医疗保险的农民工人数为1269万人。城镇基本医疗保险基金总收入4309亿元，医疗保险基金支出3538亿元。①

（二）城镇居民基本医疗保险制度

2007年，国家选择了88个城市展开居民基本医疗保险试点。2008年江苏、浙江、安徽、福建、江西、河南、湖北、湖南、广东、海南、西藏、陕西、甘肃、青海和宁夏15个省区的229个城镇居民基本医疗保险扩大试点城市确定。到“十一五”末期，覆盖我国城乡居民的基本保障制度体系将基本形成。

截至2009年，城镇居民基本医疗保险参保人数达到了18210万人，② 也推出了诸如《城镇居民基本医疗保险经办管理服务工作意见》、《关于城镇居民基本医疗保险医疗服务管理的意见》等相关配套文件，促进了城镇居民基本医疗保险制度的完善。

（三）以新型农村合作医疗保险为主体，多种形式的农村医疗保障

改革开放以来，随着农村经济发展水平的提高，农民收入的不断增长，农村医疗保障也呈现形式多样的新格局，出现了以新型农村合作制度为主体，统筹医疗、社会医疗保险、健康保险、单项的计划免疫保偿制和妇幼保健保偿制等多种形式为补充的良好发展局面。

截至2010年年底，全国有2678个县（区、市）开展了新型农村合作医疗，参合人口数达8.36亿人，参合率为95.99%，2010年度筹资总额达1308.3亿元，全国实际人均筹资水平为156.57元，其中政府补助为人均126.1元。全国“新农合”

---

① 根据《2010年度人力资源和社会保障事业发展统计公报》数据整理。

② 人力资源与社会保障部：《2009年人力资源和社会保障发展统计公报》。

基金支出1187.8亿元；补偿支出受益10.87亿人次，其中住院补偿0.66亿人次，普通门诊补偿9.89亿人次。

（四）城乡医疗救助制度

1. 城市医疗救助

实施医疗救助的目的是改善当地贫困人口的卫生服务利用公平性问题，提高贫困人口整体健康水平。目前医疗救助制度的方式主要有：为救助对象缴纳医疗保险费、专项补助、医疗费用减免、临时救济、给予救助对象患大病的自付医疗费用以定额补助、义务巡诊、慈善救助等形式。各种形式之间具有一定的替代性和互补性。

截至2009年，全国城市医疗救助支出34.7亿元，救助946万人次；农村医疗救助支出56.9亿元，救助6559万人次。[①] 总之，城乡医疗救助制度的实施取得了良好的社会效果，进一步巩固了医疗保障的底线。

2. 农村医疗救助

医疗救助制度由民政部门负责实施与全面推行。已开展新型农业合作医疗的地区，民政部门资助农村低保对象，确保贫困农民都能参加“新农合”。目前，该制度以覆盖了所有涉农的县（市、区），初步形成了比较完善的包括救助对象的确定、标准制定、资金筹集、申请审批程序、组织管理、监督检查在内的农村医疗救助制度构架，医疗救助效果也日益显现。

（五）商业医疗保险

商业性医疗保险属于健康险。既包括补偿由于疾病带给人们的直接经济损失，还包括补偿疾病带来的间接经济损失，且对分娩、伤残、死亡等也给予经济补偿。商业医疗保险是仅针对投保人医药费用进行补偿的一种健康险。目前商业补充医疗保险的险种有：普通医疗保险、意外伤害医疗保险、住院医疗保险、手术医疗保险、特种疾病保险等。

二、我国医疗保障制度存在的突出问题

中国社会保障制度通过一系列改革，有了明显的改进，但是中国的基本医疗保障制度改革采取渐进方式，从部分人群开始设计制度，逐步推进，本身带有很强的阶段性和试验性，尚需要在实践中不断探索完善。

---

① 卫生部：《2009我国卫生事业发展情况简报》。

（一）全民医保存有差距

1. 资金供给水平总体不高

部分重病患者参保后个人负担仍然较重。医疗保障范围以住院为主，常见病、多发病的门诊医疗费用统筹正在推进过程中。医疗保障水平仍相对较低、群体间差距大。虽然近年来中国已经接近对全体居民实现了医疗保障全面覆盖，但总体上看，保障水平仍然较低，尤其是新型农村合作医疗和城镇居民基本医疗保险。在全国范围内，多数地区这两种医疗保障制度的人均年筹资额还不到200元。因筹资水平低，报销比例低，相当一部分居民看病就医的个人负担水平仍然较重，经济风险得不到有效化解的情况仍较为普遍。

2. 城乡之间、区域之间保障水平不均衡

城镇居民医保和“新农合”待遇明显低于城镇职工医保，中西部地区与东部沿海地区待遇水平落差较大，公平性尚有欠缺。不同保障项目间的差距以及同一保障项目的地区间差异较大。从不同项目间的情况看，城镇职工基本医疗保险人均筹资额全国平均约为1700元，大致为“新农合”人均筹资额的10倍；同一项目地区之间的差距也很大。以“新农合”为例，北京市已经超过500元，而许多中西部地区农村则只有120元。

3. 多层次医疗保障制度不健全

只有部分人群有补充保险，商业保险产品与基本医疗保障衔接不够，医疗救助的能力也很有限，家庭因病致贫的现象时有发生。

（二）社会性医疗保障覆盖率低

我国虽然相继在城乡推行了社会性或准社会性的医疗保险制度，但并不是每个社会成员都已经获得了一份基本的医疗保障。

1. 城镇医疗保障覆盖范围有限

在城镇，只有正式部门的雇员及退休人员可以获得基本医疗保障，大量非正式部门就业人口、没有从正式部门退休的老人以及儿童和在校中小学生均无法获得必要的社会医疗保障。而商业健康保险一般主要集中在城市的少部分中高收入者，部分困难企业、关闭破产企业由于缺乏稳定的缴费能力，职工的持续参保问题也没有得到解决。

2. “新农合”参合率仍需提高

在农村，尽管居民可以参加新型农村合作医疗，但由于筹资能力差，统筹层次偏低，因此“新农合”在保障力度上与城镇职工基本医疗保险相比，仍存在明显差距，若不能对资金进行合理的配置，拓展覆盖面的潜力将大大受到限制。

（三）医疗资金不能满足医疗卫生服务需求

1. 筹资能力不足

目前，中国正处于工业化、城市化快速发展时期，人口大量流动，社会转型加速，生产生活方式变革迅速，疾病谱更为复杂。与此同时，中国人口老龄化加速，全社会疾病负担日趋加重。中国毕竟还是发展中国家，无论是经济的进一步发展，还是其他社会事业发展，对财富的需求量都很大，而国家经济能力特别是财政能力还相对有限，因此，医疗保障筹资能力相对不足问题会在相当长时间存在。

2. 资金使用效率不高

在整体医疗保障资金筹资水平不高的情况下，必须更好地发挥保障资金的使用效率，使其能够带来更好的保障效果。从现实的情况看，有两个问题值得关注：一是一些地方对基本保障重视不足，仍过多地关注住院等大病治疗费用，对利用基层机构服务以及适宜技术的报销比例设定过低。这既不利于提高保障资金的使用效率，也是导致疾病源流向不合理的重要诱因。另一问题是在部分地区、部分保障项目存在资金沉淀问题，影响保障福利水平。出现这一问题，有管理粗放因素，也有具体制度设计本身的因素。

（四）商业健康保险发展缓慢

我国自恢复国内保险业务以来，商业保险取得了长足的发展，但商业健康保险的发展严重滞后于我国整体经济的发展。全民医疗保障只能解决保障覆盖面的问题，满足居民的基本医疗需求。商业健康保险发展缓慢，势必会制约居民医疗需求在保障程度上的提升。商业健康保险在我国的普及率较低、分担社会医疗成本作用较弱。除此之外，商业健康保险还存在以下问题。

1. 商业健康保险险种不健全

健康保险本应包括疾病保险、医疗保险、护理保险、失能收入损失保险等险种，且各险种应均衡发展，以发挥其各自比较优势。我国的现状是现有的健康保险以疾病保险和医疗保险居多，护理保险刚刚出现且从条款来看并不完全符合护理保险本质，失能收入损失保险几乎没有。这些都使我国商业健康保险应发挥的社会功能大打折扣。

2. 商业健康保险分布不平衡

不仅是商业健康保险，整个保险都呈现出向东部沿海发达地区聚集的局面。这些地区由于居民收入相对较高、购买力较强而对保险人有较强吸引力。中西部地区保险主体分布较少，因而带来竞争不充分、服务不到位的问题。从城乡方面来讲，我国商业保险表现为亲城市、疏乡村。总体来讲，这项事业开展得很艰辛，也取得了很大成效，但对保险公司提供的险种稍加留意，就会发现现存产品主要为寿险和意外险，真正可以缓解农民就医困难的健康险占比非常小。保险公司之所以不敢开发专门针对农村人群的健康保险产品，是基于对该产品巨大风险的顾虑。

3. 商业健康保险与社会医疗保险衔接不畅

商业健康保险作为社会医疗保险的补充，其在目标客户定位、保障范围、保障标准等方面应与社会医疗保险有效配合。只有这样才能更符合民众的多样化需求，真正有效提高民众抵抗健康风险的能力。而我国，这两项保障制度并未做到有效对接。举例来讲，有些商业健康保险保障药物的范围与社会医疗保险是一样的，这就不能使有特殊医疗需求的患者和大病患者得到充分经济保障。

第四节　民族地区医疗保障制度建设的思考

我国是一个多民族统一的社会主义国家。全国90%以上的县、市都有两个以上民族共同居住。维护祖国统一，巩固和发展平等、团结、互助的社会主义民族关系，是中国共产党和人民政府的基本方针和基本政策，也是维护各民族共同利益、推进社会主义现代化建设、关系到社会稳定和经济繁荣的重大问题。民族地区医疗保障制度建设既是我国卫生事业的组成部分，又是体现党的民族政策、贯彻落实民族区域自治法的一项重要内容。

一、民族地区的医疗卫生现状及其成就

改革开放以来，党和政府为加强农村卫生工作，特别是对民族地区采取了一系列措施。比如，在尊重少数民族的风俗和习惯的基础上，支持和鼓励相关医疗政策、财政转移支付等等。这些举措使民族地区医疗卫生整体水平有了明显提高，缺医少药的状况得到较大改善，以前“生病找巫医”的封建迷信活动越来越少，民族地区的农民对医院也给予了更多的信任。在医疗水平和医疗设备方面，多数地区也达到了中央对农村医疗卫生工作的要求，农民普遍反映看病比以前方便了很多。

（一）民族地区疾病预防控制

在中共中央、国务院《关于进一步加强农村卫生工作的决定》中明确指出：坚持预防为主的方针，提高处理农村重大疫情和公共卫生突发事件的能力，重点控制严重危害农民身体健康的传染病、地方病、职业病和寄生虫病等重大疾病。在重大疫情的预防上，民族地区突出了宣传和疾病防疫机制建设的力度。在宣传上，有的民族地区利用本民族的特色和风俗开展了有效的宣传，取得了可喜的成绩，使农民对重大疾病的防疫和基本应对措施有了初步的了解。比如对民族地区儿童实行计划免疫；为艾滋病病毒感染者和艾滋病患者提供预防保健咨询服务；地方病重病区根

据本地区情况，采取改水、改灶、换粮、移民、退耕还林还草等综合性措施，有效预防、控制地方病和人畜共患疾病。

（二）医疗卫生服务体系构建及传染病等疾病防治工作

新中国成立以来，随着民族地区政治和经济形势越来越好，少数民族地区医疗卫生工作也得到了进一步的发展和提高。国家加强对流行面广、危害大的传染病、地方病的防治工作，一些疾病的发病率呈现逐年下降的趋势。民族地区各级政府进行综合防治，集中力量消除和控制了一些危害严重的传染病。民族地区加强突发公共卫生事件应急处理机制建设，制定完善应急预案，健全信息网络，组建应急处理队伍，提高了应急处理能力。

（三）大力开展公共卫生保健工作，群众健康水平不断提高

近年来，民族地区在加强全民健康教育的同时，先后组建了各类公共卫生专业队伍，开展改水改厕、垃圾处理等工作，进行城乡卫生综合治理。妇幼卫生保健服务范围进一步扩大，开展妇女儿童健康检查和常见病多发病的查治。进一步推进县级卫生防疫体系建设。健全农村医疗卫生机构和服务网点，采取多种形式普及疾病预防和卫生保健知识。

（四）新型农村合作医疗制度初见成效

许多情况表明，疾病是导致贫困的重要原因，贫困又使疾病难以医治。2002 年 10 月，党中央、国务院颁布《关于进一步加强农村卫生工作的决定》，提出了建立新型农村合作医疗制度的任务。从 2003 年到 2007 年，国务院连续四次召开全国新型农村合作医疗（试点）工作会议，统一思想，明确目标，部署工作，积极推进“新农合”制度健康发展。为体现党和政府对农民健康的关心，提高农民的受益水平，引导农民踊跃参加，从 2006 年起，中央财政对中西部地区除市区以外的参加新型农村合作医疗的农民补助由每人每年 10 元提高到 20 元，地方财政也相应增加 10 元。从 2008 年开始“新农合”制度建设由试点阶段转入全面推进阶段，2007 年“新农合”覆盖的县（市、区）要达到全国县（市、区）总数的 80%，2008 年基本覆盖全国所有县（市、区）。

据统计，截至 2007 年 6 月 30 日，全国开展“新农合”的县（市、区）达到 2429 个，占全国总县（市、区）的 84.87%，参加合作医疗人口 7.2 亿，占全国农业人口的 82.83%。这些重要政策的提出，主要是为了缓解农民因病致贫、因病返贫，减小农民看病的经济压力。在以“农民自愿参加”为原则的基础上，我们看到新型农村合作医疗在民族地区的参合率是很高的，说明民族地区的农民对这一制度也是抱着支持的态度，农民的支持才是政策颁布和继续更好地实施下去的根本保证。

二、民族地区医疗保障制度所面临的挑战

随着西部大开发的深入，民族地区的经济、政治、文化、社会保障等都得到了快速的发展，人民生活水平不断提高。社会保障制度日益完善，特别是医疗保障制度得到了迅速发展。从现行少数民族地区的社会保障制度建设实践来看，经济条件较好的少数民族地区已推广了最低生活保障制度、养老保险制度、合作医疗制度、灾害求助保险制度等，但在经济发展水平较低，生活条件较差的地区，这些制度还不完善，特别是医疗保障制度，医疗卫生环境差、医疗费用高、当地群众有病不敢看、生病没钱医的情况还较为普遍。

（一）民族地区城乡医疗保障二元化

在特殊的重城轻乡制度背景和挖农补工的非均衡发展战略影响下，与城乡二元化的经济结构相适应，我国出现了城乡二元化的医疗卫生保障制度。简言之，我国在城市和农村实行两种不同的医疗制度，城镇居民可以享受有保障的医疗制度，农村居民则不能享受医疗保障而实行自费医疗制度。

我国传统的农村合作医疗制度，是农村居民在没有政府资助情况下的一种互助共济制度。从某种意义上说，它是一种农民自费医疗制度，明显不同于城市居民的医疗保障制度。这种城乡二元化的医疗保障制度，使得城市居民和农村居民享受到的医疗保障利益差别很大，城乡劳动者的医疗保障待遇很不平等，城乡卫生资源配置不合理，农村的医疗可及性差；政府卫生经费投入严重偏向城市，农村卫生投入中，除人力资源的投入外，其他方面投入极低，且人力资源所占的比重越来越大；农村实行家庭联产承包责任制以后，合作医疗制度解体，绝大部分的农村居民没有任何形式的医疗保险，完全靠自费医疗。不同的收入水平享受统一的医疗市场，城乡居民实际人均收入差距接近6倍，但医疗市场却是统一的，医药价格和医疗的价格是根据城市的标准制定的。也就是说，实际收入仅仅相当于城市居民1/6的农民，要按照以城市为标准形成的价格支付医疗费用。这对于没有任何医疗保障的农村居民来说，形成了医疗保障的二元化。

（二）城乡医疗保障制度存在较大差距

在民族地区，城镇居民享受公费医疗、劳保医疗或医疗社会保险，其身体保健和疾病医疗均有保障，而在广大的民族农村地区却缺乏相应的保障，面临着“有病无处看、有病无钱看”的窘境。

农村合作医疗制度承担了解决农村居民疾病医疗和身体保健问题的重要任务。农村合作医疗的层次低、设施简陋、医疗条件差、保障能力弱，但具有十分丰富的服务内容，一般来讲，在实施合作医疗的地区，不仅为农村社会成员提供一般的门

诊和住院服务，而且承担着儿童计划免疫、妇女孕产期保健、计划生育、地方疫情监测等任务，并按照“预防为主、防止结合”的方针开展各种预防工作和饮食及饮水清洁工作、爱国卫生工作等[①]。但大多数县在资金支出环节上没有严格做到“封闭运行”。少数县的财政资金不能及时到位；有的县财政采取“虚配套”的办法，加重了县级财政负担，或者造成财政资金不落实；还有的短期挪用了合作医疗资金。有的地方还没有实行财政专户管理，未做到基金封闭运行。大部分县没有做到经办机构与医疗机构（或农民）直接结算；有的地方不能按要求进行定期审计，资金收支情况不公示或公示不规范，没有起到监督作用。

现行政策规定，新型合作医疗的政策方向以大病为主，主要补助大额医疗费用或住院费用，而对年内没有发生大病者，要安排进行一次常规性体检。这导致缴费农民的实际受益面只能等于其大病的发生率，影响了农民参保的积极性。农村合作医疗制度尚未真正实现完全覆盖，受益群众数量较少。

（三）农村地区社会保障尚处于较低层次

目前，民族地区特别是农村地区的社会保障尚处于低层次的状态，仅仅是初步解决了吃饭问题，就业难，就医难，供子女上学难以及住房等方面的困难，还缺乏必要的救助办法，特别是民族地区的医疗保障尚处于缺位状态，民族地区医疗现状不尽如人意，甚至非常落后，一旦疾病发生，当地医疗卫生条件根本不能满足需求。卫生工作者整体业务素质偏低，技术落后和卫生服务能力难以满足群众的需求，迫切需要进一步强化培训；经费投入严重不足，多种卫生项目的配套资金不到位。

如青海省土家族聚集区互助县2004年应配套260.5万元，实际到位73万元，到位率仅为35.7%，致使项目工作无法顺利开展；农村卫生基础设施仍然薄弱，特别是设备短缺且更新滞后。部分偏远贫困乡村，只有村防疫员、保健员，但没有医疗站，更没有基本的医疗设备和设施。卫生基础设施不完善，医疗设备落后，卫生人员素质低是长期压在农村基层卫生院头上的“三座大山”；农村新型合作医疗制度参合资金筹集难度大，区级补助尚未到位。县、乡镇合作医疗无办公经费和地点，严重影响正常工作的开展。西部少数民族部分地区的医疗卫生状况令人担忧，医疗保障制度还不健全。

三、完善民族地区医疗保障制度的建议

随着民族地区农村人群生活条件的提高，越来越多的农民已不再满足于吃饱穿暖，他们日益关心其自身的身体健康，农村对医疗卫生的需求越来越大，迫切需要

---

① 沈道权：《土家族地区农村社会保障研究》，民族出版社2001年版。

一定的医疗保障，以保证最基本的卫生健康；这是最起码的社会权利，也是最大的扶贫攻坚战略，对防止因病致贫、因病返贫有十分重要的作用。同时这也是保持社会公平的重要指标，是构建和谐社会的一个重要内容。

（一）在经济发达的民族地区推行商业医疗保险制度

在东部沿海农村及城市市郊等生产力水平和农民生活水平提高较快的民族地区，全面推进农村社会保障体系建设的条件已基本具备，应全面建立农村社会保障的各项制度及服务网络，医疗保障体制建设应纳入城乡一体化发展，农民的健康保障体制可以向城镇过渡，甚至结合。目前一些商业保险公司已经开办了各种各样的医疗保险项目，可满足人们不同层次的需要。在一些经济较发达的民族地区，社会医疗保险不能满足富裕居民的较高的医疗保障需求时，他们可以寻求商业保险的保障，以满足自身不同层次的医疗保障需要。在推行商业医疗保险制度的同时，政府部门要加大对商业保险公司的监管力度，以避免参保人利益受损。

（二）对经济欠发达的民族地区的弱势群体推行医疗救助制度

在经济欠发达的民族地区，对贫困人群推行医疗救助制度，以缓解因病致贫和因病返贫现象。医疗救助制度是指政府或民间机构通过一定方式对没有能力参加基本医疗保障制度的弱势群体及参加了基本医疗保障后仍无力支付大病医疗费用的居民，给予无偿援助和经济支持的制度。在多层次的医疗保障体系中，它发挥着最后防护线的作用。通过政府及发达地区的支持，首先解决经济欠发达民族地区的卫生设施建设与“缺医少药”问题；从国家扶贫专款及有关扶贫资金中划出一部分，专门用于医疗扶贫。对于该区域的农村贫困人口，要实施医疗救助计划。

医疗救助计划是医疗保障制度的一个组成部分，医疗保障又是整个社会保障体系的重要内容。应当把卫生扶贫纳入社会保障尤其是社会救助体系，把医疗救助计划与整个社会保障体系有机地结合起来，借助农村最低生活保障制度的标准，确定实施医疗救助的对象范围。这样既可以真正使贫困者得到救助，又方便可行，减少组织成本。

（三）加大民族地区医疗救助力度，完善安全网

我国城乡医疗救助制度自2005年和2003年建立以来，救助范围不断扩大，救助力度不断加大，已经覆盖城乡所有低保对象和“五保户”。但是，一方面由于制度筹资能力有限，医疗救助制度所能提供的待遇水平有限，无法完全保障贫弱人群的医疗保障需求；另一方面现行城乡医疗救助仅覆盖一般的住院疾病，对门诊和重特大疾病的救助能力有限。此外，贫困边缘人群由于收入高于救助标准线，难以获得医疗救助，导致就医困难，这一问题应得到我们关注。

《中共中央、国务院关于深化医药卫生体制改革的意见》提出，要完善城乡医

疗救助制度，向困难人群参保及其难以负担的医疗费用提供补助，筑牢医疗保障底线。《国务院办公厅关于印发医药卫生体制五项重点改革 2010 年度主要工作安排的通知》中进一步要求加大医疗救助力度。在资助城乡所有低保对象、“五保户”参保的基础上，对其经医保报销后仍难以负担的医疗费用给予补助。逐步开展门诊救助，取消住院救助病种限制。探索开展重特大疾病救助办法，同时开展儿童白血病、先天性心脏病等儿童重大疾病医疗保障试点。

（四）进一步推广新型农村合作医疗制度

目前，新型农村合作医疗制度虽然已经基本实现了农村地区的全覆盖，但是基本覆盖之后，还面临巩固提高的艰巨任务。目前“新农合”推广过程中还存在着筹资机制不健全、基金监管不严格、管理与经办体系不完善等问题，而农村医疗服务能力薄弱，特别是乡镇卫生院设施条件差、技术人才缺、服务能力低的问题仍然突出，不能适应“新农合”发展的需要。对此，我们要高度重视，认真加以解决。

首先，加强新型农村合作医疗的机构建设和管理能力的建设，尽快落实和增加人员编制，加强人员的培训，逐步提高其日常工作和基金管理能力。其次，加强宣传策略和技巧的培训，加大宣传力度，引导农民自愿加入新型农村合作医疗；适当扩大定点医疗机构，以满足不同人员的医疗需求，为进一步扩大新型农村合作医疗的覆盖面奠定基础。再次，建立与当地经济发展水平和卫生发展水平相适应的起付线、补偿比例和封顶线，提高参合农民医疗费用的实际补偿比例。简化报销程序，以便参合农民理解和支持新型农村合作医疗。最后，加大对基层医疗机构的投入，提高其业务能力，以便逐渐提高参合农民的卫生服务可及性，降低其医疗费用，提高其受益水平。

（五）增加民族地区公共投资，解决民族地区农村看病难的问题

城市是在具备了基本医疗条件的情况下，建立医疗保险的。而农村的情况正好相反，是在不具备基本看病条件下的一种补救措施。一般需要到医院看的病，对农民来说，就是重病了。报销的那部分医疗费，相对于治疗费而言就是杯水车薪。因此，在经费有限的情况下，政府应该将重点放在农村尤其是民族地区的落后农村最基本的医疗设施建设上。解决了看病难的问题，解决了小病方便看、及时看、花少量的钱看的问题，就能一定程度上避免大病看不起的问题。民族地区医疗改革的目标明确，温家宝总理在 2006 年的政府工作报告中承诺，五年内国家财政将投入 200 多亿元，每年平均 40 亿元，对乡镇卫生院和部分县医院的房屋和设备进行改造，主导思想就是要解决民族地区农村看病难的问题。

案例分析：广西荔浦县“新农合”稳步实施的经验分析

2002 年 10 月，党中央、国务院颁布《关于进一步加强农村卫生工作的决定》，提出了建立新型农村合作医疗制度（以下简称为“新农合”）的任务。新型农村合作医疗是由政府组织、引导、支持，农民自愿参加，个人、集体和政府多方筹资，以大病统筹为主的农民医疗互助共济制度。农民的医疗保障是整个社会保障体系中的一个主要组成部分。近年来，广西荔浦县高度重视“新农合”工作，从 2007 年开始实施，积极探索建立和完善新型农村合作医疗保障体系的路子，取得了“政府得信誉，百姓得实惠，卫生得发展”的阶段性成果。总结荔浦县发展“新农合”保障体系的有益经验，对于探索在民族地区建立和完善该制度有积极意义。

一、荔浦县实施“新农合”保障制度概况

荔浦县地处广西东北部，位于桂林市南面，全县面积 1758. 62 平方公里，有汉、壮、苗、瑶等 15 个民族，总人口 36. 72 万人，全县财政收入 3. 57 亿元，农业总产值 25. 39 亿元，农民人均纯收入 4459 元。荔浦县农业人口户数 94380 户，农业人口 31 万人。荔浦县乡（镇）村卫生机构的实际情况是：县级医院三所（县医院、县中医院、县妇幼保健院），十三个乡镇卫生院，三百多个村卫生所（室）。据 2008 年年底统计，参合农民达到 28. 07 万人，参合率达 90. 57%，全年享受补助的“新农合”农民达 14. 4 万人次，补助金额达 1883 万元，最高报销额为 3 万元；基金使用率达 86. 54%，群众受益率达 56. 9%，住院补偿率达 40%，农民群众满意度达 96. 7%。这四项指标均达到了广西区卫生厅提出的目标要求，因此，在收缴 2009 年度农民参合经费工作中，农民群众热情高，参合率达到 93%，基本实现了新型农村合作医疗制度覆盖全县所有农业人口的目标。通过“新农合”实施，缓解了广大农民看病难、吃药贵的状况，全县各医疗机构，尤其是乡镇卫生院改善了服务理念、服务态度，提高了服务质量和服务水平，医患关系得到了有效改善。

二、荔浦县建立完善“新农合”保障制度的有益探索

《中共中央国务院关于深化医药卫生体制改革的意见》于 2009 年 3 月 17 日正式发布，医改的终极目标是：通过提高医疗工作效率，增加公平性，改善公民的健康状况，降低生病带来的经济风险。具体目标是：到 2010 年，争取使参合农民的实际住院补偿率平均达到 50%，最高报销额度达到农民人均纯收入的 6 倍以上；争

取在全国一半以上的县（市、区）开展门诊统筹，使农民门诊小病也能得到适当报销，切实减轻农民群众个人支付医药费用的负担，让广大农民得到更多的实惠，让农民群众真正“看得起病”。

（一）加强县、乡（镇）、村三级医疗服务体系的建设，完善服务机制

《意见》指出，进一步完善医疗服务体系，就是“坚持非营利性医疗机构为主体、营利性医疗机构为补充，公立医疗机构为主导、非公立医疗机构共同发展的办医原则，建设结构合理、覆盖城乡的医疗服务体系”。“新农合”的实施离不开三级医疗服务体系的建设，要建立健全以县级医院为龙头、乡镇卫生院和村卫生室为基础的农村医疗卫生服务网络。县级医院作为县城内的医疗卫生中心，主要负责基本医疗服务及危重急症病人的抢救，并承担对乡镇卫生院、村卫生室进行业务技术指导和卫生人员的进修培训；乡镇卫生院负责提供公共卫生服务的常见病、多发病的诊疗等综合服务，并承担对村卫生室的业务管理和技术指导；村卫生室承担行政村的公共卫生服务及一般疾病的诊治等工作。政府重点办好县级医院，并在每个乡镇办好一所卫生院，采取多种形式支持村卫生室建设，使每个行政村都有一所村卫生室，大力改善农村医疗卫生条件，提高服务质量。

荔浦县卫生局为规范定点医疗机构的医疗行为，确保“新农合”的健康发展，制定了《荔浦县新型农村合作医疗定点医疗机构管理办法》，成立了“新农合”办公室，与各定点医疗机构签订了协议书，推广和实行了“增设窗口、限时办理、送款上门”的服务模式。

1. 增设窗口

在县、乡（镇）各定点医疗机构增设服务窗口，农民出院时，直接到服务窗口报销领取补助金，确保当场兑现。2007 年“新农合”病人在乡（镇）级医院住院人数占总报销人数的 49%，县级占 42%，县外占 9%。这说明农民群众比较放心、愿意在乡（镇）级医院就医。2007 年年底，在“新农合”满意度调查活动中，农民提出合理化建议：希望“新农合”报销能够在村卫生所（室）解决，真正做到“小病不出村”。2008 年年初，荔浦县“新合办”就对门诊账户的使用和报销进行了改革：实行参合农民的门诊账户使用，直接由乡村医生垫付，完善配套措施，方便农民，深受群众欢迎，从而扩大和提高了“新农合”的受益面。

2. 限时办理

在县外就医的农民一律到县“新农合”办公室报销，补助金额在 1000 元以下的即时兑现，补助金额在 2000 元以上的限两个工作日办理完毕。

3. 送款上门

为方便群众，凡补助金额在 3000 元以上的，由工作人员定时将补助金送到参

合患者手中。

（二）从实际出发，有的放矢，完善管理机制

建设覆盖城乡居民的公共卫生服务体系、医疗服务体系、医疗保障体系、药品供应保障体系，形成四位一体的基本医疗卫生制度，是当前医改的系统工程。而荔浦县从实际出发，有的放矢，主要完善措施如下。

1. 建立稳定的筹资机制

进一步规范、完善财政补助资金拨付办法，确保中央财政和地方财政的补助资金及时足额拨付到“新农合”基金账户，这是建立“新农合”保障体系的首要任务。2008 年荔浦县总筹资资金额为 2287.272 万元，中央和地方比例为 1∶1，即中央补助占 50%，自治区补助占 21%，市财政补助占 6.5%，县财政补助占 10%，农民个人缴纳占 12.5%。基金使用率 86.54%，计划 2009 年留 15% 作风险资金，建立稳健的筹资机制。

2. 形成科学规范的补偿方案

统筹补偿方案是“新农合”制度的核心，要在保证基金安全的基础上，逐步扩大受益面，提高受益水平。荔浦县“新农合”办公室于 2008 年年初建立就对全年做好了详细的基金使用预算，并对《2008 年荔浦县“新农合”补偿方案》进行了调整，市、县、乡三级住院补偿均降低了起付线，提高住院补偿比例，让群众得到更多的补偿。例如：在中西部贫困地区白内障患者复明行动中，荔浦县新农办与县民政局、县残联协调，对参加“新农合”的白内障手术病人每人补助 500 元。2008 年共补偿手术病人 262 人，补偿金额达 13.1 万元。此举既扩大了群众受益面，又节约了“新农合”资金，减轻了农民的负担，让参合群众享受到了医疗成果。

3. 加强对医疗服务和医药费用的监督管理

“新农合”基金运行是否安全，补偿能否及时兑现，操作是否公正，是农民最关心，也最担心的问题。为了明晰责任与权利，荔浦县卫生局与“新农合”定点医疗机构签订《荔浦县“新农合”定点医疗机构服务协议书》，同时制定八条管理措施；在“新农合”医疗用药、药品价格的监管方面制定了《“新农合”基本用药目录》等三个规定，严格执行住院费用一日清单制，让病人明明白白消费。县直医疗卫生单位严格执行药品招标采购规定，乡镇卫生院实行实价进药，村卫生室的药品由乡镇卫生院统一配送。每个月检查 3－5 个定点医疗机构，有重点地从住院标准、诊断用药、病历书写和财务制度入手，深入各定点医疗机构进行定期与不定期的跟踪检查，及时发现和纠正个别定点医疗机构违规操作、用药不合理、不规范等问题，确保合作医疗资金的安全运行与合理使用。2008 年检查定点医疗机构 34 次，抽查定点医疗机构“新农合”住院病历 380 份，拒付住院医疗费单据 13 份，门诊单据 17 人次，有效阻止了合作医疗资金的流失。

（三）切实提高就诊、报销工作效率，完善网络建设

“新农合”实施以来，定点医院门诊和住院人数都大幅提高，农民群众就诊、报销等医疗工作涉及千家万户，各种数据、资料十分繁杂，在初期报账过程中，数以万计的各类票据只能靠手工操作处理，工作量大，容易出错，同时群众报账很不方便，更重要的是不能及时地了解各定点医疗机构的运行状况，不能及时发现和纠正问题，工作效率及事后监督的效率不高。因此，加快“新农合”信息化网络建设迫在眉睫。

荔浦县人民政府积极关注和重视这个问题，给予极大的支持，通过招标采购了“新农合”系统管理软件，配备了各种设施。2008 年 9 月，荔浦县开通了 16 家县、乡医疗机构的“新农合”住院网络直报以及疾病预防控制中心的“新农合”慢性病网络直报系统，率先成为桂林市第一个实现县、乡“新农合”住院网络直接报销的县。目前，全县住院定点医疗机构所发生的“新农合”数据能够在线实时审核和结算，实现了全县住院定点医疗机构“新农合”管理的信息化。荔浦县“新农合”管理办公室通过网络实时了解各定点医疗机构的“新农合”机关业务运行情况，全面实现荔浦县“新农合”住院网络直报目标，参合农民在县内定点医疗机构住院治疗的，合作医疗补偿部分由定点医疗机构直接垫付补偿，县、乡（镇）合管办负责对定点医疗服务机构的结算资料、补偿情况进行审核。

网络报账系统的开通，一方面方便了参合农民，使农民体会到现代化管理的公正；另一方面便于“新农合”管办对医疗机构实行有效监管，达到了使荔浦县新型农村合作医疗工作快捷方便、高效运转的目的，使“新农合”管理更加制度化、规范化、现代化。

参考文献

一、著作类

1. 毕监武：《社团革命——中国社团发展的经济学分析》，山东人民出版社2003年版。

2. 程连升：《中国反失业政策研究》，社会科学文献出版社2002年版。

3. 蔡昉、于法鸣：《摆脱就业与保障的困境》，中国旅游出版社2006年版。

4. 陈文玲、易利华：《2011年中国医药卫生体制改革报告》，中国协和医科大学出版社2011年版。

5. 杜乐勋、张文鸣、王培舟：《领导干部决策大参考——中国医疗卫生发展报告》，社会科学文献出版社2008年版。

6. 邓大松、刘昌平：《中国企业年金制度研究》，人民出版社2004年版。

7. 黄小平：《构建中国农村医疗保障体系研究》，中国财政经济出版社2010年版。

8. 傅思明：《加强和创新社会管理：建设中国特色社会主义社会管理体系学习读本》，人民日报出版社2011年版。

9. 冯天瑜、杨华：《中国文化发展轨迹》，上海人民出版社2000年版。

10. 郭继严、王永锡：《中国就业战略》，经济管理出版社2001年版。

11. 国务院法制办政法司、民政部民间组织管理局：《社会团体登记管理条例、民办非企业单位登记管理暂行条例释义》，中国社会科学出版社1999年版。

12. 国家民间组织管理局：《2008年中国社会组织理论研究文集》，中国社会出版社2009年版。

13. 黄晓勇：《中国民间组织报告2010—2011》，社会科学文献出版社2011年版。

14. 何平等：《城市贫困群体社会保障政策与措施研究》，中国劳动社会保障出版社2003年版。

15. 胡逢云：《社会保障实用手册》，上海辞书出版社1995年版。

16. 焦雪岱：《少数民族地区文化建设研究》，宁夏人民出版社1999年版。

17. 劳动和社会保障部：《中国积极的就业政策2005—2006》，中国劳动社会保障出版社2006年版。

18. 李珍刚：《当代中国政府与非营利组织互动关系研究》，中国社会科学出版社 2004 年版。

19. 李明：《中国共产党三代领导集体与“三农”》，知识产权出版社 2010 年版。

20. 李琼：《中国全民医疗保障实现路径研究》，人民出版社 2009 年版。

21. 李卫平：《中国农村健康保障的选择》，中国财政经济出版社 2002 年版。

22. 李俊清、陈旭清：《中国少数民族地区社会组织研究》，中国社会出版社 2010 年版。

23. 连玉明、武建忠：《加强和创新社会管理领导干部读本》，北京工业大学出版社 2011 年版。

24. 刘燕斌：《面向新世纪的全球就业》，中国劳动保障出版社 2000 年版。

25. 吕学静：《各国社会保障制度》，经济管理出版社 2001 年版。

26. 刘川生：《中国共产党建设发展研究》，中国人民大学出版社 2009 年版。

27. 罗中枢、王卓：《公民社会与农村社区治理》，社会科学文献出版社 2010 年版。

28. 马启成、白振声：《民族学与民族文化发展研究》，中国社会科学出版社 1995 年版。

29. 莫西洛斯：《医疗保障筹资：欧洲的选择》，中国劳动社会保障出版社 2009 年版。

30. 彭法：《清代孝观念研究》，中国人民大学出版社 2009 年版。

31. 彭薇：《就业概论》，经济管理出版社 2002 年版。

32. 潘震宙：《论有中国特色社会主义文化建设》，宁夏人民出版社 1999 年版。

33. 全国老龄工作委员会办公室：《中国老龄工作年鉴（1981—2002）》，华龄出版社 2004 年版。

34. 仇雨临：《城乡医疗保障制度统筹发展研究》，中国经济出版社 2012 年版。

35. 人民日报理论部：《加强和创新社会管理党员干部学习参考》，人民日报出版社 2011 年版。

36. 孙泽学：《社会主义初级阶段文化建设研究》，华中师范大学出版社 2004 年版。

37. 尚晓援：《冲击与变革：对外开放中的中国公民社会组织》，中国社会科学出版社 2007 年版。

38. 史本林：《社会管理创新研究》，黑龙江人民出版社 2011 年版。

39. 世界银行：《中国：卫生模式转变中的长远问题与对策》，中国财政经济出版社 1994 年版。

40. 田松青：《农民进城就业政策变迁》，首都经济贸易大学出版社 2010 年版。

41. 王东进：《中国医疗保障制度建设历史跨越》，化学工业出版社 2011 年版。

42. 王德清：《西南少数民族地区经济文化发展战略与教育需求研究》，民族出版社 2007 年版。

43. 汪大海、魏娜、郇建立：《社区管理（第二版）》，中国人民大学出版社 2009 年版。

44. 王家宠：《国际劳动公约概要》，中国劳动出版社 1991 年版。

45. 吴新叶：《社区管理学》，北京大学出版社 2008 年版。

46. 谢玲丽：《NGO 在中国：2002 年民间组织发展与管理上海国际研讨会论文集》，上海社会科学院出版社 2003 年版。

47. 谢凤莲、李国社：《民族地区文化建设》，贵州民族出版社 1999 年版。

48. 许宪隆：《文化多样性背景下的民族文化发展学术研讨》，民族出版社 2007 年版。

49. 许明、花建：《文化发展论》，北京大学出版社 2005 年版。

50. 薛义：《我国卫生体制与医疗保障概述》，中国社会出版社 2006 年版。

51. 肖爱树：《农村医疗卫生事业的发展》，江苏大学出版社 2010 年版。

52. 徐永祥：《社区发展论》，华东理工大学出版社 2001 年版。

53. 杨冠琼、蔡芸：《公共治理创新研究》，经济管理出版社 2011 年版。

54. 姚裕群：《中国人力资源开发利用与管理研究》，首都师范大学出版社 2001 年版。

55. 袁晨华、孙迪亮：《中国共产党的思想建设创新研究》，山东人民出版社 2011 年版。

56. 曾庆敏：《老年立法研究》，社会科学文献出版社 2011 年版。

57. 张琪、朱俊生：《中国医疗卫生服务与保障制度的整合研究》，中国劳动社会保障出版社 2009 年版。

58. 张德文、纳麒：《云南文化发展蓝皮书》，云南大学出版社 2010 年版。

59. 张小健：《就业与培训》，中国劳动社会保障出版社 2001 年版。

60. 中国（海南）改革发展研究院：《民间组织发展与建设和谐社会》，中国经济出版社 2005 年版。

61. 中国社会科学院、中央档案馆编：《中华人民共和国经济档案资料选编，劳动工资和职工保险福利卷》，中国物价出版社 1949 年版。

62. 中央建设学习型党组织工作协调小组办公室：《学习型党组织建设典型经验选编》，学习出版社 2011 年版。

63. 中共中央宣传部理论局：《论党的群众工作——重要论述摘编》，学习出版社 2011 年版。

64. 赵黎青：《非政府组织与可持续发展》，经济科学出版社 1998 年版。

65. 邹文开：《农村新型医疗保障政策研究》，湖南出版社 2008 年版。

66. 周建明等：《和谐社会构建——欧洲的经验与中国的探索》，清华大学出版社 2007 年版。

67. 钟世禄等：《中国共产党在边疆少数民族地区执政方略研究》，云南人民出版社 2010 年版。

二、论文类

1. 柴海瑞：《和谐社会视阈下社会矛盾化解原则探微》，《现代商业》2011 年第 8 期。

2. 陈东琪：《未来 15 年中国就业的困境与战略选择》，《经济研究》1995 年第 1 期。

3. 陈建刚：《完善我国就业公共服务体系的几点建议》，《中国行政管理》2005 年第 5 期。

4. 蔡仁华：《我国卫生发展面临的挑战和机遇》，《卫生经济研究》2004 年第 12 期。

5. 陈露：《美国社区自治管理》，《浦东开发》2009 年第 2 期。

6. 胡灿伟：《新加坡家庭养老模式及其启示》，《云南民族学院学报（哲学社会科学版）》2003 年第 5 期。

7. 何晖：《新型农村社会养老保险试点的微观考察及启示——以湖北省 10 个试点县为例》，《农村经济》2011 年第 12 期。

8. 霍利先：《民族地区实施人才开发战略的几点思考》，《实践》1996 年第 7 期。

9. 贺雪峰：《新乡土中国》，广西师范大学出版社 2003 年版。

10. 李鹏：《论建立我国“执政为民”的新型民主行政公共管理体制》，《理论研究》2004 年第 9 期。

11. 刘洁：《中国基本养老保险全国统筹的制约因素和实现方式》，西北大学 2010 年硕士学位论文。

12. 李德全：《三年来中国人民的卫生事业》，《人民日报》1952 年 9 月 27 日。

13. 李德：《对我国就业问题的反思与探索》，《唯实》2009 年第 3 期。

14. 刘昕：《政府公共就业服务外包体系：制度设计与经验启示》，《江海学刊》2008 年第 5 期。

15. 李菲、周婷玉：《少数民族和民族地区医疗卫生事业取得蓬勃发展》，《人民日报》2008 年 5 月 16 日。

16. 卢爱国、陈伟东：《“江汉模式”新一轮改革：破解基层社会管理的体制瓶颈》，《领导科学》2012 年第 5 期。

17. 马荣真：《试析美国养老模式对我国的借鉴意义》，《山东省工会管理干部学院学报》2011 年第 5 期。

18. 马永堂：《国外促进就业的政策措施》，《中国劳动》2004 年第 9 期。

19. 马斌、汤晓茹：《关于城乡社会保障一体化的理论综述》，《人口与经济》2008 年第 3 期。

20. 孙勐：《社会转型期我国城市社区管理体制改革研究——以济南市为例》，山东大学 2010 年硕士学位论文。

21. 石磊：《兰州社区管理存在的问题及其对策研究》，兰州大学 2008 年硕士学位论文。

22. 田艳波：《从“奥肯定律失灵”看少数民族人口就业问题》，《边疆经济与文化》2007 年第 7 期。

23. 王婷婷：《论民族地区社区治理中的公民参与——以北京市密云县檀营满族蒙古族乡为例》，《满族研究》2011 年第 3 期。

24. 王艳芳等：《个人账户“空账”运行问题探讨》，《法制与社会》2009 年第 2 期。

25. 卫生部医政司：《我国少数民族卫生事业进入新的发展时期》，《中国民族》1984 年第 9 期。

26. 谢廷、赵宏波：《从新公共管理理论走向新公共服务理论——对我国公共服务改革和发展的启示》，《学理论》2011 年第 8 期。

27. 伊通：《民族地区人才市场建设与人才资源开发》，《党建与人才》1997 年第 1 期。

28. 于滨：《2000 万贫困人口享受城市低保》，《瞭望新闻周刊》2002 年第 31 期。

29. 游飞宇：《中国养老保险基金资本化运营》，对外经济贸易大学 2002 年硕士学位论文。

30. 杨伟国、王飞：《大学生就业：国外促进政策及对中国的借鉴》，《中国人口科学》2004 年第 8 期。

31. 张华初：《我国公共职业介绍服务的发展现状与政策措施》，《经济研究参考》2003 年第 3 期。

32. 张大庆：《西方近代医学伦理学发展的特点》，《中华医学杂志》1999 年第 1 期。

33. 张冬梅：《完善民族地区就业政策的策略》，《中国人力资源开发》2010 年第 9 期。

34. 张晓琪：《论构建社会主义和谐社会视野下的利益关系协调》，山东师范大学 2010 年硕士学位论文。

后　　记

社会管理是一个既古老又新鲜的名词。我国社会管理的基本任务包括协调社会关系、规范社会行为、解决社会问题、化解社会矛盾、促进社会公正、应对社会风险、保持社会稳定等方面。目前，我国社会主义市场经济的基本框架已经初步建立，与之相适应的经济政策和宏观调控机制也基本建立，并在现代化建设的实践中逐步完善。但是，构建社会主义和谐社会所要求的社会建设和社会管理的基本制度框架还不完善，亟待健全。

新中国成立以来，党和国家始终高度重视社会管理，为形成和发展适应我国国情的社会管理制度进行了长期探索和实践，取得了重大成绩，积累了宝贵经验。特别是改革开放以来，根据国内外形势发展变化，我们不断就加强和改进社会管理制定方针政策、作出工作部署，有力推进了社会管理改革创新。经过长期探索和实践，我国建立了社会管理工作领导体系，构建了社会管理组织网络，制定了社会管理基本法律法规，初步形成了党委领导、政府负责、社会协同、公众参与的社会管理格局。

社会管理，说到底是对人的管理和服务，涉及广大人民群众切身利益，因此，必须始终坚持以人为本、执政为民，切实贯彻党的全心全意为人民服务的根本宗旨，不断实现好、维护好、发展好最广大人民群众的根本利益。要坚持贯彻党的群众路线，坚持人民主体地位，发挥人民首创精神，紧紧依靠人民群众开创新形势下社会管理新局面。要坚持思想上尊重群众、感情上贴近群众、工作上依靠群众，把群众满意不满意作为加强和创新社会管理的出发点和落脚点。

民族地区由于历史和地理环境等原因，一直是我国社会发展的薄弱环节。在社会管理的发展方面更是任重道远。

王丽平

2012 年 11 月 2 日